Burkhard Schröder

Rechte Kerle

Skinheads, Faschos, Hooligans

Mit Fotos von Dietmar Gust

rororo

Rowohlt

Originalausgabe
Veröffentlicht im Rowohlt Taschenbuch Verlag GmbH,
Reinbek bei Hamburg, Februar 1992

Lektorat: Jürgen Volbeding
Umschlaggestaltung: Thomas Henning
Satz Times (Linotronic 500)
Gesamtherstellung Clausen & Bosse, Leck
Printed in Germany
1480-ISBN 3 499 18271 8

Inhalt

Fascho-Skin der Ex-DDR.
«So kann ich meine Mutter provozieren.»

Prolog

I.

In Deutschland werden wieder Menschen verfolgt. Jemand, der nicht weiß ist, kann sich in einigen Städten bei Nacht nicht mehr auf die Straße trauen. Ein halbes Jahrhundert nach den Judenpogromen der sogenannten «Reichskristallnacht» machen Rechtsradikale Jagd auf Immigranten und auf Menschen anderer Hautfarbe, Frauen, Männer, ja sogar Kinder. Die gellende Parole: «Deutschland den Deutschen – Ausländer raus». Es gibt Tote: Den ersten nach der Wiedervereinigung, im November 1990, im brandenburgischen Eberswalde. Die Verletzten werden nicht mehr gezählt. Brandanschläge lassen verwüstete Wohnquartiere zurück; im Präzedenzfall Hoyerswerda in der Niederlausitz klatscht der Mob, der sich aus der ansonsten schweigenden Mehrheit zusammensetzt, Beifall, während die Asylsuchenden aus der Stadt flüchten müssen. Gleichzeitig erringen rechtsextremistische Parteien wie die DVU, die das theoretische Rüstzeug für die rassistischen Ausschreitungen liefern, Mandate in Länderparlamenten.

Ist das die vielbeschworene Einheit der Deutschen? Noch im Januar 1990 demonstrierte eine Viertelmillion Menschen am sowjetischen Ehrenmal in Berlin-Treptow gegen die Gefahr des Neonazismus und für eine «antifaschistische Einheitsfront», was auch immer von den Initiatoren des Aufmarsches damit gemeint war. Zwei Jahre später finden sich nur wenige tausend Menschen bereit, den Verfolgten zu helfen. Alltägliche Jagdszenen: Man schaut weg, wenn am helllichten Tag Ausländer auf der Straße angepöbelt, beschimpft und zusammengeschlagen werden. Es herrscht klammheimliche Apathie.

Die verunsicherte und überforderte Polizei in den neuen Bundesländern kommt irgendwie immer zu spät. Bei einer antifaschistischen Solidaritäts-Kundgebung am Ort des ersten deutschen Pogroms nach dem Zweiten Weltkrieg sind jedoch gleich Wasserwerfer und Polizei-Hundertschaften zur Stelle. Die Ermittlungen gegen die feigen rechtsradikalen Mörder etwa des Mosambikaners Jorge Gomondai in Dresden werden schlampig durchgeführt und verlaufen im Sande, während die Täter, die den Neonazi Rainer Sonntag auf dem Gewissen haben, schnell und per Interpol gefaßt werden.

Deutschland ist das einzige Land in Westeuropa, in dem landesweit, zwischen Schleswig-Holstein und Sachsen, zwischen dem Saarland und Thüringen, Anschläge auf Ausländerwohnheime verübt und Menschen verfolgt und verletzt werden. Ein Zufall? Ein unseliges Erbe der Zeit des Nationalsozialismus – trotz unterschiedlicher Entwicklung der beiden wiedervereinigten Landeshälften? Oder das Fanal einer neuen neofaschistischen Gefahr in Groß-Deutschland?

Dabei ist das Phänomen des offenen Terrors gegen Ausländer und Menschen anderer Hautfarbe so neu nicht, weder im Westen noch im Osten Deutschlands. In den letzten drei Jahren sind fast ein Dutzend Opfer rassistisch motivierter Gewalt auf dem Gebiet der alten Bundesrepublik zu beklagen. Nicht zu vergessen: die rechtsextremistischen «Republikaner», unter deren Flagge sich alte und neue Neonazis, wildgewordene Kleinbürger und jugendliche Skinheads sammeln, sitzen schon seit mehreren Jahren in den Parlamenten. In der DDR prügelten jugendliche Rollkommandos schon vor der Öffnung der Mauer auf afrikanische und vietnamesische Arbeiter ein. Schon am 1. Mai 1990 verabredeten sich in Hoyerswerda – ein Vorgriff auf die Ereignisse mehr als ein Jahr später – Jugendliche zum «Neger klatschen». Es gab eine wüste Schlägerei, Sachschaden und mehrere Verletzte.

Die Erklärungen, warum sich in Deutschland der rechtsradikale Bodensatz wieder breitmacht, wechseln je nach Bedarf und verlieren an Substanz, da alles und nichts als Ursache herhalten muß: Bei den REPs waren es die «Modernisierungsverlierer», die als anfällig für rechtspopulistische und neonazistische Ideen galten – Zerstörung gewachsener sozialer Milieus, Statusverunsicherung, die Angst, etwas zu verlieren, dumpfe Ressentiments des Schäferhund- und Gartenzwerg-Milieus gegen die multikulturelle Realität. Verglich man die politische Situation in den Staaten Westeuropas vor den Veränderungen im ehemaligen Ostblock, glaubte man aber, sich schulterzuckend mit mehreren Prozenten rechtsextremistischer Wählerschaft abfinden zu müssen.

Im neuen Deutschland sind es plötzlich drohende Arbeitslosigkeit, vor allem der Jugend, der Mangel an sinnvollen Freizeitangeboten, eine fehlgeleitete und wenig glaubwürdige antifaschistische Erziehung und der Aggressionsstau nach vierzig Jahren Unterdrückung, die gewalttätige rassistische Ausschreitungen erklären müssen: Fremdenhaß als die Kehrseite der staatlich verordneten «Völkerfreundschaft».

Aktuelle Umfragen werfen ein merkwürdiges Licht auf die geeinten Deutschen. Schon 1990 hatte das «American Jewish Committee» nach eigenen Untersuchungen festgestellt, daß gut die Hälfte aller Deutschen sich dafür aussprächen, die Erinnerung an den Holocaust zu verdrängen. Ein Drittel wäre der Meinung, die Juden würden den Holocaust für ihre Zwecke ausbeuten, genauso viele behaupteten, die Juden hätten zuviel Einfluß auf die Ereignisse in der Welt. Nach einer Umfrage des Emnid-Instituts vom November 1991 hat mehr als jeder dritte Bundesbürger «Verständnis für rechtsradikale Tendenzen, die das Ausländerproblem hat aufkommen lassen». Im Winter 1991 stellt eine Studie über «Rechtsextremismus und Neonazismus unter Jugendlichen in Ost-Berlin»[1] fest, daß über 30 Prozent der Befragten zwischen 15 und 20 Jahren «bedenkliche rechtsextreme Einstellungen» haben. Gar ein Zehntel rechnet sich der rechtsradikalen Szene zu oder sympathisiert mit ihr, genauso viele meinen, Deutschland brauche «wieder einen starken Führer». Ein knappes Viertel aller Jugendlichen will darauf achten, «das Deutschtum rein zu halten». Über die Hälfte hält es für ganz oder teilweise richtig, Ausländer zurückzuschicken, wenn die Arbeitsplätze knapp werden. Nur 23 Prozent meinen, dieser Weg sei falsch. Ein Viertel der Befragten, und das ist eines der frappierenden Ergebnisse der Studie, glauben an die Effizienz der Anwendung von Gewalt gegen Sachen und Personen, zehn Prozent sind sogar der Auffassung, Terroranschläge seien eine wirksame Form der politischen Auseinandersetzung.

1 Hg. v. Berlin-Brandenburger Bildungswerk e. V.

II.

Die Wiedervereinigung Deutschlands hat aus verschiedenen Gründen eine Blutauffrischung der Neonazi-Szene bewirkt. In den alten Bundesländern zählten die Militanten nie mehr als ein knappes Tausend Personen. Einige kleine und kleinste Parteien, die untereinander total zerstritten waren, fielen nur dann auf, wenn es dem verstorbenen Neonazi Kühnen gelang, durch spektakuläre Aktionen auf sich aufmerksam zu machen.

Mit den Wahlerfolgen der «Republikaner» änderte sich die Situation. Ein Teil der Skinheads und Neofaschisten wanderte zu ihnen ab, vor allem die älteren, unbelehrbaren Rechtsextremisten, die in der Vergangenheit durch unzählige Parteigründungen versucht hatten, Sympathisanten um sich zu scharen. Die REPs wurden zu einem Markenzeichen, das in der rechten Szene eine erhebliche Sogwirkung hatte.

Die meisten ihrer Wähler, deren Spektrum sehr heterogen ist, sind aber parteiverdrossene, kleinbürgerliche Protestler, kurz die, die von Soziologen als «Modernisierungsverlierer» angesehen werden. Außerdem bleiben die REPs – bezogen auf die Wählerstimmen – eine Männerpartei. Im Alltagsverhalten jedoch, das belegen soziologische Untersuchungen, sympathisieren auch viele Frauen mit ihren Ideen.

Mit dem Fall der Mauer schwammen den REPs aber die Felle davon. Ihre Lieblingsthemen, die Wiedervereinigung und fanatischer Antikommunismus, waren als Wahlslogans passé.

In der DDR war die Lage anders. Dort schwelte neonazistisches Gedankengut unter der Oberfläche. Schon Anfang der achtziger Jahre hob die Staatssicherheit mehrere illegal operierende Wehrsportgruppen aus, von denen einige Mitglieder von der Bundesregierung als politische Häftlinge freigekauft wurden und sich im Westen in brauner Weltanschauung weiterbildeten.

Der staatlich verordnete und verlogene Antifaschismus, der jeden in die Nähe des Faschismus rückte, der den Sozialismus kritisierte, hatte zur Folge, daß viele Jugendliche sich aus Protest gerade zu faschistischem Gedankengut hingezogen fühlten. Erst 1987, nach dem Überfall rechtsextremistischer Skinhead-Schläger auf die Zionskirche, sah sich die SED, auch durch das internationale Echo, genötigt, das Phänomen Neonazis zur Kenntnis zu nehmen. Drakonische Urteile wurden verhängt, überall in der DDR Skinheads verhaftet und eingesperrt. Offiziell wurde weiter erklärt, das neonazistische Gedankengut sei durch den Westen importiert worden.

Begünstigt durch den freien Reiseverkehr, schwärmten braune Agitatoren jeglicher Couleur schon während der Montags-Demonstrationen in Leipzig in der DDR aus. Motto: Wer zuerst kommt, mahlt zuerst. In Berlin hatten Kühnen und seine Epigonen die Nase vorn: Mit kräftiger organisatorischer Unterstützung der Hamburger Neonazis agitierten sie die Ost-Berliner Fascho- und Skinheadszene. Die hatten schon darauf gewartet, war ihnen Kühnen doch durch DDR-Presseberichte bekannter als etwa die DVU oder andere, «gemäßigte» Rechtsradikale. Erleichtert wurde die Propaganda durch Kontakte, die es schon vor dem Fall der Mauer zwischen West-Berliner und Ost-Berliner Skinheads gab, ferner dadurch, daß einer der einflußreichsten West-Berliner Neonazis, Winfried-Arnulf Priem, selbst ehemaliger Bürger der DDR war.

In Guben, an der polnischen Grenze, hatte die DVU zuerst Erfolg. Schon vor 1989 hatte es dort Massenschlägereien zwischen Jugendlichen und ausländischen Arbeitern gegeben. Einige der Jung-Rechten gerieten bei ersten Westbesuchen an Flugblätter der DVU und traten sofort, zusammen mit ihren Freunden, in die Partei ein, ohne sich um politische Inhalte groß zu kümmern. Sie prügelten auf die Gubener Mosambikaner und auf polnische Touristen ein und machten Jagd auf die wenigen, die sich noch als Linke verstanden. Guben sollte von allem Fremden befreit werden. Die «Gubener Heimatfront», wie sich der drei Dutzend Personen umfassende Haufen nannte, war eine Mischung aus Jugendbande, Bürgerwehr und rechtsextremistischer Gruppe. Mit ihrem Rassismus konnten sie bei vielen normalen Bürgern auf klammheimliche Sympathie oder zumindest Desinteresse rechnen, was für die Opfer auf dasselbe herauskam.

Ähnliche Entwicklungen bahnten sich nach der Vereinigung in vielen kleineren Städten der Ex-DDR an. Im Norden und Süden Berlins agitierte die «Nationalistische Front», in einigen anderen Orten bildeten sich rechte Gruppen, die sich mehr lokalchauvinistisch verstanden und sich mit allerlei Phantasietiteln versahen, die nur irgendwie nach «rechts» klingen mußten.

In den größeren Städten wie Cottbus und Dresden kulminierte die braune Evolution vor allem unter den orientierungslosen Jugendlichen in regelrechten Hetzjagden auf alles Fremdländische, auf linke Kneipen und auf die die Dummheit der Passanten ausnutzenden «Hütchenspieler». Innerhalb weniger Monate begannen Parteien heranzuwachsen, die zwar selten überregional operierten, aber insgesamt weitaus mehr Sympathisanten und Mitglieder auf die Beine brachten als in der gesamten alten Bundesrepublik zusammen.

Die jüngsten Tendenzen zeigen, daß sich eine neue Qualität der neonazistischen Bewegung herausbildet. Die westdeutschen Neonazi-Anführer dienen zumeist nur noch als rhetorische Staffage bei Veranstaltungen. Im Hintergrund ziehen Leute die Fäden, die genau wissen, daß eine krude Mischung aus rassistischen Emotionen, nationalistischem Größenwahn und DDR-Nostalgie mit sozialistischen Einsprengseln im Osten Deutschlands auf fruchtbaren Boden fallen könnte.

Ein nicht unerheblicher Anteil der jungen Generation wird «rechts», wenn auch zum Teil nur diffus, sozialisiert. Wie die Geschichte zeigt, bleibt die in der Jugend herausgebildete politische Tendenz erhalten und ändert sich durch spätere Erfahrungen nur unwesentlich. Das läßt für zukünftiges Wahlverhalten dieser Generation nur das Schlimmste befürchten. Dazu kommt, daß in der Ex-DDR die Parteiverdrossenheit um sich greift. Das war schon immer die Basis für Protestwähler, die auch mal, «um denen da oben eins auszuwischen», eine rechtsextremistische Partei wählten. Eine linke Gegenbewegung und ein sie stützendes Milieu wie in der alten Bundesrepublik fehlen völlig. Zählt man die in einem desolaten Zustand befindliche Polizei hinzu, kann man ahnen, daß braune Schlägerbanden in vielen Situationen und Orten nahezu ungehindert auftrumpfen und daß sich dieser Zustand so bald nicht ändern wird.

Diese Entwicklung ist schnell auf die alten Bundesländer zurückgeschlagen. Die dort noch zahlreicheren Übergriffe auf Ausländer-Wohnheime sind kein Beleg dafür, daß die dortige rechte Szene größer ist, sondern zeigt nur, daß die jugendlichen Skinheads und wenigen militanten Faschos sich unter einem Rechtfertigungsdruck befinden. Sie müssen beweisen, daß sie auch noch da sind.

Parteien-Vertreter haben monatelang abgewiegelt, nach der Devise, daß nicht sein kann, was nicht sein darf. Man machte sich keine Gedanken um die Opfer, sondern sorgte sich primär um die internationale Reputation der Bundesrepublik. Verfassungsschutz-Chef

Werthebach, der keine verfestigten neonazistischen Strukturen erkennen kann, wies plötzlich im November recht vage zwei rechtsterroristische Vereinigungen vor, die angeblich aufgeflogen wären. Den Staatsschutzexperten, die in der Ex-DDR arbeiten und die es eigentlich wissen müssen, war davon nichts zu Ohren gekommen. Gleichzeitig wird das GLKA, das Gemeinsame Landeskriminalamt für die neuen Bundesländer, zum Jahresende abgewickelt. Im Westen weiß man eben alles besser.

Die Diskussion um das Asylrecht, die sich monatelang dahinschleppt und von fast allen Parteien auf eine geradezu zynische Weise zu Wahlkampfzwecken ausgenutzt wird, bereitet auch hier den Boden für Stammtisch-Parolen, die in einem Stimmenzuwachs für die westlichen Rechtsextremismus-Marktführer münden. Man gewöhnt sich an alles. Auch daran, daß im November ein türkischer Berliner, Mete Eksi – in Deutschland geboren, mit deutscher Staatsangehörigkeit –, während einer Schlägerei mit jungen deutschen Männern, einer davon Freigänger aus dem Strafvollzug, von einem Baseballschläger am Kopf getroffen wird und nach dreiwöchigem Koma stirbt. Mete Eksi arbeitete mitten in Kreuzberg in einem Nachbarschaftshaus für interkulturelle Begegnungen. Die Täter waren keine organisierten Nazis. Sie hatten Mete und seine Freunde nur ganz «normal» angepöbelt.

III.

Im April 1991 drehten Journalisten des DFF-Magazins «Klartext» einen Film über Rechtsextremisten in den neuen Bundesländern. Direkt von der Recherche zurückgekehrt, fand einer der Reporter sein Büro völlig verwüstet vor. Schreibtisch, Wände und der Fußboden waren mit Hakenkreuzen beschmiert. Auf der Wand die gesprühte Warnung: «Das nächste Mal bist du tot!»

Im August 1991 besuchte der Berliner Journalist Klaus Farin, zusammen mit mehreren Skinheads, die sich nicht der rechtsradikalen Szene zurechnen, ein Musikfestival in Lübeck. Farin ist Mitautor eines Buches über Jugendbanden und Dauergast in verschiedenen Talkshows zum Thema Jugendgruppengewalt. Auf dem Rückweg, an der Autobahnraststätte Stolpe in Mecklenburg-Vorpommern, wurde er von mehreren Skins überfallen. Farin erlitt einen Nasenbeinbruch, Platzwunden im Gesicht und eine gefährliche Augenverletzung. «Dich kriegen wir auch in Berlin noch», rief einer der Täter ihm zu.

Normalerweise können Journalisten ungehindert in der rechtsextremistischen Szene recherchieren. Der Zugang zu einzelnen Personen oder Organisationen ist leichter, als die von gefährlicher Recherche heimkehrenden Reporter im allgemeinen suggerieren. Es gibt aber immer wieder Situationen, in denen sie um ihre physische Unversehrtheit fürchten müssen. Die Gefahr geht weniger von den Möchtegern-Führern der einzelnen Gruppen aus. Die sind in der Regel viel zu eitel und publizitätssüchtig, um sich selbst Negativ-Propaganda entgehen zu lassen. Ist aber Alkohol im Spiel oder die Lage aufgeheizt, etwa während einer Demonstration oder einer konkreten Aktion, kann es passieren, daß man bedroht oder gar verprügelt wird. Das gilt insbesondere für diverse Fraktionen der Hooligans, die kein politisches Anliegen haben und denen es relativ egal ist, wen sie gerade verhauen und welches Presseecho das nach sich zieht.

Während meiner über eineinhalbjährigen Recherche hatte ich – im Gegensatz zu anderen Kollegen – Glück, nie in eine derartige Situation zu geraten, obwohl ich sehr vielen Faschos und Skinheads als «Linker» bekannt bin und mir zum Teil wütende Reaktionen auf meine Veröffentlichungen zu Ohren kamen. Nur eine ernstzunehmende Warnung wurde mir zugetragen: Der Rechts-Terrorist und mehrfache Bombenattentäter Eckehard Weil ließ mich, nachdem ich ihn in einem Artikel erwähnte, «grüßen», was eindeutig ironisch und nach Meinung des Informanten und Überbringers der Botschaft als Drohung gemeint war. Weil hat schon vor Jahren während einer Gerichtsverhandlung einem Journalisten durch einen Faustschlag das Nasenbein gebrochen. Während meines Aufenthalts in dem von Rechtsextremisten zeitweilig bewohnten Haus in der Weitlingstraße in Berlin-Lichtenberg geriet ich mit Weil, der sich unter einem Tarnnamen dort aufhielt, aneinander. Weil wollte mich hinaus- und die Treppe hinunterwerfen, und es wäre, da ich mich weigerte, seinen «Befehlen» zu folgen, fast zu einer Schlägerei gekommen, wenn sich nicht einige der Ost-Berliner Führungsmitglieder der neofaschistischen Kleinst-Partei «Nationale Alternative» beschwichtigend eingemischt hätten. Die gleiche Situation entstand, als ich einigen der Rechtsradikalen beim «Bau» von Molotow-Cocktails zusah und wieder mit Weil aneinandergeriet.

Ein weiteres Problem der journalistischen Arbeit ist das der Distanz. Einige der Anführer von Nazi-Gangs und deren persönliche Verhältnisse sind mir seit mehreren Jahren bekannt. Gespräche mit ihnen verlangen angesichts der offen rassistischen Äußerungen ein erhebliches Maß an Selbstbeherrschung. Die Rechtsradikalen, die keine Hemmungen haben, andere Menschen zusammenzuschlagen, nur weil ihnen deren Hautfarbe oder Herkunft nicht paßt, und sogar vor Mord nicht zurückschrecken, entpuppen sich manchmal als freundliche junge Herren, die älteren Damen über die Straße helfen. Es sind die gleichen, die mir, wenn sie mich näher kannten, ihre Probleme mit der Freundin beichteten oder sich artig und höflich bedankten, wenn ich ein Bier oder einen Kaffee für sie bezahlte. Ein ostdeutscher Neonazi-Anführer, der mir während einer Veranstaltung, an der ich als Beobachter teilnahm, zum wiederholtenmal etwas von der sogenannten «Holocaust-Lüge» erzählen wollte und dem ich entnervt mit dem «Götz»-Zitat geantwortet hatte, rief mich wenige Tage später an, um mir zu berichten, wie «schön – fast wie früher bei der NSDAP» die Versammlung doch gewesen wäre, nicht ohne noch interne Details über einzelne seiner «Kameraden» nachzulegen. Ein Alt-Nazi aus Hessen, der während eines Interviews offen bekannte, er «hasse alle Juden» und habe der Botschaft des Irak telefonisch Glückwünsche übermittelt, als die ersten Scud-Raketen in Richtung Israel unterwegs waren, bat mich, meine Eltern «unbekannterweise» zu grüßen – obwohl ich ihm wörtlich gesagt hatte: «Ich finde Ihren Antisemitismus zum Kotzen.»

Ähnliche Argumente hört man von vielen Eltern, deren Kinder in der rechtsextremistischen Szene verkehren. Den Jugendlichen wird bescheinigt, daß sie ordentlich, in der Schule oder im Beruf fleißig und strebsam seien, daß man die neonazistischen «Flausen» nicht so ernst nehmen dürfe. Eine ostdeutsche Mutter sagt, während der zwanzigjährige Sohn vor Hitler-Bildern und -büchern posiert und damit prahlt, daß er eigenhändig Steine auf polnische Touristen geworfen habe: «Mein Sohn ist kein Neonazi.» Der deutsche Untertan wie eh und je: er spielt zu Hause Klavier, streichelt den Hund und die Kinder – und terrorisiert und massakriert ganz nebenbei, weil es ja zu seinen dienstlichen Pflichten gehört, die «Untermenschen». Und die schweigende Mehrheit sieht weg oder zu, weil das ja privat ganz nette Menschen sind. Und nur das geht sie offenbar etwas an.

Ich habe die Erfahrung gemacht, daß es in jedem Fall für die Recherche nützlicher ist, die eigene Meinung nicht zu verheimlichen. Einige Journalisten haben versucht, unter Vorspiegelung falscher Tatsachen in der Neonazi-Szene Informationen zu bekommen. Ein Kollege eines Zeitgeist-Magazins tauchte mit Springerstiefeln, Kurzhaar-Schnitt und einem Kasten Bier bei Ost-Berliner Rechtsextremisten auf und gab sich als mit ihnen sympathisierender Buch-Autor aus. Der zudem noch nachlässig recherchierte Artikel, der dann veröffentlicht wurde, hatte die Wirkung, daß der Betreffende um seine Gesundheit fürchten muß, falls er erkannt wird.

Ein weiteres Problem besteht in der Gefahr, sich als Journalist durch die unkommentierte Veröffentlichung neonazistischer Propaganda zum klammheimlichen Komplizen zu machen. Dieser Gefahr sind, vor allem kurz nach der Vereinigung Deutschlands, einige ostdeutsche Zeitungen erlegen, die darauf bauten, daß der antisemitische und rassistische Originalton auf ein dagegen immunisiertes Publikum treffen würde. Sie ließen die Neonazi-Möchtegern-Führer spaltenweise und weitgehend unkommentiert zu Wort kommen. Der gewünschte Abschreckungseffekt stellt sich aber nicht automatisch ein. Mir sind mehrere Fälle bekannt, auch aus der alten Bundesrepublik, wo jüngere Neonazis erst durch Presseveröffentlichungen auf ihre «Kameraden» aufmerksam wurden und sich dann denen anschlossen.

Natürlich kann man diesen Effekt nicht verhindern. Ich bin aber nicht der Meinung, daß man Rechtsextremisten die Gelegenheit geben sollte, als Diskussionspartner in Talk-Shows oder bei Podiumsdiskussionen sich und ihre volksverhetzenden Ideen zu präsentieren. Das persönliche Gespräch mit ihnen ist eine Aufgabe für Sozialarbeiter. Man muß sich nur vorstellen, welches Echo es noch vor fünf Jahren in der alten Bundesrepublik gegeben hätte, wenn jemand in den Medien auch nur einen Hauch von Verständnis für RAF-Terroristen gezeigt oder auch nur eine differenzierte Position zu diesem Thema gewagt hätte. Robert Leicht schrieb in der «Zeit» den einzig richtigen Satz: «Wer aber Hand an auch nur einen Ausländer legt, verübt einen Anschlag auf unseren liberalen Rechtsstaat und unsere freiheitliche

Ordnung, der nicht minder schwer wiegt als das Attentat auf einen Politiker.»[2]

Die mehr akademische Unterscheidung zwischen «rechtsradikal» und «rechtsextremistisch», die häufig benutzt wird, um eine Grenze zwischen den militanten Gruppen einerseits und den «etablierten» Parteien wie der DVU, der NPD oder den «Republikanern» andererseits zu ziehen, kann ich nicht akzeptieren. Ich halte mich an die international übliche Gepflogenheit, diese Differenz als politisch irrelevant anzusehen. In der Realität sieht es ohnehin so aus, daß Mitglieder aller Gruppierungen punktuell zusammenarbeiten und die weltanschaulichen Differenzen nur taktischer Natur sind oder Ergebnis persönlicher Rivalitäten der Möchtegern-Führer. Auch wenn sich rechtsextremistische Parteien wie zum Beispiel die «Republikaner» von Gewalt distanzieren: Einige ihrer Mitglieder beteiligen sich an militanten Überfällen, wie zum Beispiel in Zittau auf ein Heim mit strahlengeschädigten Kindern aus Tschernobyl. Und daß aktive Funktionäre der REPs eine eindeutig neonazistische Vergangenheit haben, habe ich vor Ort und inkognito recherchiert.[3]

Das Buch will einen relativ umfassenden und repräsentativen Überblick über die relevanten Organisationen und Anführer der militanten Neonazi-Szene in West- und Ostdeutschland geben. Eine derartige Untersuchung gibt es bis jetzt noch nicht. Ein umfassendes Register kann es dem Leser und der Leserin erleichtern, die jeweiligen Personen in ihren politischen Kontext einzuordnen. Während meiner Recherchen wurden mir mehr Informationen zugetragen, als ich im vorliegenden Buch verarbeitet habe. Einige interessante Details mußte ich weglassen, da sie Schlüsse auf meine Informanten zugelassen hätten.

Natürlich herrscht innerhalb der Szene eine starke Fluktuation. In kleineren Orten tauchen immer wieder informelle Gruppen auf, die relativ unabhängig operieren und nur selten bei größeren Veranstaltungen zu sehen sind. Jüngstes Beispiel: die sogenannte «Hallesche Deutsche Jugend», die, ähnlich wie vor einem Jahr in Berlin, ein ganzes Haus besetzt hat, dort angereisten Gesinnungsgenossen Unterschlupf bietet und, anläßlich einer Pressekonferenz nach einem Auf-

2 Robert Leicht: Hoyerswerda in den Köpfen, in: Die Zeit v. 26.9.91, S. 1
3 Burkhard Schröder: Spuren der Macht, Reinbek 1990

marsch von mehreren hundert Neonazis, sogar einen NPD-Landesvorsitzenden als Teilnehmer derselben aufweisen kann.

Natürlich werden die erwähnten Personen über dieses Buch nicht gerade erfreut sein, ja, ich hoffe es geradezu. Einige werden eine gewisse Propagandawirkung erwartet haben, obwohl ihnen meine Meinung zum Thema bekannt ist. Diese Erwartung muß ich, ohne jegliches Bedauern, enttäuschen. Von mehreren Neonazis weiß ich auch, daß sie durch detaillierte Aussagen bei der Polizei ihre «Kameraden» belastet und konkrete Angaben über die Struktur der Szene gemacht haben. Ein paar von ihnen wissen, daß ich das weiß. Deshalb glaube ich auch nach Erscheinen des Buches einigermaßen ruhig schlafen zu können.

Berlin-Kreuzberg, im Dezember 1991
Burkhard Schröder

Die Rechten von Guben

Ein «Chaotenkrieg»

Im September 1990 lassen die Ortsschilder der Stadt Guben an der polnischen Grenze erahnen, was ihr und anderen Orten in den heutigen neuen Bundesländern bevorsteht. Von Cottbus kommend, ist ein Schild mit einem Hakenkreuz beschmiert. Auf der Ausfallstraße nach Eisenhüttenstadt steht neben dem «Herzlich willkommen!» «Sieg Heil», außerdem sind die SS-Runen und ein Hakenkreuz darauf gesprüht. Am Ortsausgang, in Richtung Forst, hat jemand quer über die Schrift «Guben» «Wilhelm-Pieck-Stadt» gemalt. So hieß die Grenzstadt an der Neiße vor der Wende, bis die Stadtväter ihr den alten Namen wiedergaben. Ein viertes trägt noch den Namen des SED-Funktionärs, er ist nur schwarz übermalt, darunter liest man krakelig «Braune Stadt».

Im Ortskern reiben sich die alte und die neue Zeit spürbar aneinander. Den ganzen Herbst drängeln sich vietnamesische Händler auf den Bürgersteigen der Durchgangsstraße zum Grenzübergang nach Polen. So wird es nicht bleiben: die «Fidschis», wie die Asiaten überall in der alten DDR genannt wurden, sind nur geduldete Gäste – bis zu ihrer Heimreise. Die kubanischen Arbeiter, alle beschäftigt beim größten Arbeitgeber, dem Chemiefaserwerk, sind schon fort, die Mosambikaner, mehr als 300, werden ihnen in Kürze folgen. «Der Vietnamese neigt zum Handeln, ist aber friedfertig», sagt der Volkspolizeirat, der das Treiben von seinem Arbeitszimmer aus beobachten kann. Auch er wird bald seinen Stuhl räumen müssen.

Die Straße, auf der sich das öffentliche Leben in Guben abspielt, führt, aus Richtung Cottbus kommend, zunächst vorbei an den fünfstöckigen Betonklötzen rund um die Leninallee. Dann geht es über eine Brücke, die die Bahnlinie überquert, zur Ortsmitte mit Krankenhaus, mehreren Läden, der Lokalzeitung und dem Polizeirevier bis zu einem kleinen Platz. Rechts ist ein «Broiler»-Restaurant, links enden Straße und Ort an der «Oder-Neiße-Friedensgrenze», wie es auf einem Stadtplan von 1979 noch heißt.

Am Rand des Platzes erhebt sich eine Säule mit einem Wappen und diversen Entfernungsangaben: «Anno 1736 – 36 Stunden bis Magdeburg». Die Zeit, die damals ein Pferdegespann nach Sachsen-Anhalt unterwegs war, reicht heute aus, um mit dem Flugzeug nach Hanoi oder Saigon zu reisen. Von dort müssen auch die Rezepte der fernöstlichen Genüsse stammen. Die Leckerbissen brutzeln direkt neben der Säule in der Pfanne. Der vietnamesische Imbißstand lockt polnische Bürger, die auf ein Schnäppchen aus sind, ebenso wie die Gubener. Als deutsche Alternative käme nur eine «Schlachteplatte» nebenan im Restaurant in Frage, deren Zutaten aber Fremden, die derbe Kost nicht gewöhnt sind, schwer im Magen liegen.

Im September blickt die gedrungene Kirche tagsüber auf den Stau polnischer Wagen und auf eine Häuserwand mit der gesprühten Aufschrift: «Kühnen – wir kriegen dich!» Nachts herrscht gähnende Leere. An der Ecke ein Möbelgeschäft. In einem der oberen Stockwerke, so hatte ich nach mehreren Stunden detektivischer Kleinarbeit von einer jungen Frau hinter vorgehaltener Hand erfahren, verstekken sich mehrere junge Leute vor den Gubener Neonazis. Die «Gubener Heimatfront», wie die sich nennen, macht Jagd auf alle, die sie zu ihren Feinden erklärt hat. Hier will ich Einzelheiten über diesen «Chaotenkrieg», wie ihn die Presse nennt, erfahren. Trotz der unspektakulären Kleinstadtatmosphäre nimmt Guben schon 1990 die spätere Entwicklung in den neuen Bundesländern vorweg: Randale zwischen linken Hausbesetzern und jungen Rechtsradikalen, Einsätze westlicher Polizeikommandos gegen neonazistische Aufmärsche, Zoff zwischen Hooligans und örtlichen Fußballfans, rassistische Gewalt gegen Ausländer.

Die «Lausitzer Rundschau» hatte schon im Juli knapp und trokken berichtet: «Am 19.5. gegen 23 Uhr kam es zwischen zwei rivalisierenden Gruppierungen von Jugendlichen und Jungerwachsenen zu rowdyhaften Handlungen im Jugendclub ‹Intervall› und in der Kaltenborner Straße 25. Hierbei wurden Sachwerte zerstört und beschädigt.»

Im September wiederholten sich die Ereignisse. Als einzige überregionale Zeitung recherchierte das «Neue Deutschland» in der verschlafenen Kleinstadt, und auch nur, weil der Lokalreporter aus Cottbus zufällig in der Stadt war. Das sollte geschehen sein: Am Sonnabend, dem 1. September, passieren etwa 1000 Jugendliche friedlich den Grenzposten auf der Neiße-Brücke in Richtung Polen, um auf der anderen Seite an einem Rockkonzert teilzunehmen. Motto: «Rock the Border», veranstaltet von Polskie Radio. Es spielen die Gruppen «Kombi» und «Purple Schulz».

Während die Rockfans sich in Gubin – so heißt der polnische Grenzort – amüsieren, läuft in Guben eine Gruppe Vermummter in Richtung Marceli-Nowotko-Straße, heute Uferstraße. Vor dem Haus Nr. 41, in dem sich niemand aufhält, fliegen Steine, Fensterscheiben klirren, Türen splittern. Ein paar Minuten später rollt ein Lkw – Marke LO – mit Berliner Kennzeichen an. Einige Personen springen ab, dringen in das Haus ein, zerschlagen Waschbecken, Kachelöfen und das Mobiliar, hinterlassen, wie der Reporter berichtet, einen gefüllten Benzinkanister, ein «unbenutztes Geschoß für eine Feuerwaffe» und an die Wand gekritzelte Galgensymbole. Dann verschwinden sie unerkannt.

Kurz vor Mitternacht – die Konzertbesucher sind schon nach Guben zurückgekehrt – sammeln sich mehr als hundert Jugendliche in der Bahnhofstraße, in der Nähe der Diskothek «Volkshaus». Sie beraten sich, ziehen in Richtung Chemiefaserwerk, zur Kaltenborner Straße 25. Dort, vor einem mehrstöckigen Altbau, dessen Türen und Fenster mit Brettern verrammelt sind, knallen Feuerwerkskörper, fliegen Flaschen und Steine. Die Bewohner antworten mit ähnlichen Waffen, von oben prasseln Dachziegel, es wird mit Gaspistolen geschossen. Das Getümmel dauert an, bis die Polizei eintrifft, die die offenbar verfeindeten Gruppen durch eine Sperrkette trennt und dem «gefährlichen Treiben ein Ende» bereitet.

Ein sechzehnjähriger Lehrling erstattet am nächsten Tag Anzeige gegen Unbekannt: er sei am Sonnabend gegen 23.45 Uhr von einer Tanzveranstaltung am «Volkshaus» gekommen. «Vermummte» hätten ihn verfolgt, niedergeschlagen und auf den Hof des Hauses in der Kaltenborner Straße verschleppt. Dort habe er sich auf den Boden legen müssen, sei mit selbstgebauten «Schlagstöcken» traktiert und mit Reizgas besprüht worden. Er sei mit Schwellungen und Schürfwunden an den Beinen sowie am Ellenbogen davongekommen. Während der Recherche des Reporters, so schreibt der, «war noch nicht ermittelt, ob es sich bei diesem Lehrling um einen völlig Unbeteiligten handelte oder ob er zu einer der rivalisierenden Chaotengruppen gerechnet werden kann».

Die eine der «rivalisierenden Chaotengruppen» – die linke Fraktion – trifft sich in der mir bezeichneten Wohnung. Die Eingangstür passiert nur der, der das richtige Klopfzeichen kennt. Auf dem Tisch liegen schwere Gaspistolen. Alle Anwesenden, zwei Frauen, drei Männer, haben Angst, daß sie zusammengeschlagen werden. Äußerlich sind sie von anderen kaum zu unterscheiden. Einer von ihnen war stellvertretender Leiter des örtlichen Jugendclubs «Intervall». Die Polizei hatte ihn mir als «Wortführer der Linken» angegeben. Er und seine Freundin sind aus der gemeinsamen Wohnung ausgezogen, weil Rechtsradikale mehrfach gedroht hatten, ihm das Mobiliar zu zerschlagen und ihn selbst zu verprügeln. Er traue sich nur bei Dunkelheit auf die Straße, sagt er.

Die Auseinandersetzungen hätten eine Vorgeschichte, wird mir berichtet: Schon Anfang 1989 brodelte es in Guben. Im April feierten junge Leute, darunter einige Skins, eine Fete, provokanterweise zu «Führers Geburtstag». Ein heutiger Stadtverordneter der SPD, den ich wenig später befragen kann, erinnert sich: «Starke Polizeikräfte» hätten die regelrecht überfallen, einige sich an eine Mauer stellen müssen: Dann wurden die Polizeihunde auf sie gehetzt. Der Abgeordnete spricht von «faschistischen Methoden». Immerhin wurde der damals zuständige Polizeichef wegen der Vorkommnisse während des Polizeieinsatzes zu eineinhalb Jahren Gefängnis verurteilt.

1989, im Frühjahr vor der Wende, war das Thema «Rechtsradikalismus» noch nicht in aller Munde. Die Stasi argwöhnte, daß das kulturelle Angebot im «Intervall» nicht so ganz auf Parteilinie lag und verhaftete den stellvertretenden Leiter, wohl mehr prophylaktisch, wegen «neonazistischer Umtriebe». In seiner Wohnung fand man Flugblätter rechter Gruppen. «Die hatte ich gesammelt, um mir ein Bild von denen zu machen», sagt der Betroffene. «Und meinen Nietengürtel machten sie zu einem Neonazi-Symbol.»

Im Herbst wurde ein anderer Jugendlicher eingesperrt, warum, weiß niemand mehr so recht – es ging jedenfalls um einen Ausreiseantrag. Die Stimmung war – kurz vor Öffnung der Mauer – so angeheizt, daß am nächsten Abend spontan eine große Menschenmenge zum Wilhelm-Pieck-Denkmal zog und, mit Kerzen in der Hand, für seine

Freilassung demonstrierte. Polizei und Staatssicherheit griffen «überfallartig» ein, wie ein Zeuge berichtet, und führten alle ab, auch zwei völlig unbeteiligte Ehepaare. Nach der Wende wird der verantwortliche Stasi-Chef, unter anderem wegen dieser Vorfälle, «in die Produktion» versetzt.

Im Frühjahr 1990 knistert es zwischen den Jugendlichen: Es gibt keinen gemeinsamen Gegner mehr. Die, die sich als links bezeichnen, treffen sich im «Intervall», die anderen im «Volkshaus». Im «Intervall» versuchen die Verantwortlichen, die Gubener Rechten und Skinheads fernzuhalten. Jeder kennt zwar jeden, aber beide Seiten haben in der fernen Großstadt Berlin bei Kurzbesuchen vergleichend festgestellt, daß «Glatzen» und «Linke» oder auch Punks Feinde seien. Im Jugendtreff muß es mehrfach zu handgreiflichen Auseinandersetzungen gekommen sein.

Während im Westen «Autonome» schon grüne Lokalpolitiker manchmal als Vertreter des «Schweinesystems» brandmarken, ließ die gemeinsam erlebte Repression des SED-Regimes sowohl Parteivertreter als auch Jugendliche, die sich schon vor der Wende vom staatlichen Freizeit- und Politikangebot distanziert hatten und sich im Sommer 1990 als «autonom» verstanden, miteinander ins Gespräch kommen.

Im August besetzen «die Autonomen» Gubens ein leerstehendes Haus in der Kaltenborner Straße. Im Ostteil Berlins waren zu dieser Zeit ganze Straßenzüge von jungen Wohnungssuchenden okkupiert. Das Beispiel aus der Großstadt und die Erzählungen von Freunden wirkten anfeuernd. Das Haus wurde auch äußerlich so ausgestattet, wie die Berliner es vorgemacht hatten, mit roten und schwarzen Fahnen und diversen Spruchbändern. Die zuständigen Behörden griffen zunächst nicht ein. Die «Lausitzer Rundschau» kommentierte, wohl mit einem Ohr an des Kleinstadtvolkes Stimme: «Hausbesetzung», ein Weg zu einer neuen Wohnung, der «kein alltäglicher sei und zur Nachahmung nicht empfohlen» werde.

Immerhin: der Bürgermeister zeigte ein gewisses Wohlwollen. Er «bekannte», daß die Möglichkeiten für Freizeittreffs «unzureichend» seien. Die Stadtverordnetenversammlung «prüfte das Zustandekommen eines Um- und Ausbauvertrages». Eine Räumung lehnte man ab. Dann, so die Lokalzeitung, «tauchten Jugendliche anderer politischer Orientierung auf». Gemeint waren die, die als Rechte, wie sie sich selbst sahen, von den Veranstaltungen im «Intervall» ausgeschlossen worden waren.

Bis dahin war die Wortschöpfung «Chaot» in Guben nur aus dem Westfernsehen bekannt. «Chaot» ist eine Stigmatisierung, mit der die westdeutsche Lokalpresse und die Pressesprecher der Polizei, die das Wort dankbar aufgriffen, militante Atomkraftgegner und Hausbesetzer bezeichneten. Später, Ende der achtziger Jahre, wurde es im Westen zum Synonym für alle die, die für jegliche Randale oder gewalttätige Auseinandersetzungen verantwortlich zu sein schienen.

In Guben fingen die rechtsstehenden Jugendlichen an, so erzählen die Linken, Jagd auf sie zu machen. In den Abendstunden versammelten sich mehrfach Gruppen von Leuten vor dem Haus in der Kaltenborner Straße, die damit drohten, es zu stürmen. Dann, kurz vor dem Konzert der Edelschnulz-Musikgruppen im September, schwirrte ein Gerücht durch die Jugendclubs der Stadt, das durch Autonomen-Tratsch aus Berlin verstärkt wird: Der damals bekannteste Neonazi Michael Kühnen hätte sich angesagt, zusammen mit mehreren Dutzend seiner Schläger. Die Gubener Hausbesetzer, die den Gubener Rechten ohnehin zahlenmäßig weit unterlegen waren, kriegten es mit der Angst zu tun und alarmierten «Freunde» aus besetzten Häusern in Berlin-Friedrichshain. Die kamen mit dem Lkw und dem bekannten Ergebnis: ein demoliertes Haus, mehrere kleinere Scharmützel am Abend und gesprühte Parolen.

Doch dann Katzenjammer bei den Linken: Die Berliner waren wieder weit weg und sie allein. «Jetzt bereuen wir schon, die zu Hilfe geholt zu haben. So haben wir uns das nicht vorgestellt», meint die Gruppe einhellig. Nach dem Einmarsch der Berliner in die verschlafene Kleinstadt ist die Stimmung unter den älteren Bürgern einhellig gegen «die Chaoten»: Man will seine Ruhe. Der Bürgermeister entzieht den Hausbesetzern die Verfügungsgewalt über ihr mittlerweile ziemlich ramponiertes Domizil. Ruhe stellt sich auch «militärisch» ein: Die rechten Jugendlichen gewinnen nach einigen handfesten Drohungen und kleineren Schlägereien die Oberhand. Wer als links angesehen wird, darf sich im «Volkshaus» nicht mehr blicken lassen.

Nach einigen Wochen glätten sich die Wogen. Die verfeindeten Fraktionen gehen sich aus dem Weg. Als Fazit bleibt: Die «Gubener Heimatfront» kann behaupten, sie sorge für «Ordnung» gegen auswärtige «Chaoten», Ausländer und alle Feinde. Und, was schwer wiegt: Wer von den Gubener Jugendlichen Anschluß an eine schon vorhandene Gruppe sucht, wird sich eher ins «Volkshaus» begeben. Die dortige Fraktion hat die «Macht», die Rechten können sich ungestört bewegen, während die Linken immer auf der Hut vor Pöbeleien sein müssen.

Krawall an der Heimatfront

Im Mai 1991 wimmelt es in Guben von Polizei und Bundesgrenzschutz. Der lokale Fußballverein SV Chemie Guben spielt gegen den Liga-Spitzenreiter Union Berlin. Die örtlichen Behörden befürchten Ausschreitungen und haben massive Verstärkungen herbeigerufen. Im Stadion sammeln sich rund fünfzig Jugendliche – einige von ihnen sind noch halbwüchsig – um Jörg Melzer, den alle als Anführer und Initiator der «Gubener Heimatfront» anerkennen. Manchmal nennen die jungen Leute sich auch «Gubener Hitler-Jugend». Melzer, ein unauffälliger junger Mann, Anfang zwanzig und von Beruf Schlosser, der mit Freundin und Kind im Neubaugebiet wohnt, wartet auf Verstärkung aus Cottbus. Nach dem Spiel will man «was losmachen». «Wir wollen nicht, daß die Chaoten hier in Guben stören», sagt er. Mit den Chaoten meint er die Fußballfans des gegnerischen Vereins, die, von einer Polizeikette abgeschirmt, bierselig ihre Parolen grölen.

Die Beamten des Bundesgrenzschutzes sind gewarnt: Schon vor ein paar Wochen hatte ein Sondereinsatzkommando aus Bielefeld fast die gesamte «Gubener Heimatfront» prophylaktisch «zugeführt». Melzer und seine Kumpane, einige wenige Skinheads in obligatorischer Bomberjacke und Springerstiefeln, ein paar Langhaarige, die Mehrzahl aber «normal» aussehend, trafen sich am Busbahnhof. Angeblich hatten sich führende Neonazis aus den alten Bundesländern angesagt, um an der Grenze zu Polen zu provozieren. Die Polizei beschlagnahmte damals mehrere Gummiknüppel, Gaspistolen und Schlagwerkzeuge. Sonst passierte nichts.

Heute kommen auf einen potentiellen Störer mindestens fünf Beamte. Nach dem langweiligen Spiel verlassen die beiden Parteien getrennt das Stadion. Über die Polizeihelme hinweg werden die Rollen mit Sprüchen festgeklopft: Die Union-Fans rufen «Scheiß Nazis», die

Gubener revanchieren sich mit «Scheiß Assis». Die Berliner Fans haben wahrscheinlich aus den Zeitungen erfahren, daß die hiesigen Fans zum Teil aus der rechten Szene kommen. Deshalb haben sie ein klares Feindbild. Umgekehrt ist das abwertende «Assi» eher eine hilflose Beschwörung des ordentlich arbeitenden Deutschen, der sich von den «Asozialen» abgrenzen kann, die das eben nicht tun.

Melzer kann sich freuen, daß es nicht zu der erwarteten Schlacht mit den «Chaoten» kommt. Die Union-Fans sind handfeste Burschen, die – mit den obligatorischen Bierdosen bestückt – eher aus dem proletarischen Kneipenmilieu stammen und bestimmt nicht zum erstenmal einer Schlägerei ins Auge sehen. «Die Berliner hätten den Gubenern die Buntstifte aus den Ranzen gehauen», kommentiert ein BGS-Mann die militärische Lage.

Die Gruppe um Melzer trottet quer durch die Schrebergärten zum Bahnhof, um bei der Abfahrt der Berliner Fans nach dem Rechten zu sehen. Mehr und mehr «Heimatfrontler» verschwinden in Kneipen oder laufen auf anderen Wegen nach Hause. In den Fenstern längs der Straße liegen die Bewohner auf der Lauer, ob etwas Spektakuläres geschieht. Vorbei geht es an einem riesigen Neubaublock, dem ehemaligen Ausländerwohnheim. Einige Scheiben sind zersplittert, das Haus ist reichlich demoliert. Niemand läßt sich blicken.

Am Bahnhof hat die Polizei ein paar Union-Fans festgenommen, die allzusehr nach Radau aussehen. Die Gubener schauen neugierig zu, wie ihre Gegner durchsucht und zur anderen Seite des Geländes weggeschickt werden. Melzer sagt zu einem der angereisten Reporter: «Wir sind keine Nazis. Wir verteidigen nur die deutschen Interessen.» Aber wie und gegen wen?

Die große Mehrheit der Jugendlichen in Guben tendiere nach rechts, sagt der Psychologe Dietmar Rittel, der ein unabhängiges Dialogforum initiiert hat. «Doch viele wissen gar nicht, was Rechtsradikalismus bedeutet.» Vielleicht auch deswegen, weil das, was Melzer und seine Leute von sich geben, sich von dem, was die Meinung der schweigenden Mehrheit ist, nicht groß unterscheidet. «Wir sagen nur, was andere denken», meint er. Ich hatte ihn und einige seiner Gesinnungsgenossen kurz vorher zu einem Gespräch über die Ereignisse in Guben gebeten, die der Stadt im Frühjahr 1991 den zweifelhaften Ruhm einbrachte, eine Hochburg des Rechtsradikalismus zu sein.

Mitglieder der «Gubener Heimatfront» werden durch ein SEK-Kommando verhaftet

Acht junge Leute, darunter zwei Mädchen, keiner über 25, sitzen um einen biederen Wohnzimmertisch. Schrankwand, Fernseher, keine rechtsradikalen Plakate, eine aufgeräumte Küche. Keiner von ihnen sieht so aus, als könne er oder sie einer Fliege etwas zuleide tun. Und doch: sie waren es, zusammen mit vielen anderen, die mehrfach zum Sturm auf das Ausländerwohnheim geblasen, die Steine geworfen und Knüppel gegen mosambikanische Arbeiter geschwungen haben.

Schon am 1. Mai 1987 gab es eine riesige Schlägerei zwischen Mosambikanern und Deutschen, so riesig, daß von auswärts Polizeikräfte angefordert werden mußten. Die DDR-Presse schwieg sich über die Vorkommnisse aus. Das gleiche passierte zwei Jahre später. Es gab mehrere Verletzte, einer davon schwer. Einer der damals Beteiligten sitzt am Tisch und wird deutlich: «Bei einer ersten Aktion haben wir die Nigger vertrieben. Dann kamen die mit Eisenrohren und Holzknüppeln wieder. Dann wurden sie weggejagt bis ins Heim.» Ein anderer: «Ich wollte nach Hause gehen, um mir eine Peitsche zu holen, zwecks Nigger-Hatz. Die haben mich aber abgefangen und verprügelt. Das sind keine Menschen, die sollen in den Busch gehen.» Und Melzer ordnet seine Gruppe so ein: «Was die Chaoten in Kreuzberg machen, machen wir hier mit den Ausländern.»

Woher kommt dieser abgrundtiefe Haß, der sich ein Jahr später in Hoyerswerda und anderen Städten im Osten Deutschlands in regelrechten Pogromen gegen alle Fremden entlädt? Groll gegen Arbeiter aus Vietnam, Mosambik, Polen und – zehn Jahre vorher – gegen Algerier war schon immer zu spüren. Die von oben verordnete «Solidarität» bestand nur auf dem Papier: Wie kann jemand zum Beispiel solidarisch mit Palästinensern sein – was wegen der sogenannten «antizionistischen», in der Realität aber verkappt antisemitischen Haltung der SED jahrelang gefordert wurde –, wenn man nicht aus eigener Anschauung weiß, wie es in deren Heimat aussieht?

Einer der Jugendlichen sagt: «Der Jude hat doch im Osten den Krieg angefangen. Die haben in der Weltpolitik das Sagen. Die Amis sind doch von Juden unterwandert...» Melzer geht noch weiter in seinem verqueren Weltbild: «Der Jude hat uns 1933 den Krieg erklärt... Warum wird er überall gejagt? Einfach weil er böse ist. Weil er ein Stänkerer ist. Immer. Die hätten doch damals Deutschland verlassen können...» Auf die Frage, wie viele Juden es heute in Deutschland gebe, die Antwort: «Zu viele.»

«Insofern täuscht der Eindruck, daß die Ausländerfeindlichkeit jetzt stark gestiegen sei», schreibt Irene Runge 1990 in einer Untersuchung über den Fremdenhaß in der ehemaligen DDR. «Sie war latent vorhanden, jetzt redet man offen darüber.»[1] In einer soziologischen Untersuchung über Jugendliche in den neuen Bundesländern – Erhebungszeitraum 1991 –, die im September von der Tageszeitung «Neue Welt» der Öffentlichkeit vorgestellt wurde, zeigen 35 Prozent eine «bedenkliche» rechtsextreme und/oder autoritäre Einstellung, ein Viertel ist stark fremdenfeindlich, 10 Prozent rechnen sich selbst zur rechtsextremen Szene, jeder zwanzigste würde eine neue nationalsozialistische Partei begrüßen.

1 Irene Runge, S. 59

Doch wenn man genau hinhört, wiederholen die jungen Gubener nur das, was in den Kneipen und normalen Wohnzimmern schon lange vor sich hin grummelte und sich in Leserbriefen an Zeitungen entlud. «Hier in Guben lief viel Gesocks rum, vor allem Polen», sagt einer von ihnen. In einem Brief an die «Berliner Zeitung» hieß es zum selben Thema: «Jeder kennt die Mentalität der Polen. Die sind größtenteils arbeitsscheu und verdienen auch oft ihr Geld nicht auf ehrliche Weise.» Verfasser war ein Kollektiv der VEB Haushaltselektronik Berlin.

Als am 8. April 1991 die Visafreiheit mit Polen in Kraft tritt, demonstrieren nicht nur 50 Jugendliche mit der verbotenen «Reichskriegsflagge» durch das Neubaugebiet, ohne daß auch nur ein Einwohner gegen die rassistischen Parolen protestiert. Nein, auch der DSU-Stadtverordnete und Bäckermeister Dreißig tritt in Aktion. Bei einer symbolischen Blockade des Grenzübergangs geht der Grenzbaum zu Bruch. Der biedere Bäckermeister muß sich wegen Sachbeschädigung verantworten.

Melzer sagt: «Die Ausländer sollen dahin gehen, wo sie hingehören.» Und: «Hier fehlt das Geld, und den Asylanten wird es nachgetragen, die dann auch noch uns angreifen und Diebstähle begehen. Da werden wir uns wehren, zur Not auch mit Waffen.» Beim Gubener Waffenhändler am Ortseingang boomt das Geschäft. Aber nicht die Jugendlichen sind die Kunden, sondern die Erwachsenen.

«Gubener Patriotismus»: auf dieses Gefühl können sich die jungen Leute einigen. «Das ist für Guben, sagen selbst die linken Angeschwulten», meint Melzer über einige seiner «Feinde», «sogar die sind mitmarschiert, als die Berliner Chaoten kamen.» Man verteidigt das heimische Nest gegen die Unordnung, die von außen hereinbricht, seien es Berliner «Autonome», auswärtige Fußballfans oder Arbeiter aus Ländern, die man nie gesehen hat und deren Sitten man sich mit heimlichem Fernweh und zugleich in Abwehrhaltung zurechtinterpretiert.

Dabei vermischen sich die Angst der Zukurzgekommenen, die gerade gegen die Repression des SED-Regimes erkämpfte Teilhabe an den Segnungen des Kapitalismus mit denjenigen teilen zu müssen, die ihrer Meinung nach «nicht dazugehören», pubertäre Freude an Krawall und an Tabuverletzung, kleinbürgerliches Spießertum und «teutonischer Sexualneid», wie «Der Spiegel» es formulierte. Die Gubener «Heimatfrontler» berichten ausführlich über angeblich selbst erlebte Belästigungen ihrer Freudinnen. Mit diesem Klischee, was nicht ohne Wahrheitsgehalt sein muß, stehen sie nicht allein. Ein zum Thema Interviewter auf die Frage, ob die Kubaner «den Deutschen die Mädels» wegnähmen: «Jawohl, sonst wäre ich ja schon längst verheiratet.»[2]

Noch sind die Gubener keine organisierten Neonazis. Obwohl die Cottbusser Rechtsradikalen sie heftig umwerben, ist angeblich niemand in eine der neonazistischen Kleinstparteien eingetreten. Ohnehin haben einige von ihnen das Parteibuch der DVU: Einer der einheimischen Skinheads ist nach der Wende kurz in den Westen gegangen und mit Propagandamaterial zurückgekehrt. Es hätten auch die NPD oder die «Republikaner» sein können. Alle warten ab. «Wir geben den anderen Schützenhilfe», sagt einer der «Heimatfrontler». «Es geht um die Verbindung, die Zusammenarbeit. Wenn später mal eine große, geschlossene Partei kommt...»

Für rassistisch motivierte Gewalttaten braucht es aber, wie das Beispiel Hoyerswerda später zeigt, keine ideologisch festgelegten Neonazis: Es reicht die schweigende Mehrheit, die klammheimlich applaudiert, wenn eine kleine Gruppe Molotow-Cocktails wirft, Knüppel schwingt und auf alles einprügelt, was «stört».

Kurz nachdem die Stadt Guben mit dem Bau eines «Asylantenheimes» beginnt, wird auf das noch nicht fertige Gebäude ein Brandanschlag verübt. In den Herbstwochen melden die Zeitungen mehrfach Übergriffe auf polnische Busreisende. Am 2. November kommt es zu einem regelrechten Überfall mit Gaspistolen und Metallstäben auf einen nach Polen zurückkehrenden Bus. Die Polizei, heißt es, habe die Täter nicht fassen können.

Sonst ist es ruhig. Auf den Straßen sind keine vietnamesischen Händler mehr zu sehen. Auch der exotische Imbißstand ist verschwunden. Dafür gibt es jetzt Pommes frites aus einem Automaten.

2 ebd., S. 83

Spontan geplant

Bomberjacke und Spotlight

Auch in Cottbus soll «ein Haus der Linken» gestürmt werden. Seit Wochen geht das Gerücht in der rechten Szene. Zugeschlagen wird am 20. April 1991, «Führers Geburtstag». Meine Kontaktleute geben sich überaus konspirativ: Niemand dürfe über diese Aktion plaudern, Treffpunkt und Uhrzeit seien geheim. «Die aus Frankfurt/Oder, Schwedt und Guben wollen auch kommen», sagt mir jemand. «Das Glatthaus muß dran glauben.» Das «Glatthaus» ist ein Jugendzentrum.

Die Kollegen von der Presse fahren nach Dresden. Dort erwarten alle Randale: Schon beim Trauerzug für den Mosambikaner Jorge Gomondai hatten ein paar Neonazis herumgepöbelt. In der Nacht zum Ostersonntag, drei Wochen vorher, war der Afrikaner von Skinheads, wie die Kriminalpolizei annahm, aus einer fahrenden Straßenbahn gestoßen worden und wenig später seinen Verletzungen erlegen.

Außerdem sei ein Sternmarsch aller Neonazis in die sächsische Landeshauptstadt angekündigt. Das schreiben die «Berliner Zeitung» und die «Tageszeitung». Das «Neue Deutschland» will sogar von einem Aufmarsch von 2000 Neonazis in Magdeburg wissen. Das wäre beinahe das gesamte Personal der militanten Rechten, eine gefährliche und – weil wider besseres Wissen – merkwürdige Überschätzung. Die «taz» sattelt noch drauf: Michael Kühnen, Christian Worch und Gottfried Küssel, mit die bekanntesten «Größen» der braunen Szene, hätten ihr Engagement nach Dresden verlegt. Dort soll auch die «Funkkommunikationszentrale» der rechtsextremistischen Kleinst-Partei «Deutsche Alternative» (DA) sein.

Diese Meldungen basieren auf einem Artikel, den die normalerweise bestinformierte «Die Andere» über neonazistische Aktionen in

Dresden veröffentlicht hat. Die will sogar den Wehrsportgruppenführer Hoffmann – nach langjährigem Gefängnisaufenthalt als angeblich «resozialisiert» entlassen – dort gesehen haben – eine ausgewachsene Zeitungsente. Die Reportage aus «Die Andere» erscheint dann «weitgehend ungekürzt» im West-Berliner «Antifaschistischen Info», ohne daß sich irgend jemand über den Wahrheitsgehalt der Angaben rückversichert.

Da ich erfahre, daß Kühnen gerade in Zimmern bei Bad Langensalza in Thüringen festgenommen worden und anschließend in ein Krankenhaus in Kassel verlegt worden ist, Worch sich in Hamburg aufhält und Küssel in Österreich, scheint es mir, als setzte jemand bewußt Gerüchte in die Welt, um Verwirrung zu stiften. Niemand hat das gegengeprüft, was beim Bier von geltungssüchtigen Jung-Nazis aufgetischt worden ist – oder die Diskussionen an den Stammtischen der «Autonomen-Szene» über die feindliche Truppenstärke werden für bare Münze genommen.

Ich höre mich ein wenig um. Jemand erzählt mir, für Aktionen seien die Städte Frankfurt/Oder, Schwedt oder Cottbus im Gespräch gewesen. Da aber die Cottbusser zur Zeit am stärksten seien, würden sich alle dort treffen. Ich fahre drei Tage vorher in die Stadt an der Spree, um mich umzusehen. Ich kenne die dortigen Faschos noch nicht. Außer Karsten Wolter, dem bisherigen Chef der «Deutschen Alternative», der neofaschistischen Gruppe, die als eines der Sammelbecken von Michael Kühnens «Bewegung» in der Ex-DDR gegolten hat.

Ich hatte schon einen «Parteitag» der DA am 7.7.90 in Kiekebusch bei Cottbus erlebt: Wolter war dafür zuständig, die rechte Hand zum verfremdeten Hitler-Gruß zu heben und, möglichst in der Nähe seines Idols Kühnen, ununterbrochen eine Fahne zu schwenken wie bei einem FDJ-Aufmarsch. Er ist auch nicht unbedingt jemand, der drei zusammenhängende Sätze, sei es auch der reine Unsinn, ohne Manuskript von sich geben kann. Er wurde zwar in die «Reichsführung» der DA und zum Vorsitzenden der Ortsgruppen in der Ex-DDR gewählt, durfte aber noch keine Rede halten. Wahrscheinlich hat er in den Augen seiner Gesinnungsgenossen andere Qualitäten: In meiner Gegenwart prahlte er damit, an gewalttätigen Aktionen gegen «Linke» teilgenommen zu haben.

In einem Jugendclub in der Rudolf-Rothkegel-Straße im Stadtteil

Cottbusser Skinheads vor ihrem Club im Stadtteil Sandow

Sandow werde ich fündig. Hier sei der Treffpunkt der Rechten, sagt die blutjunge Serviererin. Es ist aber niemand da. Nur zwei junge Burschen am Billardtisch, einer mit schulterlangem, der andere mit korrekt gescheiteltem Kurzhaar. Sie geben sich sehr zugeknöpft. Ich sage mein Sprüchlein auf und lasse durchblicken, daß ich wisse, was laufen werde, nur nicht genau, wo und wann. Sie geben mir nach einigem Hin und Her den Tip: Morgen abend, Straße Am Nordrand, eine Diskothek. Da versammelten sich alle, um Anweisungen für den nächsten Tag zu erhalten.

Samstag, gegen zwanzig Uhr. Die Disko, ein ehemaliges Stasi-Objekt, ist proppenvoll. Viele Skinheads, die meisten der jungen Männer mit Seitenscheitel oder einer merkwürdigen Frisur, die so aussieht, als hätte man einen Topf draufgesetzt und alles andere drumherum abgeschnippelt. Keine bunten Haare, keine Ausländer, keine Schwarzen. Die Frauen alle sehr jung, im üblichen Schick, aber nicht besonders auffällig.

Am Tresen sehe ich Frank Hübner. Von ihm weiß ich, daß er als einer der Anführer der Cottbusser Faschos gilt, der die Fäden im Hintergrund zieht. Hübner ist von kleiner Statur, gut zwanzig, über dem Topfrand streng gescheitelt und verkleidet sich, wenn er die obligatorische Bomberjacke einmal im Schrank läßt, als Otto Normalbürger: weißes Hemd und schwarzer Schlips, wie jeder deutsche Mann, der zur Weihnachtsfeier des Taubenzüchtervereins oder zum Kegelabend seiner Partei geht, und, wenn es extrem feierlich auszusehen gilt wie hier, zu «Führers Geburtstag», mit dunkelgrauem Jackett. Neben den Skinheads wirkt er wie ein Goldfisch, der sich einbildet, der Anführer eines Heringsschwarms werden zu können.

Am 1.12.90 – mein erster Kontakt zu ihm – hatte er unfreiwillig zur Verhaftung Michael Kühnens und 50 weiterer Neonazis beigetragen. Hübner sah sich auf dem Bahnhof in Guben um. Kühnen hatte sich zwar dort angekündigt, war aber ein ausgesprochener Hasenfuß und wohl wegen starker BGS-Präsenz lieber in Cottbus geblieben. Die Einsatzleitung des SEK-Kommandos aus Bielefeld, das gerade alle versammelten Gubener Rechtsradikalen verhaftet und auf Lkw verfrachtet hatte, funkte verzweifelt zu den Kollegen nach Cottbus, was dort geschehe. Da rührte sich nichts, weil man vergessen hatte, daß die Funkgeräte nicht so weit reichten. Da Hübner Braunhemd und andere einschlägige NS-Imitationen als Kleidungsstücke trug, somit eindeutig einzuordnen war, mußten die Beamten, um Kühnen zu fangen, nur unauffällig, soweit das mit mehr als zwanzig Einsatzfahrzeugen möglich war, Hübners Pkw nach Cottbus folgen, wo der Möchtegern-Chef aller Neonazis gerade in Richtung Innenstadt losmarschiert war. Der wurde dann verhaftet, mitsamt seinen wie immer gegen «Stasi» und die übliche Welt voller Feinde protestierenden Gesinnungsgenossen, allen voran der zeternde «Ritterkreuzträger» und Frankfurter FAP-Kandidat Otto Riehs.

Karsten Wolter sitzt an einem Tisch im Vorraum der Disko und ist wegen fortgeschrittenen Alkoholkonsums zu konkreten Auskünften nicht mehr in der Lage. Nur, daß der Fotograf ein paar hundert Mark bezahlen solle, wenn er Aufnahmen mache. Die Presse würde immer «Geld auf den Tisch legen».

Hübner sagt, die Hälfte im Saal seien Mitglieder der DA. Das wären mindestens 100 Leute. Ich glaube ihm kein Wort. Die Rädelsführer der Jung-Nazis hätten es zwar gern, wenn ihre Gefolgsleute wie ein deutscher Schäferhund aufs Wort gehorchten. Aber zwischen ihre Behauptungen, wie groß ihr Einfluß sei, mischen sich fast immer Anflüge von Größenwahn.

Die Atmosphäre ist surreal: Moderner US-amerikanischer Hip-Hop und Funk, rotierende Scheinwerfer über der Tanzfläche, gelöste Stimmung, und dann überall, wohin man blickt, Ärmelsticker «Ich bin stolz, ein Deutscher zu sein» und Hakenkreuze auf Bomberjakken. Das wäre im alten Bundesgebiet undenkbar. Die jungen Leute scheinen diesen Aufzug als normal anzusehen. Oder die, die den Neonazi-Firlefanz ablehnen, trauen sich nicht, die Faschos anzupöbeln. Die sind offenbar zahlreich, stehen in Gruppen herum und fragen sich gegenseitig, wieviel Uhr es sei. Es ist kurz vor Mitternacht. Ich ahne, was kommt. Um zwölf stoßen sie an, «auf unseren geliebten Führer Adolf Hitler», schreien «Sieg Heil» und stürmen nach draußen. Dort werden schwarz-weiß-rote Fahnen geschwenkt und «Ausländer raus» gegrölt. Der Inhaber des Etablissements sagt, ihm sei das egal, solange die Gäste nicht verprügelt würden und das Mobiliar heil bliebe. Er möchte, daß ich «fair» über sein Lokal schreibe.

Draußen immer noch das gleiche Bild: In wechselnden Haufen stehen sie herum und reißen mit Gebrüll den rechten Arm hoch. Ein Gruß, welcher auch immer, ist eigentlich dazu da, sich des gegenseitigen Wohlwollens zu versichern. Hier jedoch hat das verbotene Handzeichen eine etwas andere Funktion. Es ist niemand da, den die Jung-Nazis und Skinheads grüßen könnten, außer sich selbst. Und das nicht nur zu Beginn und zum Ende der Begegnung, sondern eine halbe Stunde lang ununterbrochen. Man stelle sich zum Vergleich eine Anzahl von Menschen vor: Die sind über irgendein Thema der gleichen Ansicht, bekunden das aber, indem sich alle langandauernd die Hände schütteln – sich grüßen – und dabei Lieder singen. Offenbar ist die symbolische Handlung, der Gruß, und das gleichzeitige Übertreten eines gesellschaftlichen Tabus – der Gruß ist verboten – wichtig, um die Gruppenidentität zu zeigen, nach innen und nach außen. Man stärkt das Selbstbewußtsein, indem man sich gegenseitig mit einer bestimmten Körperbewegung demonstriert, dasselbe zu denken.

Auch die Presse liebt den Hitlergruß. Hat man erst einmal einen

Jugendlichen gefunden, der ihn vorführt – trotz des Risikos, ein Verfahren angehängt zu bekommen –, ist die Geschichte «im Kasten». Bei Fußballspielen provozieren auch Hooligans mit der ausgestreckten Hand, obwohl die meisten die Bezeichnung «Neonazi» von sich weisen würden. Sie wissen: das wird von ihnen erwartet, da sieht jeder hin, das zieht die öffentliche Aufmerksamkeit an. Auch in der Boulevardpresse und in verwandten Erzeugnissen war das Thema «Rechtsradikalismus» zeitweilig aktuell. Die Journalisten mußten kurzfristig Geschichten abliefern: Eine österreichische Zeitung zum Beispiel bot Neonazis aus Wien – umgerechnet – mehrere hundert Mark an, um bei deren Reise nach Berlin dabeisein zu können. Dort angelangt, legten die Reporter gleich noch was drauf – für das «richtige» Foto mit Gruß und Fahne. Je höher der Bekanntheitsgrad, desto höher die Preise. Ein paar Monate später, als Hübner es endlich geschafft hat, vom größten deutschen Nachrichtenmagazin wörtlich zitiert zu werden, verlangt er von Bildreportern und Kamerateams mindestens 350 DM, wenn sie an den «Parteitagen» teilnehmen wollen. Er bekommt, was er will: Beim Landesparteitag der DA im November in Cottbus gehen drei ausländische Teams darauf ein, und die DA braucht sich um die Saalmiete keine Gedanken mehr zu machen.

In den alten Bundesländern grüßten sich die Neonazis nur mit drei Fingern. Der im April 1991 gestorbene Michael Kühnen wußte genau: er durfte sagen, daß er sich als «Nationalsozialist» fühlte. Machte er aber den Hitlergruß, hätte er juristischen Ärger bekommen. In den neuen Bundesländern greift die Polizei jedoch – aus Personalmangel, wegen fehlender Motivation oder schlicht aus Unkenntnis der Gesetzeslage – seltener ein. Die Hemmschwelle, etwas Verbotenes zu tun, ist niedriger. Wären die faschistischen Symbole aber erlaubt, würden sie die Neonazis ohne Hemmungen auch benutzen – so wie in der Cottbusser Disko.

Ein Skinhead rempelt mich an, ohne Absicht. Journalisten werden heute nicht verhauen. Die Linken würden sich in der Stadt versammeln, sagt er. Das wäre ihr gutes Recht, aber nicht an «Führers Geburtstag». Ich traue mich nicht, direkt meine Meinung dazu zu sagen, weil mich mittlerweile eine ganze Gruppe stämmiger Faschos umringt und in bierseliger und deshalb unberechenbarer Laune Bierflaschen schwenkt, zum Glück nicht in meine Richtung. Er sei aus Berlin, meint der Glatzkopf, dem ein paar Zähne fehlen und auf dessen Schä-

Rechte Jugendliche aus Guben und Cottbus am 20.4.1991

del einige Narben glänzen. Ich frage ihn, ob er auch Hooligans kenne. Ja, antwortet er und rülpst mir ins Gesicht. Den Jens-Uwe Vogt kenne er. «Die Hools sind doch alle bekloppt.» Aber wenn der Vogt «zu den Kindern» sage, «macht die Stadt kaputt», meint er, «dann machen die die Stadt kaputt».

Mit Vogt, einem der angeblichen Anführer der Berliner Fußballrowdies, werde ich mich ein anderes Mal befassen. Jetzt muß ich herausfinden, was an Aktionen geplant ist. «Wir werden gemütlich feiern», sagt Hübner, «sonst nichts.» Ich habe aus der Ecke einiger Gubener, die ich kenne, gehört, daß sich heute – es ist ja schon Sonnabend – alle an der Cottbusser Stadthalle treffen werden.

Stunden später, in Guben am Bahnhof. Vierzig rechtsradikale Jugendliche steigen in den Zug nach Cottbus. Wieder mit dabei: Jörg Melzer, der Chef der «Gubener Heimatfront». Sie wissen noch nicht genau, was heute abend passieren soll. Das wird sich, vermute ich, spontan entscheiden. «Mal sehen, wie viele Bullen da sind», sagt Melzer.

Der Zug rollt in den Bahnhof ein. Vor der Halle ein größeres Polizeiaufgebot. Die Gubener sind unschlüssig. Es sind noch drei Stunden Zeit bis zum vereinbarten Treffen. Sie ziehen los, in Richtung Stadt. Auf halbem Wege ein Spielsalon, Billard und Automaten. Da zieht es alle hinein. Der Pächter, ein älterer Mann, sieht genau, wen er da vor sich hat. Sein Laden sei gerade eröffnet worden, sagt er. Er hofft, daß ich nichts Negatives über ihn schreiben werde. «Die sind doch ganz ruhig, die machen doch hier nichts kaputt», sagt er mehr zu sich selbst.

Bis jetzt ist es ganz normaler Sonnabendnachmittag in einer ganz normalen deutschen Stadt: ein bißchen Langeweile, träges Sonnenlicht, vereinzelte Familien, die spazierengehen, Jugendliche, die Billard spielen oder das letzte Geld im Automaten verplempern. Außerdem zeigen die jungen Leute, daß sie einer bestimmten Gruppe zugehören. Das kennt man: ähnlich ist es bei den sogenannten Grufties, die in schriller, aber schwarzer Kleidung herumlaufen, bei Rokkern, deren Äußeres den normalen Bürger noch mehr erschreckt als das der glatzköpfigen oder ordentlich gescheitelten Jung-Rechten, bei Punks, über die schon mal abfällig die Nase gerümpft wird. Diese Jugendlichen jedoch tragen T-Shirts mit Aufschriften wie «Skinheads für Deutschland», «Hooligans – Gewalt beim Fußball» oder auch nur mit aufgedruckter Deutschland-Fahne. Sind sie anders, gefährlicher als ihre vergleichbaren Altersgenossen?

Vielleicht. Die Tatsache allein, daß sie in der Gruppe manchmal gewalttätig sind, unterscheidet sie nicht von anderen Jugendlichen, so schlimm es im Einzelfall sein mag. In den fünfziger Jahren ging bei Konzerten von Rock 'n' Roll-Gruppen schon mal eine Halle samt Mobiliar in die Brüche. Im Sommer 1956 zum Beispiel trafen sich rund um eine bestimmte Kneipe in Berlin-Wedding an jedem Wochenende jugendliche Motorrad- und Mopedfahrer, «die mit abgeschraubten

Auspufftöpfen laut knatternd um die Wette fahren, Autofahrer belästigen und Anwohner anpöbeln.»[1] Immer das gleiche Katz- und Maus-Spiel: Die Polizei versucht, die Ansammlung der Halbstarken aufzulösen. Es kommt zu Straßenschlachten und Knüppeleinsätzen, im Juli 1956 sogar zum Wasserwerfereinsatz. Bei Massenkeilereien im Sportpalast und in anderen Stadtteilen sind bis zu tausend Jugendliche beteiligt. Die damaligen Jugend-Gangs trugen Lederjakken, Jeans und Haartolle, was ausreichte, um bei den normalen Bürgern Ängste auszulösen. Die Reaktionen der zuständigen Stellen sind ähnlich wie heute beim Thema Skinheads: Die einen, vor allem die konservativen Politiker, rufen nach drakonischen Strafen und stärkerer Polizeipräsenz, die anderen fordern Verständnis, pädagogische Maßnahmen und aktivieren Sozialarbeiter. Das gleiche passiert in der DDR: Rowdies «belästigen Passanten, beschädigen fremde Fahrzeuge und erzeugen bei gemeinsamen Fahrten einen Höllenlärm» – allerdings nicht durch knatternde Motorräder, sondern mittels «sinnreich konstruierter Sirenen und Klingeln», die sie an ihren Fahrrädern anbringen. In Ost-Berlin ereignet sich der erste «Großkrawall» mit 600 Teilnehmern am 8. Dezember 1956 im Lustgarten.[2]

Gewalt ist ein Element in unserer Gesellschaft, was per Dekret und Gesetz nicht abzuschaffen ist. In Aggressionen und Provokationen entlädt sich jeweils auch ein Unmut über gesellschaftliche Zwänge und Tabus, die die Heranwachsenden noch nicht internalisiert haben, über den «kulturellen Mief, die Langeweile des Alltagslebens, repressive Erziehung und Bevormundung»[3]. Sozialwissenschaftler, die sich mit der Jugendkultur in der ehemaligen DDR beschäftigten, legten Wert auf die Feststellung, daß gerade in der Arbeiterkultur, aus der sich die meisten der Jung-Rechten rekrutieren, Gewalt, auch in der Familie, nicht wegzudenken sei. Dr. Wolfgang Brück, ein Leipziger Rechts- und Kriminalsoziologe, sagt über rechtsstehende Jugendliche: «Es sind Menschen, die in der einen oder anderen Form schwerwiegende Demütigungen erlitten haben, deshalb nun eine

1 Roland Gröschel: «Als Bill Haley noch Klassenfeind war...», Die Tageszeitung v. 19. 6. 91
2 ebd.
3 ebd.

Wolfsmoral entwickeln und mit der ihnen feindlich gegenüberstehenden Gesellschaft abrechnen wollen.» «Abrechnen» kann auch heißen: Wer nicht spurt, so der Erziehungsgrundsatz in vielen Arbeiterhaushalten – und nicht nur dort –, kriegt eins «hinter die Löffel».

Wer selbst geschlagen worden ist, wird es als «relativ normal» ansehen, diejenigen zu verprügeln, die ihm nicht gefallen oder deren Verhalten er ablehnt. Nicht, weil das Spaß macht, sondern weil er keine Alternativen kennt, sich in Konfliktsituationen zu verhalten oder seinen «Frust» anders zu kompensieren. Deshalb ist Gewalt für manche dieser Jugendlichen eher etwas Positives: Sie schafft eindeutige Situationen. Wer bei einer Prügelei gewinnt, hat Recht.

Normal ist auch, daß sie nur in der Gruppe ein bestimmtes Verhalten zeigen: Allein auf sich gestellt, wären die meisten von ihnen weder in der Lage noch hätten sie den Mut, auf einen vermeintlichen Gegner einzuschlagen. Ihre Identität ist noch so brüchig, daß sie über die Gruppe gefestigt werden muß. Sie geben ein Stück ihrer Individualität auf – sie demonstrieren das unter anderem durch uniformierte Kleidung –, unterwerfen sich kollektiven Ritualen, erhalten dafür – als Gegenleistung – das Gefühl, Macht über andere ausüben zu können.

Diese Überlegungen nützen den Opfern wenig. Nur: wenn man gegen randalierende Jugendliche etwas ausrichten will, hilft eine eingleisige Strategie, etwa der geballte Einsatz der Staatsmacht, genausowenig. Für Präventivmaßnahmen ist aber wichtig, ob es sich um primär rassistisch motivierte Gewalt oder um Aggressionen handelt, die für «halbstarke» – und vor allem männliche – Jugendliche schon immer Teil einer bestimmten Phase der Sozialisation gewesen sind. Gerade bei den noch recht halbwüchsigen Gubenern habe ich den Eindruck, daß ein attraktiveres Freizeitangebot ihnen die rechtsradikalen Flausen schnell austreiben könnte.

Das von eingefleischten Faschos organisierte Cottbusser Treffen bietet ihnen einen Raum, wo sie miteinander reden können, die Möglichkeit, gemeinsam zu trinken, und die Hoffnung, daß vielleicht «etwas los» sein könnte, um der gähnenden Langeweile eines Wochenendes in einer Kleinstadt an der polnischen Grenze zu entfliehen. Und, ein erwünschter Nebeneffekt: Wenn «die Feinde» besiegt werden, fühlen sie sich gleich stark und wichtig. Ein Skinhead aus Senftenberg, mit dem ich mich wenig später unterhalte und der wegen seiner schweren Körperbehinderung nicht in der Lage wäre, an einer Prügelei teilzunehmen, sagt mir auf die Frage, warum er an Versammlungen der DA teilnehme, treuherzig: «Was soll ich denn sonst machen?»

Dann, um halb acht, Treffpunkt an der Stadthalle. Kleine Gruppen von Skinheads und Faschos treffen ein, stehen unschlüssig herum. Einer zieht die schwarz-weiß-rote Fahne an einem Mast hoch. Die Anführer warten mittlerweile ein paar hundert Meter weiter an einer Bushaltestelle: «Gauleiter» «Kose» Koswig, Wolter und Hübner. Sie haben wohl Angst, sogleich festgenommen zu werden. Polizei ist aber nicht zu sehen. Hübner gibt diskret den Treffpunkt, eine Gaststätte am Jahn-Sportplatz im Stadtteil Sielow, weiter. Dorthin fährt nur ein Bus. Während alle Neonazis brav auf den nächsten warten, setzen sich die Möchtegern-Führer samt der «Gattin» in ein Auto und lassen sich kutschieren. Melzer, der Anführer der Gubener, ist sauer. Er muß wie das gemeine Fußvolk hinterhertrotteln und weiß noch nicht einmal, wo es hingeht.

In der Gaststätte sind nur ein halbes Dutzend «normaler» Gäste, einige sturzbetrunken. Der hintere Saal, der gut hundert Personen umfaßt, füllt sich langsam. Hübner läßt eine Reporterin vom DFF hinauswerfen, als handelte es sich bei dem «kameradschaftlichen» Treffen um eine konspirative Angelegenheit. Wahrscheinlich will er nur demonstrieren, daß er das Sagen hat. Während ich mit Melzer plaudere, schielt er unaufhörlich in unsere Richtung, was meinen Gesprächspartner zu einer Bemerkung veranlaßt. Hübner will wohl als Dank für seine Großzügigkeit, den Fotografen und mich nicht vor die Tür gewiesen zu haben, gebührende Aufmerksamkeit.

Die Gubener fragen sich langsam, was das alles soll. Sie erwarten irgendeine Aktion, die doch lange vorher angekündigt worden ist. Doch nichts geschieht. Nur eine Prügelei zwischen zwei Skinheads draußen auf der Wiese, der alle neugierig zuschauen. Nach zwei Stunden Saufgelage endlich: Wolter läßt alle hereinbitten, stellt sich auf einen Stuhl, blickt auf einen Zettel, auf dem er sich wohl Stichpunkte für seine folgende «Rede» gemacht hat. Heute werde nur noch gemütlich beisammengesessen, sagt er, und außerdem sollten sich jetzt alle erheben und «für den großen Sohn unseres Volkes, Adolf Hitler», eine Schweigeminute einlegen. Das geschieht, dann das übliche «Sieg Heil»-Gebrüll, und die Veranstaltung scheint gelaufen. Die Gubener fangen an, sich zu verabschieden, da ihr letzter Zug fährt.

Randale, knapp verhindert

Dann passiert doch etwas. Niemand weiß, wie es angefangen hat: plötzlich steht ein Satz im Raum. «Wir machen das Glatthaus platt.» Ich sehe mehrere der jungen Skinheads miteinander tuscheln, höre, wie rechts und links Bewegung entsteht, einer fordert den Fotografen und mich auf, mitzukommen. Ich blicke zu den Anführern. Die sitzen in ihrer Ecke und haben noch nichts gemerkt. Oder gaben sie heimlich, ohne daß ich es gesehen hätte, einen Befehl? Wohl kaum. Hübner, Wolter und Koswig scheinen selbst überrascht, scheinen unwillig zu sein, sich von ihrem Bier trennen zu müssen. Die ersten drängeln zur Tür hinaus.

Blitzschnell schießt mir eine Situation durch den Kopf, die ich einige Monate vorher erlebt hatte, mit umgekehrtem Vorzeichen und anderem soziologischen Code. Berlin-Friedrichshain, in der Mainzer Straße, wo seinerzeit noch ein Dutzend Häuser besetzt waren: rundum schwarze Lederjacken, Palästinensertücher, wuschelige Haare, bunt eingefärbt, Diskussion in Gruppen auf der Straße, alle wollen irgend etwas gegen einen Überfall von Rechtsradikalen am Vortag unternehmen. Plötzlich taucht ein Satz auf: «Wir gehen jetzt in die Weitlingstraße», dorthin, wo sich das von jugendlichen Neonazis bewohnte Haus befand. Auch damals hatte ich nicht bemerkt, wer die Forderung aufgebracht hatte, sie war einfach nur da, erfüllte ein Bedürfnis. Einige junge Männer stürmten sofort los, blickten sich zur Masse um, forderten sie auf, sofort mitzukommen, andere waren unschlüssig, liefen zwischen der vorwärtsstürmenden und der anderen, noch verharrenden Gruppe hin und her. Es gab keine Anführer, nur Initiatoren, die aber nur das vollzogen, was vorher von vielen diffus artikuliert worden war. Erregte Rufe: «Abstimmen!», niemand hört, andere folgen dem immer größer werdenden Zug, vorn haken sich die ersten unter, feste Reihen entstehen, eine schwarze Fahne taucht auf, an die sich der Blick heften kann wie an eine Landmarke. Die Demonstranten werden zu einer, wie Elias Canetti das formulieren würde, «rhythmischen Masse», deren Faszination sich der einzelne nicht entziehen kann, sie hat einen Zweck und ein Ziel, gibt den Affekten einen Sinn, sie wird zur Kriegsmeute: «Das Entscheidende und eigentlich Charakteristische an der Kriegsmeute ist, daß zwei Meuten da sind, die genau dasselbe gegeneinander vorhaben.[4] Die Demonstration erfüllt ihren Zweck dadurch, daß es eine andere, feindliche Gruppe gibt, von der man weiß, daß sie in ihrer Festung eingeschlossen ist und in der Vorstellung der Kriegsmeute nur darauf wartet, angegriffen zu werden.

So auch hier: «die Linken» sitzen in ihrem Jugendzentrum, angeblich. Die eigene Gruppe erfüllt erst dann ihren Zweck, wenn sie sich an der anderen messen kann. Es macht nur Sinn, ein Skinhead zu sein, wenn es auch bunthaarige Punks gibt. Oder ein Fascho-Skin, wenn es nicht auch «Redskins» gäbe, die sich nur in der Farbe der Schnürbänder der «Docs» von den «Rechten» unterscheiden.

Der Anführer kann und darf nur das artikulieren, was die anderen ohnehin wollen. «Gauleiter» René Koswig, das Mitglied der «Reichsführung» der DA, Karsten Wolter – beide waren vor nicht allzu langer Zeit ebenfalls Skinheads –, könnten die Masse auf der Jagd nicht mehr zurückhalten. Um ihrer Rolle gerecht zu werden, müssen sie die Funktionen ausüben, die ihnen die Gruppe zuweist. Einer muß in der Lage sein, einen großen Raum anmieten zu können, wo man sich trifft. Die Mehrzahl der jugendlichen Skinheads hätte vor dieser Hürde schon kapituliert. Dazu sind Personen wie Wolter und Hübner da, die ihre Bedeutung durch weißes Hemd und Schlips augenfällig machen. Umgekehrt: Das Risiko, daß die Meute nicht auf die Stimme der Anführer hört, ist groß, auch der Preis des Scheiterns, wenn die Aktion mißlingen sollte. Deshalb geben die selbsternannten Chefs keine Anweisungen, sondern nehmen Aktionen wie diese billigend in Kauf. Andreas Muschik, einer der älteren Skinheads, erklärt mir später: «Die Parteifritzen beklagen sich, daß wir Skins so undiszipliniert sind und nur ‹fun› wollen. Aber sie sind froh, daß wir zu ihren Veranstaltungen kommen, ohne uns ist da ja kaum jemand.»

Die vorwärtsstürmende Gruppe – niemand bleibt im Saal zurück – wird gehemmt: bis zum Glatthaus ist es weit, und es fährt nur ein Bus, der aber noch nicht da ist. Eine aufgeregte, bierselige Masse, auf dem Weg zum vermeintlichen Feind, und kein Angriffsobjekt weit und breit. Nur eine Bushaltestelle und ein Wartehäuschen. Das wird demoliert. Es ist eben nichts anderes da. Scheiben klirren, eine

4 Elias Canetti: Masse und Macht, S. 106

hölzerne Bank kracht, Bierflaschen fliegen durch die Luft, zerschellen auf Asphalt.

Der Bus rollt an. Ich sehe die besorgte Miene des Fahrers. Alle stürmen hinein, ein kurzes Handgemenge, der Fahrer spricht etwas in sein Mikrophon, Drängelei. In der Ferne flackert Blaulicht. Ich stelle mich abseits, weil ich ahne, was kommt.

Nach fünf Minuten sind alle drin, der Fahrer schließt die Tür, fährt aber nicht los. Mehrere Dutzend «Wannen» der Polizei – mit norddeutschem Kennzeichen – nähern sich, Polizisten in Kampfanzügen springen heraus, umzingeln den Bus, entern ihn und erklären der Meute, daß alle verhaftet würden. Der Einfachheit halber stellen sich ein paar Beamte hinter den Busfahrer, der fährt los und alle Beteiligten landen wohlbehalten in einer Polizeikaserne.

Am nächsten Tag steht in der Zeitung: «Angetrunkene Rechtsradikale randalierten in der Nacht zum Sonntag in der Gemeinde Sielow bei Cottbus. Sie skandierten faschistische Losungen und verursachten Sachschaden. Durch massiven Polizeieinsatz konnte verhindert werden, daß die Rowdys mit einem Linienbus nach Cottbus gelangten. Wie die Bezirkspolizeibehörde mitteilte, beschädigten die Randalierer, die sich zuvor in einer Gaststätte aufgehalten hatten, den Bus und warfen Flaschen auf die Fahrbahn der von ihnen blockierten Landstraße. Die Polizei, die durch Kräfte des Bundesgrenzschutzes verstärkt wurde, nahm 109 Personen zeitweilig fest, darunter sieben Mädchen. Neben den zumeist sehr jungen und aus Cottbus stammenden Randalierern waren auch etwa 40 Jugendliche der rechtsradikalen Szene aus Guben an der deutsch-polnischen Grenze beteiligt. Nach Feststellung der Identität wurden alle festgenommenen Personen noch in der Nacht auf freien Fuß gesetzt.»

Was wäre geschehen, hätte die Polizei nicht eingegriffen? Vielleicht hätte eine ähnliche Meldung in der Presse gestanden wie am 11. März: Im sächsischen Leisning marschierten «jugendliche Zecher» aus einer Gaststätte los, «bewaffneten sich mit Zaunpfählen, Spaten oder Eisenstangen und drangen gewaltsam in ein staatliches Ausländerwohnheim ein. Sie prügelten fast 60 Asylbewerber aus dem Schlaf, schrien immer wieder ‹Scheiß Ausländer› und schlugen die Einrichtung kurz und klein. Die meisten Bewohner, überwiegend Eritreer und Pakistani, retteten sich mit Sprüngen durch verschlossene Fenster. Ihre Hilferufe verhallten ungehört. Schwerverletzte konnten deshalb erst am nächsten Morgen ins Krankenhaus gebracht werden.» Und niemand hätte den Befehl gegeben, auch nicht die Anführer mit weißem Hemd und Schlips und Parteibuch.

Neonazi-Aufmarsch am 20.10.90 vor der Dresdener Semper-Oper. Vorn links Christian Worch, mit Mikrophon Michael Kühnen, hinter ihm, halb verdeckt, Rainer Sonntag, rechts neben Kühnen Gottfried Küssel

Aufmarsch in Cottbus, einer «Stadt der Bewegung»

Der 1. Mai ist der Tag der Rituale, auch bei der militanten Rechten. Die Vergangenheit wird beschworen, Traditionen hochgehalten, samt der einschlägigen Fahnen, Reden geschwungen, die den «Kampfgeist» der jeweiligen Gruppe stärken sollen, und anschließend wird, der Geselligkeit halber, dem Alkohol zugesprochen.

Alle, die meinen, daß sie wichtig sind, treffen sich wenig später wieder in Cottbus, in der «Stadt der Bewegung», wie sie selbst sagen: Hier sind genug Neonazis, um einen Saal, größer als ein verräuchertes Kneipen-Hinterzimmer, zu füllen. Und: hier können sie noch, ungestört von Polizei und antifaschistischen Demonstranten, ihren größenwahnsinnigen Träumereien nachgehen. Im Sommer 1990 wird allgemein die sächsische Landeshauptstadt Dresden zur Hochburg der Neonazis erklärt. Das darf mit gutem Grund bezweifelt werden. Kriterien sind nicht die Anzahl der sich als extrem rechts verstehenden Personen, die Größe des Sympathisanten-Umfeldes oder die bei Presse und Polizei bekanntgewordenen Vorfälle, die eindeutig einem neofaschistischen Hintergrund zuzuordnen sind. Auch ist nicht jeder Skinhead ein Neonazi. Hartmut Bosch, Abteilungsleiter Polizei des Innenministeriums von Brandenburg etwa, gibt – laut Presseberichten – im Mai 1991 die Zahl der Skinheads mit «rund 550» an, was «klein im Vergleich zu Sachsen» sei. Warum er trotz differenzierter Erkenntnisse des noch existierenden Gemeinsamen Landeskriminalamtes für die neuen Bundesländer keinen Unterschied zwischen Skinheads und Neofaschisten macht, bleibt sein Geheimnis.

Vielmehr beurteile ich den militanten Flügel der Rechtsextremisten nach dem Grad der Organisierung, ob die Führungspersonen in der Lage sind, über längere Zeit die Szene zusammenzuhalten, welche Kontakte sie pflegen, ob sie über ein geschlossenes neofaschistisches Weltbild verfügen, ob es ihnen gelingt, sich in der Öffentlichkeit als ernst zu nehmende Gruppierung zu verkaufen.

Gerade aus diesen Gründen treffen sich die Anführer der militanten Rechten in Cottbus. In diesem Jahr werden die Weichen für die zukünftige Strategie und Taktik gestellt werden. Die Szene rechts von den «Republikanern» Franz Schönhubers und der «Deutschen Volksunion» des Verlegers Dr. Gerhard Frey ist in sich zerstritten und zersplittert. Die Ursachen, die uns an anderer Stelle noch beschäftigen werden, liegen auch in der Person des verstorbenen Michael Kühnen, der im Alter von 35 Jahren in einem Kasseler Krankenhaus der Immunschwäche Aids erlag. Kühnen, aus einem wohlhabenden katholischen Elternhaus stammend, war es über Jahre gelungen, die Aufmerksamkeit der Presse auf sich zu ziehen. 1977 hatte er wegen rassistischer Hetze seinen Dienst als Leutnant der Bundeswehr und Student der Bundeswehrhochschule quittieren müssen. 1978 wurde er wegen Volksverhetzung, Gewaltverherrlichung und

Aufstachelung zum Rassenhaß zu vier Jahren Freiheitsentzug verurteilt, 1982 zu neun Monaten wegen Verherrlichung des Nationalsozialismus, 1985 wegen NS-Propaganda und Verherrlichung Hitlers zu fast vier Jahren.

Ohne die Medien wäre es Kühnen nicht gelungen, sich als «Führer der Bewegung» zu profilieren. Das sei hier nicht als Vorwurf, sondern als schlichte Tatsache benannt. Natürlich entwickeln sich rechtsextremistische Gruppen auch ohne Presseecho, wie sich am Beispiel der ehemaligen DDR zeigen läßt, ja, einige Fraktionen wie etwa die «Nationalistische Front» weisen ihre Mitglieder sogar an, Interviews und überhaupt Kontakte zur Presse zu meiden.

Kühnen, an dem sich seine Epigonen messen lassen müssen, verfolgte jedoch die Taktik: Auffallen um jeden Preis. 1989 schrieb er in einem vervielfältigten Manuskript: «Das Geheimnis unseres politischen Erfolges ist der Einsatz der Massenmedien ... eine interessante Story zu liefern, das verlangt das Publikum. Bei dieser Sachlage braucht die ANS [Aktionsfront Nationaler Sozialisten] oder andere Kampfverbände der Nationalen Sozialisten nur an ein Tabu zu rühren, und die Journalisten wittern eine gute Schlagzeile. Tabus aber liegen in Deutschland zu Dutzenden auf der Straße: Das Judenproblem, der Vergasungsschwindel, die Kriegsschuldlüge, die geschichtliche Größe Adolf Hitlers, die illegale NSDAP. Und auch ein Mittel sind einfach dreißig Mann mit Knobelbechern und braunen Hemden, eine Adolf-Hitler-Gedenktafel oder das schlichte und ehrliche Bekenntnis: Ich bin kein Demokrat... Die Presse heult auf, der Justiz- und Polizeiapparat setzt sich in Bewegung, und große Schlagzeilen reißen eine kleine Bewegung aus ihrer politischen Bedeutungslosigkeit [...] In dieser Situation ist es die Kunst des politischen Leiters, die Sensationsgier der Presse wachzuhalten, sich etwas Neues einfallen zu lassen.»

In den letzten Jahren, als Kühnen wegen seiner angeblichen homosexuellen Neigungen in der Szene stark umstritten war, wies er bei öffentlichen Auftritten, etwa vor der Dresdener Semper-Oper, immer wieder – fast beschwörend – darauf hin, daß ihn das größte deutsche Nachrichten-Magazin zum «bekanntesten deutschen Neonazi» erklärt hätte, und, daß der – mittlerweile verstorbene – Hamburger Verfassungsschutz-Chef Lochte ihn für den «gefährlichsten» hielte.

Kühnens Gefolgsleute, die fast ausnahmslos in Cottbus erschienen sind, werden versuchen, in dieselbe Kerbe zu schlagen. Kühnen war einer der wenigen Neonazis, dessen Intelligenz es ihm erlaubte, eine längere und druckreife Rede zu formulieren. Das sagt zwar nichts über deren Inhalt aus, hatte aber einen gewissen Unterhaltungswert, und sei es auch nur für die soziologische und politologische Forschung. Sein Charisma, das die zumeist jüngeren Rechten ihm andichteten, bestand vor allem darin, daß er es geschickt verstand, seine langjährigen Gefängnisaufenthalte als Martyrium zu verkaufen.

In der Diskothek «Cottbusser Hof» sind Gruppen aus ganz Deutschland eingetroffen, sowie einige Nazis aus den Niederlanden. Bei denen aus den alten Bundesländern sehe ich die «vertrauten» Gesichter: Christian Worch, umgeben von einer Handvoll Gesinnungsgenossen aus seiner Hamburger 27-Mann-Partei «Nationale Liste», nebst Gattin Ursula. Worch trägt seit neuestem bei Presse-Interviews Schlips und Anzug, um die Inhalte seiner Äußerungen wenigstens durch Seriosität des Äußeren zu kompensieren. Neben ihm Thomas Wulff, genannt «Steiner», mit der unvermeidlichen Schiebermütze und jedem Journalisten mit schöner Regelmäßigkeit Prügel androhend; «Steiner» gehörte dem Kühnen-feindlichen Flügel der FAP an und ist, so kursiert das Gerücht in der Szene, von Worch persönlich abgeworben worden. Aus Hamburg angereist ist auch Nicole Schubert, die noch vor ein paar Monaten als Ansprechperson der Pseudo-Bürgerinitiative WOSAN («Wohnraumsanierung») in Berlin-Lichtenberg auftrat – WOSAN war eine Tarnorganisation der rechtsradikalen «Nationalen Alternative», die hinter dem von Neonazis bewohnten Haus in der Weitlingstraße steckte.

Auch Arnulf-Winfried Priem aus Berlin-Wedding ist da, eine Identifikationsfigur der Nazi-Rocker: Er und seine Anhänger vom «Freizeitverein Wotans Volk» tragen «Kutten» wie eine Motorrad-Gang mit aufgenähtem Emblem «Reichshauptstadt Berlin», was jetzt, allerdings ohne «Reich», schon wieder aktuell ist. Priem sieht man selten auf öffentlichen Veranstaltungen, da er als Langhaariger und mit seiner Phantasie-Uniform zwar ein gefundenes Fressen für die Medien ist, aber auf den normalen Ost-Bürger so anheimelnd wirkt wie ein Frosch im Champagnerglas.

Das ist das Dilemma für die Möchtegern-Anführer der rechtsradikalen Kleinstparteien: Sie liefen gern martialisch ausstaffiert herum, damit sie jeder für gefährlich hält, andererseits schielen sie nach den

Gepflogenheiten der «richtigen» Parteien, um auch ernstgenommen zu werden. Frank Hübner, der mir als einer der Chefs der Brandenburger Nazis vorgestellt wurde, trägt heute weißes Hemd, Schlips und Jackett. Damit kann er, falls die anwesenden Fernsehteams sich für ihn interessierten, als akzeptabler Schwiegersohn durchgehen. Neben Priems Stirnband mit Totenkopf wirkt er aber so blaß wie Möllemann neben Nina Hagen.

Ebenfalls aus Berlin kommen Ingo Hasselbach, der Ex-Vorsitzende der «Nationalen Alternative», und drei Skinheads, die sich schon bei mehreren Schlägereien hervorgetan haben und jeder Klischee-Vorstellung eines Neonazis zumindest äußerlich entsprechen: Olaf Czichos, der sich mir beim ersten Kontakt – er war gerade aus dem Gefängnis entlassen worden – als «Leibwächter» des ehemaligen Parteivorsitzenden Frank Lutz ausgegeben hatte, Henry Jahn, fast am ganzen Körper mit einschlägiger Symbolik tätowiert, und ein dritter, der bei einer Prügelei mit «Autonomen» einen Stein auf den Kopf bekommen und seitdem eine gut sichtbare Delle im Schädelknochen hat.

Mit dabei Meinhard Otto Elbing, früher ein stadtbekannter Schläger der «Nationalistischen Front» in Bielefeld und jetzt, da ihn keine der neofaschistischen Parteien als Funktionär gebrauchen kann, immer dort zu finden, wo etwas los sein könnte: Beim Sturm der «Autonomen» auf das Nazihaus in Lichtenberg oder bei Kühnens Spontan-Demonstration in Cottbus. Elbing schmückt sich gern mit einem Stirnband nach der Art eines Kamikaze-Fliegers, rote Sonne auf schmutzig-weißem Grund, wirkt aber auf Medien-Vertreter so abstoßend, daß er noch nie bei einer öffentlichen Äußerung ertappt wurde.

Aus Dresden ist Rainer Sonntag eingetroffen, der mir als Anführer einer größeren Schläger-Truppe benannt wurde, ein untersetzter Arbeiter mit Bierbauch; aus Wien der frühere «Gauleiter» Kühnens in Nordrhein-Westfalen, Thomas Haincke, der fast nie ohne Schaftstiefel das Haus verläßt, sonst aber ein einfaches Gemüt hat und damit prahlt, daß er schon beim «ANS-Baby-Sturm» dabeigewesen sein will. Er begleitet Gottfried Küssel. Der sei, wie mir ein Informant zuflüstert, ein «ewiger Astronomie-Student» aus Wien. Er galt als einer der Vertrauten von Kühnen. Der Informant ist auch unsicher, ob es nicht doch «Astrologie» ist. Küssel hatte sich mir gegenüber bei anderer Gelegenheit als «Journalist» ausgegeben und nebenbei bemerkt, sein Vater wäre gut betucht. Küssel scheint ziemlich verärgert, denn die Veranstaltung hat mit mehreren Stunden Verspätung begonnen. Ich hörte zufällig mit, daß einer der eingeborenen Faschos ihm schon am Treffpunkt, wie immer dem Cottbusser Bahnhof, despektierlich bedeutet hatte, er könne ja, falls er sich langweile, solange flippern gehen. Das ist allerdings, auch wenn er es gerne wollte, weit unter der Würde eines «Führers».

Der Saal ist eindeutig hergerichtet. Die «Reichskriegsfahne» bedeckt das Rednerpult. Hinten an der Wand liest man die Beteuerung, Kühnen habe «doch gesiegt», was auch immer damit gemeint ist. Auf den Tischen liegen Postkarten herum, die wie aus einer alten «Peking-Rundschau» geklaut aussehen: Kühnen steht auf einer Landkarte Großdeutschlands, mit einem aufgeklappten Buch in der Hand wie früher der «Große Steuermann» Mao Zedong. Das würde passen, war Kühnen doch in den siebziger Jahren zeitweilig Mitglied der maoistischen «Liga gegen den Imperialismus», die unter der ideologischen Schirmherrschaft der ebenfalls maoistischen Polit-Sekte KPD stand. Kühnen scheint ohnehin in den letzten Monaten seines Lebens immer mehr die Identifikationsfiguren Mao und Hitler imitiert zu haben: In seinen Flugblättern zitierte er wie der «Große Vorsitzende» chinesische Weisheiten von Poesie-Album-Format wie «Dem Volke dienen!» und hielt bei Aufmärschen permanent, wie von den Lieblingsposen Hitlers abgekupfert, beide Hände vor dem Gemächte.

Vorn am Tisch steht ein junger Mann, über dessen Verkleidung man, wenn es nicht so traurig wäre, nur in prustendes Gelächter ausbrechen könnte. Er trägt einen Hitler-Schnurrbart, Hitler-Frisur, Braunhemd mit Gürtel, braune Hosen und Reitstiefel. Sein pubertäres Gesicht, pickelig und bleich, beugt sich nach vorn; mit freundlich-dienstbeflissener Stimme verteilt er Flugblätter. Ihn könnte ich mir auch im Wichs einer schlagenden Studenten-Verbindung vorstellen – Hauptsache: Uniform, Befehle empfangen, Befehle austeilen, seine Pflicht tun, der Sache dienen, man ist wieder wer.

Es geht los: Worch beginnt. Da seine Mimik, Gestik und Rhetorik so charismatisch wie ein lauwarmer Schluck Wasser sind, bin ich genötigt, zuzuhören, was er sagt. «Der deutsche Arbeiter» wird beschworen, dessen Gefühlswelt Worch zu kennen glaubt, obwohl er selbst nur deshalb Handlungsreisender in Sachen Neonazismus sein kann, weil ihm eine größere Erbschaft die dazu nötigen Mittel verschafft. Worch redet, auch zu seinen «Kameraden», stets wie auswendiggelernt, er bemüht sich, artikuliert die Wortenden, rollt sogar zaghaft das «R», hetzt gegen die Gewerkschaftsführer, gegen deren große Wagen und Seidenschlipse, die er ungehörig findet, verspricht sich kaum, trotz einiger komplizierter Sätze, als hätte er stundenlang geübt, und kommt endlich auf den Punkt: «eine große Welt von Feinden» habe den 1. Mai «unrechtmäßig» in Anspruch genommen. Das ist allerdings keine aufregende Erkenntnis: jede Sekte der politischen oder sonstigen Art wird Ereignisse und Daten, die für die Gesellschaft eine symbolische Bedeutung haben, für sich beanspruchen und mit ihrer geistigen Duftmarke versehen wollen.

Worch ist natürlich gezwungen, sich bei den «Volksgeschwistern in Mitteldeutschland» anzubiedern, und steuert dann endlich auf den von ihm erhofften rhetorischen Höhepunkt zu: er kombiniert genial das Wort «Faust» mit dem Adjektiv «geballt», das «Herz» mit «heiß»: «Wir dürfen mit der geballten Faust nicht zuschlagen», brüllt er vom Podium, «wo es in den heißen Herzen brennt.» Leider ist das Publikum von der geballten Ladung Kitsch so erschlagen, daß es ruhig bleibt. Er muß daher aus dem Repertoire der neofaschistischen Mottenkiste noch ein paar garantierte Dauerbrenner hervorholen, um wenigstens zu einem schwungvollen Schluß zu kommen: Die Grenze zu Polen sei nur eine «Demarkationslinie». Endlich Beifall. Und: «Wir sind die Kräfte, die das Reich wieder fordern.» Noch mal Beifall und Abgang.

Als zweiter tritt Rainer Sonntag auf. Er begrüßt die «harte Truppe», die er schon aus dem Wahlkampf in Hessen kenne, sagt unter tosendem Beifall, ihm ginge es «am Arsch vorbei», wenn ihn jemand «Neonazi» nenne, und brüstet sich damit, in Dresden gegen «Hütchenspieler, Drogen und Prostitution» vorzugehen. Nichts sagt er zu dem Tod des Mosambikaners, der von Skinheads aus einer fahrenden Straßenbahn gestoßen wurde, oder zu den Überfällen von Rechtsradikalen auf «linke» Kneipen. Dafür schimpft er gegen die Presse, die von «Leuten mit Gesichtsfurunkeln» gesteuert würde. Sonntag halte ich für gefährlich: von ihm habe ich den Eindruck, daß er unbeherrscht zuschlagen kann und daß ihm ein negatives Presseecho egal ist. Im persönlichen Gespräch wirkt er verschüchtert und behauptet, er habe sich aus der «politischen Arbeit» zurückgezogen.

Innerhalb der Dresdener Neonazi-Szene ist er nicht unumstritten, wie mir angedeutet wird. Das hat seine Gründe. Sonntag stammt aus Dresden. Dort war er schon 1973 «Informeller Mitarbeiter» der Kriminalpolizei. Da er keine große geistige Leuchte war, hatte er ausgeplaudert, bald in den Westen fliehen zu wollen. Das brachte ihm eineinhalb Jahre Haft ein. Auch in Bautzen wirkte er weiter als Spitzel. Wie die Presse recherchierte, bewirkten seine Aussagen «für seine Mitgefangenen Haftverschärfungen und neue Verurteilungen»[1]. Nachdem er noch einmal insgesamt fast sechs Jahre wegen verschiedener Delikte abgesessen hatte, durfte er mit Frau und Kind ausreisen.

In Langen gerät er unter den Einfluß von Heinz Reisz und seiner neonazistischen «Nationalen Sammlung», für die er bei der hessischen Kommunalwahl kandidiert. Im Frankfurter Bahnhofsviertel wird er Rausschmeißer im Bordell, «die schönste Arbeit», die er je gemacht hätte, sagt er später. Von seinen «Kameraden» leiht er sich Geld, von Gerald Hess 6000 DM, was dieser aber nie wiedersieht. Kurz darauf läßt Sonntag auch noch die gesamte Büroeinrichtung der «Nationalen Sammlung» mitgehen und verschwindet in Richtung Dresden. Dort tritt er als Abgesandter Kühnens auf.

Der zitiert ihn im Juni 1990 nach Langen, um ihn zu diesem Thema und zum Thema Geld zu befragen. Mitten in der Nacht erscheinen Sonntag und drei Dresdener Neonazis vor dem Wohnhaus Hess', er brüllt: «Komm runter, du Schwein, ich schlag dich tot.» Hess öffnet nicht.

In der Nacht zum 26. Juli fanden Vater und Bruder Hess Gerald im Koma in seinem Blut liegen, neben ihm eine russische Schrotflinte. Kurz darauf starb er. Die Staatsanwaltschaft vermutete Selbstmord. Wolfgang Hess, der auch in der Neonazi-Szene aktiv ist, meint, da die Schußwunde unterhalb des Herzens gewesen sei, spräche das gegen eine Selbsttötung. Viele Neonazis sind der festen Überzeugung, Sonntag sei der Mörder von Gerald Hess. Der zum Anführer der Dresdener Schlägertrupps avancierte Sonntag erwiderte nur, «die im Westen sollen sich bei uns nicht einmischen»[2].

Er hat nur noch einen knappen Monat zu leben. Anfang Juni wird

1 Reinhard Hesse/Andreas Juhnke: Aufstieg und Fall des R. Sonntag, in: Wochenpost v. 14.11.91, S. 9
2 ebd.

er von einem Zuhälter in Dresden mit einer abgesägten Schrotflinte erschossen. Er hat versucht, von dem Besitzer eines Sex-Shops 50000 Mark Schutzgeld zu erpressen.

Der nächste ist Heinz Reisz – Spitzname «Nero». Geboren 1938, war er als Jugendlicher Aktivist der «Deutschen Reichspartei», später Propagandabeauftragter der NPD in Hessen. Jetzt ist er noch Mitglied der FAP und Kandidat der verbotenen rassistischen «Nationalen Sammlung» in der hessischen Stadt Langen. Reisz halte ich für eine der zentralen Figuren der Neonazis, weil er, wie Karl Polacek aus Mackenrode bei Göttingen, Arnulf-Winfried Priem aus Berlin oder auch Curt Müller aus Mainz-Gonsenheim der älteren Generation angehört und eine eigene Wohnung besitzt, die als Treffpunkt und Schulungszentrum für Jüngere dienen kann. Reisz warb einige in die Bundesrepublik übergesiedelte DDR-Faschos wie den jetzigen Anführer der Cottbusser Neonazis, Frank Hübner, oder Sonntag für den Kühnen-treuen Flügel der militanten FAP. Bei ihm fanden schon 1989 «Kameradschaftsabende» statt, die die Kontakte zwischen Ost und West verfestigten.

Reisz schreit ununterbrochen ins Mikrophon, ob das der Verständlichkeit des Gesagten zuträglich ist oder nicht. Er hätte «Tränen in den Augen», wenn er daran dächte, «wie fortschrittlich das Dritte Reich» gewesen sei. Ausführlich lobt er «Dr. Ley», den Nazi-Führer, der die deutsche Gewerkschaftsbewegung terrorisieren und verbieten ließ und statt dessen die gleichgeschaltete «Deutsche Arbeitsfront» einführte. Ausgerechnet am 1. Mai Robert Ley, einen der größten Feinde der Arbeiterbewegung, zu loben: Das ist, als priese man Idi Amin als Vorbild der Gewaltfreiheit und der vegetarischen Lebensweise an.

Reisz bestreitet, daß Millionen von Juden in den Konzentrationslagern umgebracht wurden, beschwert sich über die Zahlungen der Bundesregierung an Israel und predigt «den Haß, den jeder Nationalsozialist in den Adern hat»: «Das ist gesund.» Erfreulich eindeutige Ausführungen, die aber in mir Gefühle auslösen, daß ich mich frage, warum so jemand wie Reisz eigentlich frei herumläuft.

«Ich fordere, daß die Rote Armee in Deutschland bleibt», brüllt er in den Saal, und ich frage mich überrascht, ob er jetzt den geistigen Überblick völlig verliert. Nein, er meint: «Die Russen sollen uns solange schützen», bis die Amerikaner abzögen. Selbst dieses Publikum kann die merkwürdigen Überlegungen nicht nachvollziehen – niemand widerspricht, niemand klatscht. In fünf Jahren will er, so schließt er seine Rede, in Königsberg sprechen. Das gefällt den Leuten wieder. Vielleicht, denke ich, sollte man ihm den Gefallen tun. Dort hörte wenigstens niemand zu.

René Koswig, der «Gauleiter» der DA von Brandenburg, ehemaliger Skinhead, jetzt aber so adrett, daß er selbst zwischen den rechtsradikalen Polit-Yuppies um den ehemaligen Berliner REP-Chef Carsten Pagel nicht auffallen würde, spielt den Hausherren und kündigt als nächsten Redner Arnulf-Winfried Priem an. Priem, Jahrgang 48, ein arbeitsloser Betriebswirt, stammt aus Berlin-Adlershof. 1968 wurde er von der Bundesregierung aus der DDR-Haft freigekauft. In Baden-Württemberg, wo er zunächst aktiv war, brachte er es zum NPD-Landtagskandidaten. Nach einem Zwischenspiel bei der DVU gründete er in Freiburg die neonazistische «Kampfgruppe Priem». 1976 zieht er nach Berlin-Wedding und gerät schnell und häufig mit dem Gesetz in Konflikt: wegen Hakenkreuzschmierereien, Besitz eines Lagers von neofaschistischem Propagandamaterial und diversen Waffen – darunter ein Maschinengewehr –, Volksverhetzung und Verwendung von NS-Kennzeichen. Die Verurteilungen summieren sich zu einer mehrmonatigen Freiheitsstrafe.

Priem ist auch in einigen neuheidnischen Gruppen aktiv, unter anderem im «Asgard-Bund». Dieser rechtsextremistische Sektierer-Verein, eine unter vielen völkischen Religionsgemeinschaften, gibt seit Jahren einen «Nordisch-germanischen Jahrweiser» heraus, der das «Arierblut» für das «höchste Gut» hält und allerlei Germanen-Firlefanz verbreitet. Und, bezeichnend: Penibel werden die Geburtstage der Nazi-Größen wie zum Beispiel des Chefs des Reichssicherheitshauptamtes Reinhard Heydrich vermerkt.

Heute ist Priem vorsichtig geworden. Trotzdem halte ich ihn für eine der wichtigsten Personen in der Neonazi-Szene. Der Grund: er hat engen persönlichen Kontakt zu den meisten der Rechtsextremisten, die in den letzten zwanzig Jahren einschlägig bekannt geworden sind, angefangen von Kühnen, dem ich in Priems Wohnung zum erstenmal persönlich begegnete, bis zum US-Amerikaner Gary «Rex» Lauck, dem Gründer der mehr oder weniger illegalen Kaderpartei NSDAP/AO.

Junge Rechtsradikale, die in der Umgebung von Berlin Waffen und

Militaria ausbuddelten – zum Beispiel in Halbe, wo gegen Kriegsende eine große Kesselschlacht stattfand –, liefern viele der Beutestücke bei Priem ab, der dafür bekannt ist, daß er Verbindungen zu Waffenhändlern pflegt. Ich selbst sah das Rohr einer alten Wehrmachts-Panzerfaust, das ein ehemaliges Mitglied der Ost-Berliner «Nationalen Alternative» in Priems Wohnzimmer schleppte. Auch Andreas Pohl, ein Funktionär der «Nationalistischen Front» und Mitbesitzer des parteieigenen Schulungszentrums in Pivitsheide bei Detmold, hält engen Kontakt zu Priem, ebenso der Bombenleger Eckehard Weil, der seit mehreren Monaten in Berlin-Adlershof in einer konspirativen Wohnung lebt. Priems Lebensgefährtin, Claudia Knauthe, eine junge Krankenschwester, versuchte zeitweilig, unter Anleitung der Langenerin Esther «Lisa» Wohlschläger, eine «Deutsche Frauenfront» zu gründen. Diese schrumpfte aber mangels Masse zu einer bloßen Volkstanzgruppe.

Von Priems Kuttenträgern des «Freizeitvereins Wotans Volk» sehe ich nur einen im Saal. Der klatscht dafür um so heftiger, als Priem nun im Stil eines ewig pubertierenden Rockers provozierende Sprüche in den Saal schleudert: «Besatzerjuden darf ich ja nicht sagen», «Demokröten» und ähnliche Frechheiten. Priem ist Antisemit durch und durch und propagiert, wie schon seine Vorbilder in den zwanziger Jahren, rassistische Verschwörungstheorien, die man noch nicht einmal mit Dummheit entschuldigen kann – was bei Priem ohnehin nicht zuträfe –: hinter der «deutschen Ordnungsmacht» stünden die «US-Imperialisten», «dahinter die Langnasen.» Biedermann und Brandstifter: «Ich hoffe, ihr seid genügend angeheizt», schreit er, jeder müsse selbst wissen, was er unternehme, es gebe aber zum Beispiel in Berlin-Friedrichshain das Thälmann-Denkmal, «das ist einfach nicht umzukriegen». Niemand wird ernsthaft glauben, daß von denen im Saal jemand in der Lage und willens wäre, mit einer Bombe auf die steinernen Hinterlassenschaften des «Realen Sozialismus» loszugehen. Dazu wäre, was das technische Wissen angeht, eher sein Freund Eckehard Weil in der Lage. Nein, das ist pure Großmäuligkeit von jemandem, der sich selbst nicht traut, aber andere aufhetzt, die Kastanien aus dem Feuer zu holen.

Jetzt fehlt nur noch Gottfried Küssel. Von ihm ist relativ wenig bekannt, nur daß er, zusammen mit Eckehard Weil, in Wien wegen «Anlegen eines Waffenlagers» vor Gericht stand. Auch Küssel hatte ich hautnah in Priems Wohnung erlebt. Er erzählte von Nazi-Devotionalien, die er «leider» nicht kaufen konnte, weil sie zu teuer gewesen seien. Seine Körpersprache ist unsicher, ständig spreizt er die Arme, um sein Territorium abzugrenzen, dabei wagte er es in Gegenwart von Kühnen, der später den Raum betrat, nicht, sich hinzusetzen.

Jetzt scheint er einen Selbsthilfekursus in Massenpsychologie belegt zu haben. Er wartet am hinteren Ende des Saales, um dann gravitätisch durch die Masse des Volkes nach vorn zu schreiten. Das ist für diese subtile Eigenstilisierung nicht empfänglich, niemand bricht in tosenden Beifall aus. Ein Informant behauptete mir gegenüber, Küssel sei zum Nachfolger Kühnens bestimmt worden. Richtiger ist es wahrscheinlich anzunehmen, daß die Szene abwartet, wer in den Diadochenkämpfen als Sieger hervorgeht, vielleicht sogar, wer wegen seines Presseechos zum «Führer der Bewegung» ausgerufen wird. Da Küssel als Österreicher schnell von einem Einreiseverbot betroffen wäre, wenn er nur das, was er denkt, öffentlich ausspricht, kann man als Antifaschist nur hoffen, daß die Information stimmt.

Auch Küssel traktiert die Grenzen: «Wir sind ein Volk, dessen natürliche Grenzen durch andere Völker führen.» Diese Logik erlaubt auch die Forderung, daß Mailand deutsch bleiben müsse, denn immerhin war die italienische Stadt im Mittelalter schon einmal ein Teil des deutschen Reiches. Küssel will Tirol und Elsaß Lothringen eingemeinden. Wenn man die Forderungen der «gemäßigten» Rechtsradikalen, etwa der NPD oder der «Republikaner», mit denen der militanten Rechten vergleicht, wird eines klar: die Unterschiede sind nicht prinzipieller Natur. Die Essenz ist: Ausdehnung der eigenen Grenzen, mehr Macht über andere, wir sind die Größten oder wollen es wieder werden. In vielen Interviews und Gesprächen habe ich immer wieder die Frage gestellt: Welche Bedeutung hat es für euch, ehemalige deutsche Staatsgebiete einzufordern? Die Antworten blieben immer verschwommen, mal ging es um die Grenzen von 1918, mal um die von 1937, mal um alles, was je deutsches Staats- oder Siedlungsgebiet war. Genauer betrachtet, muß man diese Forderungen, so lächerlich sie im Einzelfall sind, übersetzen in subjektive Lebenserfahrungen: was meint ein Zwanzigjähriger, der noch nicht einmal auf der Landkarte zu zeigen weiß, wo Memel oder Straßburg liegen, damit, wenn er meint, alles das müsse wieder «deutsch» werden?

Ist es nur die bloße Hoffnung auf Machtzuwachs, als dessen Metapher die Erweiterung des eigenen Territoriums steht? Diese Einschätzung träfe dann auch auf Verbände und Interessengruppen in Polen zu, die ihrerseits die polnische Grenze nach Osten – bis Kiew – verschieben möchten. Offenbar liegt ein kompliziertes Gemengsel von Minderwertigkeitsgefühlen vor, die sich zu politischen Ikonen verdichten, die wiederum von Traditionen und von der vagen Erinnerung an historische Ereignisse gespeist werden. Die Gründe, warum ehemalige deutsche Gebiete jetzt weder von Deutschen besiedelt oder Teil des deutschen Staatsgebietes sind, sind den jungen Rechten weder im Detail bekannt noch wichtig: Wichtig ist nur das diffuse Gefühl – das bei den meisten der «Underdogs» von der individuellen Lebensgeschichte genährt wird –, ihnen sei etwas zu Unrecht weggenommen worden. Diese Emotion sucht sich eine passende Denkschablone, einen politischen Ausdruck.

Dieses Moment des Nationalismus scheint vergleichbar mit Elementen des Rassismus zu sein: Dort projiziert man – zu Unrecht verallgemeinernde – Eigenschaften auf «den Fremden», der gar nicht real bekannt sein oder existieren muß, etwa «den Juden». Nora Räthzel vom Hamburger Institut für Migrations- und Rassismusforschung bestätigt, daß Rassismus «mit dem Objekt wenig zu tun» haben müsse. Er habe hauptsächlich mit der Notwendigkeit von Individuen zu tun, «in einer gesellschaftlichen Situation die Beschränkungen der eigenen Handlungsfähigkeiten zu rechtfertigen, indem sie sich eine andere Gruppe konstruieren, die ihnen sozusagen als Folie dient, auf der sie negativ das abbilden, was sie positiv sein möchten».

Ähnliche Wurzeln hat auch die ewige Grenzerweiterungs-Diskussion in der Rechten. Die Erklärung, warum ich sowenig Macht und Einfluß habe, warum mein Territorium so klein ist, muß darin liegen, daß es mir irgendwann irgend jemand weggenommen hat. Wenn dann noch dieses Gefühl mit konkreten Landkarten aufgefüllt wird, sich als historisches Geschehen materialisiert, steht plötzlich die Forderung nach «mehr Lebensraum» im Saal.

Mehr weiß Küssel auch nicht zu sagen. Er leiert die übliche Litanei herunter: «deutsche Wohnungen für deutsche Familien, deutsche Arbeitsplätze für deutsche Arbeiter» – ich würde zu gern, auf ähnlichem Niveau, hinzufügen: «deutsche Autos für deutsche Autofahrer» oder «deutsche Bananen für deutsche Esser».

Der Schluß fällt aus der Reihe: Küssel flicht pseudoreligiöse Vokabeln ein. Er propagiert den «Kampf, heute, morgen und in Ewigkeit», vergißt aber das «Amen», das ich erwarte. Die Sprechchöre, die er beim Abtritt erntet, gehen in ein holpriges Gegröle über, das ich nach kurzem Zuhören als das «Deutschlandlied» identifiziere. Alle erheben sich. Ich fürchte, wenn ich als Einziger sitzenbleibe, unangenehm aufzufallen und begebe mich daher zur Seite. Die zweite Strophe mißlingt völlig, und einige stimmen daher die obligatorischen «Ausländer raus»-Gesänge an – zwei Worte sind besser zu behalten als ein ganzes Lied.

Der allgemeine akustische Tumult legt sich nach einiger Zeit. Ich nutze den Sturm auf das Bier dazu, einige Worte mit «Bereichsleiter» Thomas Haincke zu wechseln. Vor einigen Monaten hatte ich mit Haincke und J., einem bekannten Antifaschisten aus Bielefeld, der den dortigen Neonazis schon erheblichen Ärger gemacht hatte und das Gespräch vermittelte, in einer Kneipe gesessen. Haincke begrüßt mich freundlich und sagt beiläufig: «Was mit J. nach der Machtübernahme passiert, ist ja wohl klar.» Plötzlich wird deutlich, was mir während meiner häufigen – und als Journalist relativ problemlosen – Kontakte mit vielen Neonazis nicht immer präsent war: Haincke meint es todernst.

Karriere eines Faschos

In memoriam Werner Holt

> «Jede Glorifizierung eines Menschen, der im Krieg getötet worden ist, bedeutet drei Tote im nächsten Krieg.»
>
> Kurt Tucholsky

Cottbus-Madlow, dort, wo die Ex-RAF-Terroristin Susanne Albrecht mit neuer Identität untergeschlüpft war: ein riesiger Neubaukomplex, Kasten an Kasten, eine Diktatur des rechten Winkels, anonym, gleichförmig, spießig, Individualität stört. Hier wohnt Frank Hübner, geboren 1966, einer der Anführer der Cottbusser Faschos und seit Herbst 1991 Bundesvorsitzender der rechtsextremistischen Kleinst-Partei «Deutsche Alternative». Seine Freundin, eine ehemalige Punkerin, hat hier eine adrette und unauffällige Neubauwohnung angemietet. An der Tür ein goldenes Schild mit beider Namen: Ich wundere mich, denn Hübner hatte sich Diskretion ausgebeten. Die Polizei solle nicht wissen, wo er lebe. Man brauche ihm doch nur unauffällig nachzulaufen bis zum Türschild? frage ich ihn. «Die Bullen sind noch nicht so organisiert, daß sie das tun», meint er. Das stimmt zwar nicht, aber das konspirative Getue scheint zum Spiel zu gehören.

Je länger ich mich mit dem Thema «Neonazis» beschäftige und je mehr von ihnen ich kennenlerne, um so mehr wird mir bewußt, daß hier höchst unterschiedliche Personen mit genauso unterschiedlicher Vergangenheit zu einer braunen Brühe verschmolzen sind. Von Hübner wußte ich, daß er schon Mitte der achtziger Jahre die DDR verlassen hatte, aber sofort nach Öffnung der Mauer aus dem Westen zurückgekehrt war.

Frank Hübner (rechts)

Hübners Vater war bei Kriegsende knapp zwanzig Jahre alt, hat daher die Zeit des Nationalsozialismus kaum bewußt kennengelernt, weder den Terror gegen Juden, Kommunisten und Gegner des Regimes in den dreißiger Jahren noch das Massensterben in den Schützengräben, nur Hitlerjugend und «Reiterschar». «Im letzten Kriegsjahr, als er noch an die Front mußte, ist er zweimal verwundet worden», erzählt Hübner, das habe seinen Vater sichtlich geprägt. Offenbar so sehr, daß der 1990 an einer Veranstaltung in Halbe bei Berlin teilnahm: An dem dortigen Soldatenfriedhof treffen sich jedes Jahr Neonazis und ehemalige Soldaten, um Kränze niederzulegen und um sich wehmütig an das große gegenseitige Abschlachten zu erinnern. Auch Hübners Vater gedachte der «Kameraden» des Geburtsjahrgangs 1927, die bei der Kesselschlacht gefallen waren.

In Hübners Elternhaus waren die Kriegserlebnisse des Vaters häufiges Thema. Mit seinen Söhnen diskutierte er über Einzelheiten der Kampfhandlungen, die er miterlebt hatte. Gemeinsam schaute man sich «Werner Holt» an, eine DDR-Fernsehproduktion, die schnell zum Kultfilm in rechten Kreisen avancierte.

Der Film hat das Buch «Die Abenteuer des Werner Holt. Roman einer Jugend» von Dieter Noll zur Vorlage, eine Pflichtlektüre im Schulunterricht der DDR. Aus dem Jahre 1960, schildert es die Erlebnisse eines deutschen Jungen zwischen 1943 und 1946: eine Jugend im Krieg. Bei Erscheinen vieldiskutiert, ist es das erste Buch über die letzten Jahre der Nazi-Zeit aus der Sicht der Generation der Hitler-Jungen. Hübners Vater wie auch Dieter Noll sind 1927 geboren. Viele aus diesem Geburtsjahrgang wurden noch in den letzten Kriegstagen als menschliches Kanonenfutter verheizt.

Der Beginn des «Werner Holt» behandelt klassische Lausbuben-Themen: Raufereien in der Klasse, die ersten Geschichten mit Mädchen, Abenteuer und Pfadfinder-Spiele im Wald. Der erste Teil lebt von der Spannung zwischen dem Helden Werner Holt, einem «Bürgersohn», und seinem Gegenspieler und späteren Freund und Vorbild, dem überzeugten Aristokraten und Nazi Wolzow, der «faulste und frechste Schüler der Klasse». Wolzow, ein skrupelloser Landsknecht-Typ, kennt nur die Devise: «Ein Soldat muß kämpfen, ohne Frage, ob es einen Sinn hat oder keinen! Ein Soldat ist zum Kämpfen da, zu nichts anderem.»

Im zweiten Teil werden die Erlebnisse in den letzten Kriegsjahren, als Flakhelfer und bei Fronteinsätzen geschildert. Auffallend – im Gegensatz zur sonstigen literarischen Aufarbeitung des «Dritten Reiches» –, daß die klare antifaschistische Stellungnahme fehlt. Das macht die Originalität des Buches und des Filmstoffes aus: die Geschehnisse sind nur so, wie sie ein Junge zur damaligen Zeit sehen konnte. Dahinter steckt das Konzept, wie orthodoxe Rezensenten wohlwollend vermerkten, «die zeitgenössische Grundproblematik des Kleinbürgertums zu erhellen». Die Botschaft, den Krieg abzulehnen und sich dem sinnlosen Schlachten zu verweigern – zu dieser Einsicht kommt Werner Holt erst ganz zum Schluß –, wird ausschließlich aus der inneren Entwicklung des Helden hergeleitet. Eine DDR-Literaturgeschichte zu «Werner Holt»: «Zwar löst sich des Jungen absurde Vorstellung vom Ideal des archaischen Einzelkämpfers auf, als seine Flakstellung bombardiert wird. Doch wenn er auch zunehmend resigniert, bleibt ihm das Leitbild einer heroischen Elite noch lange erhalten.» Der Autor kommentiert sein Werk: «Wenn es gelingt, den Bürgersohn Werner Holt auf überzeugende und glaubhafte Weise in einen dem kämpfenden Proletariat treu verbundenen, bewußten Bürger unserer Republik zu verwandeln, wird sein Weg... einleuchten als notwendiger und einziger Weg für den gutwilligen Deutschen unserer Zeit.»

Die DDR-Literaturwissenschaft schätzte als Fazit des Romans, dieser habe «alle anachronistischen, modernistischen Tendenzen einer Apologie der ‹rebellischen Elite› ad absurdum» geführt. Das scheint zumindest bei Hübner und seinen Freunden nicht gelungen zu sein. Sie haben die ursprüngliche, naive Haltung des Helden und die des Nazi-Fans Wolzow so rezipiert, wie es der Autor gerade nicht wollte: als Vorbild. Hübners Vater, den ich später kennenlerne, erinnert sich, zusammen mit seinen Söhnen einen «Russenfilm» über den Krieg gesehen zu haben. Peter, der heute einer der Neonazi-Anführer in Hochheim/Taunus ist, habe ihn gefragt, warum im Film immer die Russen gewönnen? Die Kriegs- und Kampfszenen in der Verfilmung des Romans bieten – im Gegensatz zu den meisten Filmen über den Zweiten Weltkrieg, die damals in der DDR gezeigt wurden – die Möglichkeit, sich mit Siegern – für wenige Augenblicke – zu identifizieren: Auch wir, die Hitler-Jungen, sind tapfer, wir verlieren nicht immer nur, wir sind gar nicht so schlecht. «Das waren gute Kämpfer damals», erinnert sich Hübner, der «Werner Holt» als «Pleite des SED-Staates» bezeichnet.

Natürlich muß man weder das Buch noch den Film gerade so sehen. Zum Kultfilm vieler Jung-Rechter im heutigen Osten Deutschlands konnte «Werner Holt» aber werden, weil er in eine psychologische Lücke hineinstieß, die Autor und Regisseur weder vermutet noch beabsichtigt hatten. Eine pubertäre Aufbruchstimmung, weg vom Elternhaus, hin zu Freiheit, Kampf und Abenteuer, verbindet sich mit Erzählungen der Väter, der der offiziellen Meinung entgegenstehen: der deutsche Soldat war ganz anders, als in der Schule behauptet wird, das hat mir mein Vater erzählt, und das sieht man in «Werner Holt». Auch «ältere Kameraden» seines Vaters, erinnert sich Hübner, «die damals dabei waren», hätten in Gesprächen «vieles klargestellt»: Details der offiziellen SED-Version über die letzten

Tage des Krieges, daß etwa Angehörige des Roten Kreuzes nicht von den Russen beschossen worden wären, seien schlicht falsch gewesen. Dazu kommt, daß die Brüder Hübner in nationalsozialistischen Geschichtsbüchern, die sie in der Bibliothek des Vaters finden, ihre Version der Geschichte bestätigt finden. Auf die Frage an den Vater, wie er sich erklärt, daß seine beiden Söhne heute Anführer der Neonazis sind, weiß dieser keine Antwort: das sei wohl eine Art «Trotzreaktion».

Nun läßt sich aus biographischen Details nicht kausal die Evolution eines neofaschistischen Weltbildes rekonstruieren. Die Masse der Jugendlichen der ehemaligen DDR ist ähnlich aufgewachsen, wird zum Teil auch mit unausgegorenen soldatischen Erinnerungen der Väter behelligt worden sein. Dazu kommt die obligatorische vor- und paramilitärische Ausbildung, bis hin zur «Ordnungstruppe» der FDJ. Auffallend ist aber, daß Hübner sich mehr als andere mit militärischen Dingen beschäftigt. Das unterscheidet ihn nicht von vielen Jugendlichen im Westen: Nur daß heute nicht mehr «Landser»-Hefte und Filme über den Zweiten Weltkrieg interessant gefunden werden, sondern «Rambo», Karate- und andere «Action»-Filme von mehr oder minder zweifelhafter Qualität.

Hübners Bruder Peter, der zwei Jahre älter ist, gründete schon 1982 eine Gruppe, die «Wehrlager» veranstaltete. «Er hatte dreißig Mann hinter sich.» Er wurde 1984 wegen «Gründung einer nationalsozialistischen Organisation» inhaftiert.» Mitglied der Gruppe waren sogar ein Angehöriger der Armee und ein Anwärter auf den Dienst in der Volkspolizei. Die Staatssicherheit hatte schnell Wind von der Sache bekommen und die Gruppe auffliegen lassen. Bei einer Hausdurchsuchung beschlagnahmte man dann auch die nationalsozialistischen Geschichtsbücher.

Braune Saat

Die Brüder Hübner sind kein Einzelfall. Gruppen, die dem Nazi-Gedankengut huldigten, geheime Wehrsportlager abhielten oder Nazi-Symbole benutzten, gab es immer in der DDR. Im Unterschied zur Bundesrepublik durfte die Presse über dieses Thema aber nicht berichten – bis zum Überfall auf die Zionskirche 1987. Die Parteiführung übte sich im mechanistischen ideologischen Dreisprung: Faschismus ist höchstes Stadium des Kapitalismus – ökonomische Basis der DDR ist sozialistisch – im Sozialismus kann es daher keine faschistische Weltanschauung geben. Basta.

Welche Wurzeln diese Lehrmeinung hatte, beschreibt Bernd Siegler in seinem Buch «Auferstanden aus Ruinen – Rechtsextremismus in der DDR». Motto: Aus Mitläufern wurden per Dekret Sieger der Geschichte. Das Potsdamer Abkommen vom 2. August 1945 hatte festgelegt, daß «alle Mitglieder der nazistischen Partei, welche mehr als nominell an ihrer Tätigkeit teilgenommen haben, und alle anderen Personen, die den alliierten Zielen feindlich gegenüberstehen, aus den öffentlichen oder halböffentlichen Ämtern und von den verantwortlichen Posten in wichtigen Privatunternehmen» entfernt werden sollten. Nach der Bodenreform und der «Zerschlagung des Monopolkapitals» waren, so die offizielle Doktrin, die Grundlagen des Faschismus zerstört. Daß einige Methoden, mit denen man versuchte, den Faschismus «auszurotten», nahtlos an die anknüpften, mit denen die Nazis gegen politische Gegner vorgegangen waren, blieb bis nach der Vereinigung Deutschlands im dunkeln. Durch den stalinistischen Terror sind nach Kriegsende Tausende von Menschen umgekommen, viele verloren in Internierungslagern und Haftanstalten der Sowjets oder beim Transport dorthin ihr Leben.

«Im Oktober 1949 konstatierte der SED-Parteivorstand, daß die Schuld des deutschen Volkes, in seiner überwiegenden Mehrheit die Verbrechen des NS-Regimes geduldet und aktiv unterstützt zu haben, ihre historische Sühne bereits gefunden habe. Der 3. Parteitag der SED im Juli 1950 traf die Feststellung, in der DDR wären ‹die Wurzeln des Faschismus ausgerottet worden›.»[1]

Trotzdem saßen in der 1958 gewählten Volkskammer 50 ehemalige NSDAP-Abgeordnete. Als militärisch-politischer Kommentator des Ost-Berliner Rundfunks wirkten ein SS-Mann, «die NSDAP-Mitglieder Kurt Blecha als Leiter des Presseamtes beim Ministerpräsidenten und Günter Kertzscher als stellvertretender Chefredakteur des ‹Neuen Deutschland› (bis zur Wende), sowie Ernst Großmann, bis 1959 Mitglied des ZK der SED und ‹Held der Arbeit›, vorher SS-

1 Bernd Siegler: «Auferstanden aus Ruinen...», S. 106

Unterscharführer bei der Wachmannschaft des Konzentrationslagers Sachsenhausen»[2]. Der General Arno von Lenski, Volkskammerabgeordneter der NDPD und Träger der Medaille für «Kämpfer gegen Faschismus 1933–1945», war in der Nazi-Zeit Beisitzer im Volksgerichtshof unter dem berüchtigten Roland Freisler und hat «nachweislich seine Unterschrift unter zahlreiche Todesurteile gesetzt»[3].

Die Entnazifizierung in der DDR sei gründlicher als in der BRD, meint Bernd Siegler, aber nicht weniger trügerisch. «Antifaschismus wurde zur Staatsreligion erhoben. Damit konnte man all den kleinen Volksgenossen, auf die man ja beim Aufbau einer neuen Gesellschaft angewiesen war, eine voreilige Absolution erteilen.»[4]

Der Leipziger Rechts- und Kriminalsoziologe Dr. Wolfgang Brück, vormals im abgewickelten Zentralinstitut für Jugendforschung tätig, sieht in der personellen Kontinuität eine der Ursachen für den Rechtsextremismus, dessen erste Anzeichen Anfang der achtziger Jahre aufbrechen. «Es gab Menschen», sagt er, «die durch die Hitlerzeit geprägt waren, die die Konturen für die Zeit danach setzten.» Der Faschismus habe im deutschen Volk eine Massenbasis gehabt, diese Traditionslinie sei «nur künstlich» unterbrochen gewesen. «Der Rechtsextremismus existierte vor der Wende in Denk- und in Handlungsmustern: die Art und Weise, wie man mit Problemen umging. Ich erinnere nur an das antisemitische Element, das in der alten Partei- und Staatsführung vorhanden war. Das drückte sich zum Beispiel darin aus, daß man jüdische Menschen, die in der sozialistischen Bewegung mitarbeiteten, irgendwie suspekt machte. Professor Kuczynski zum Beispiel wurde von der Politik in die Wissenschaft abgeschoben. Die jüdischen Intellektuellen sind hier ausgebootet worden.» Der Rechtsextremismus sei, was die Menschenbehandlung anging, teilweise in das sozialistische System integrierbar gewesen: «Der einzelne hatte zu funktionieren. Es gab diese Unteroffiziersmentalität. Das sind Momente, die durchaus vom historischen Faschismus übernommen wurden.»

Diese «Unteroffiziersmentalität», die schon zu Kaisers Zeiten als deutsches Spezifikum galt, kulminierte Ende der siebziger Jahre in

2 ebd., S. 107
3 ebd.
4 ebd., S. 110

der Nationalen Volksarmee. Dort tauchten vereinzelt NS-Gruppen auf. Man sang bei «Kameradschaftsabenden» neonazistische Lieder, vertrat im kleinen Kreise Nazi-Ideen oder verstand sich schlicht als «Nationalsozialist». Natürlich hatten diese Gruppen nicht die geringste Chance, ihre Ideen in der Öffentlichkeit zu verbreiten. Sie wurden schnell enttarnt und die Rädelsführer zumeist streng bestraft.

Hinzu kommt, daß sich in der ehemaligen DDR das militaristische preußische Erbe – zumindest auf der Ebene der Symbole – großer Beliebtheit erfreute, angefangen vom Stechschritt der Wachparade «Unter den Linden» bis hin zur soldatischen Erziehung in den Schulen, die zur allseitigen Wachsamkeit gegen den ebenso allgegenwärtigen Klassenfeind erziehen sollte. Wolfgang Brück behauptet sogar, daß «NVA-Wehrpflichtige, Zeitsoldaten und auch Offiziersanwärter zum wichtigen Rekrutierungsfeld rechtsextremer Gruppen zählten. Neben der NVA standen bei den Skins und Faschos auch die paramilitärische ‹Gesellschaft für Sport und Technik› und die FDJ-Ordnertruppe hoch im Kurs.»[5] Vokabeln wie «kämpferisch», «mit der Wurzel ausrotten», «stählern» und architektonische Verkörperungen des soldatisch-muskulösen Mannes, und seien es auch Lenin und Thälmann, sind – so sieht es aus subjektiver und westlicher Sicht aus – Ausdruck eines geistigen Klimas, das gegen die Verherrlichung des Kampfes gegen vermeintliche Gegner weit weniger resistent macht als das weitaus komplexere und um den Preis zeitweiliger Orientierungslosigkeit diffusere Weltbild von Jugendlichen im Westen Deutschlands.

Eine Sozialisation männlicher Jugendlicher, die sich um (Wehr-) Sport, Kampf, «Gelobt sei, was hart macht» und um die klassischen Pfadfinder-Tugenden rankt, korreliert einerseits mit den Werten, die im Arbeitermilieu der Ex-DDR noch viel mehr verwurzelt waren als in dem des Westens und knüpft andererseits nahtlos an Grundwerte «sozialistischer» Ethik an. Es ist offensichtlich, daß erst Mitte der achtziger Jahre das staatlich verordnete und kontrollierte Identifikationsangebot so brüchig wird, daß sich in der jugendlichen Subkultur Normen durchsetzen, die das weltanschauliche Monopol konterkarieren: Das Gegenteil ist gut – schmutzige, zerlöcherte Kleidung, bemalte Jacken, westliche Werte, bunte Haare – Punk. Ein Mitarbeiter

5 ebd., S. 84

des Leipziger Forschungsinstituts, Harry Müller, stellte schon 1980 in einer als «vertraulich» deklarierten Studie fest, daß sich bei den Jugendlichen «in einer gewissen Abhebung von der gesellschaftlichen Pflicht» immer häufiger «Ziele des Lebensgenusses» entwickeln würden.[6] Wie wir noch sehen werden, schlagen aber die alten Werte mit etwas anderen Vorzeichen wieder durch, sobald sich die «Szene» ideologisch diversifiziert hat. Nach den Punks kommen die Skinheads: «ordentliche Frisur», nämlich Glatze, «ordentliche» Kleidung, nämlich die uniformierte Bomberjacke, «ordentliches» Schuhwerk, nämlich auf Hochglanz gewienerte Schnürstiefel.

Die ersten Faschos

Die Fascho-Gruppen – so nennen sie sich zum Teil selbst –, die Anfang der achtziger Jahre in der alten DDR aus dem Boden sprießen und zunächst totgeschwiegen werden, verbinden klassische Werte und Tugenden des Arbeitermilieus mit provokatorischer Symbolik, der des Nationalsozialismus. Statt Blauhemd Braunhemd, statt Zeltlager der FDJ konspiratives «Wehrlager» der autonomen, rechten Gruppe. Das dürfte überhaupt der Beginn des Protestverhaltens gewesen sein: die Jugendlichen knüpfen an vorhandene Wertsysteme an und deuten sie neu. Die Umdeutung geschieht einfach dadurch, daß gleichem Verhalten neue Symbole untergeschoben werden. Zwar ist die Gruppe autonom, weil illegal und ohne staatliche Bevormundung, sie übt sich aber nicht in Demokratie, sondern praktiziert weiterhin die hierarchische Ordnung: Gruppenführer befiehl, wir folgen. Die Kritik kommt nicht von links, sondern von rechts.

Eine interne Studie der Kriminalpolizei zu «rechtsextremistischen Aktivitäten in der DDR», die schon vor der Wende erarbeitet wurde, über die Zeit vor 1986: Innerhalb der informellen Gruppen der jugendlichen Subkultur, die «jenseits der Programme staatlicher und gesellschaftlicher Organisationen eigene Freizeitprofile» schafften, existierten Richtungen, «die sich auf eine Ideologierelevanz in ihrem Profil hinbewegten, um mehr als nur Musik und Mode zu Attributen

6 zit. n. ebd., S. 90

der Freizeitgestaltung machen zu können». Ein aktivierendes Moment und eine der Ursachen für die damals noch marginale Fascho-Weltanschauung «findet sich in allgemeinen unspezifischen gesellschaftlichen Arbeitsbedingungen und nicht in spezifisch vorbelasteten Bedingungskomplexen». Klartext: Punks, Skinheads und Faschos waren nach den Erkenntnissen der Kripo keine Außenseiter, sondern völlig normal: «Schüler, Lehrlinge und junge Facharbeiter erlebten selbst und beobachteten bei anderen, daß ehrliche Anstrengungen beim Lernen und im Beruf kaum eine Garantie für soziales Ansehen und den Erwerb materieller Güter» bildeten. «Auseinandersetzungen mit älteren Bürgern – sowohl in Schule und Arbeitsstätten als auch im Familien- und Bekanntenkreis – zu daraus erwachsenen Fragen und kritischen Positionen fanden kaum statt. Bevorzugte Reaktionsmuster waren Beschwichtigungsversuche und Heuchelei, die bis Oktober 1989 durch die Berichterstattung der Medien noch eine Steigerung erfuhren.»

Die neue, provokatorische Symbolik muß natürlich auch vorhanden sein, sie wird nicht komplett neu ausgedacht. Ein Beispiel für eine Mischform ist die älteste Nazi-Rocker-Gang der Ex-DDR, die «Vandalen» aus Ost-Berlin, die sich schon Ende der siebziger Jahre zusammenfand. Sie unterscheiden sich äußerlich wenig von westlichen Vorbildern, lieben härtesten «Heavy Metal»-Sound wie ihre Kollegen in Hamburg oder Frankfurt, idealisieren «proletarische» Männlichkeit – lehnen alles «Schwule» daher ab –, behängen sich aber mit eisernen und Hakenkreuzen und verkehren in Neonazi-Kreisen. Einige von ihnen tauchten sogar bei der Gründung des FAP-Landesverbandes in Berlin auf. Die «Rebellion» der eingeborenen DDR-Rocker betrifft nur die Äußerlichkeiten, Haartracht, Musikgeschmack und Kleidung, Details des Lebensstils also. Ihre oppositionelle Haltung dokumentieren sie, indem sie sie zu Ikonen verdichten und diese vor sich her tragen. Sie sind nicht links und imitieren nicht die neuen großstädtischen Subkulturen des Westens – etwa die der «Grünen» –, weil deren Werte und Normen nicht mehr aus der Arbeiterkultur stammen und deshalb nicht verständlich und daher auch nicht für den Protest geeignet sind. Das Protestverhalten und die betreffenden Symbole müssen nicht nur für den zu provozierenden Gegner, hier der SED-Staat, sondern auch für die, die protestieren, etwas aussagen. Das heißt: der Protest sprengt den Rahmen des vorhandenen Weltbildes nicht, solange die Basis der herrschenden Ideologie noch nicht völlig geborsten ist, sondern lotet nur dessen Grenzen aus.

Die Reaktion derjenigen, die provoziert werden – «Beschwichtigung und Heuchelei», wirkten eher noch verstärkend, schließen die Verfasser der kriminalpolizeilichen Studie. «In diesen Protest ist die Suche nach Idealen und lebendigen Vorbildern integriert. Das vergebliche Suchen erzeugt Bereitschaft, fast jedes Ersatzangebot zu akzeptieren, wenn es die Bedingung erfüllt, konträr zur kritisierten gesellschaftlichen Realität zu liegen.»

Personen wie Hübner haben Symbole und Traditionen gesucht, die ihnen ihre eigene Situation – die sie als Opposition verstanden – erklären konnten. Da bot sich natürlich das an, was ihnen eine ihrer wichtigsten Bezugspersonen, nämlich der Vater, vorgekaut hatte: Der «deutsche» Soldat als Projektionsfläche für alle Tugenden, die ein «deutscher Junge» aus dem protestantisch-preußisch-sozialistischen Arbeitermilieu bruchlos übernehmen kann. Komplettiert mit einem in der deutschen Geistesgeschichte ebenso gängigen Mythos: Nibelungen, Siegfried, Verrat, Dolchstoß. Der Vater war Soldat, wird vom Staat schlechtgemacht, «verraten» (weil in der offiziellen Propaganda-Version über den Zweiten Weltkrieg der gute Held nicht er, sondern der Soldat der Roten Armee ist), ist aber in Wirklichkeit «gut», ein «guter Kämpfer», wie ja die gefundenen Nazi-Geschichtsbücher angeblich «beweisen». Ein in rechtsradikalen Kreisen häufig anzutreffendes Plakat zeigt den stilisierten Kopf eines Soldaten mit Stahlhelm vor düsterem Hintergrund, darunter der groteske Kommentar: «Der deutsche Freiheits-Kämpfer 1933–45». Die Täter sind wieder mal Opfer.

Und, als Motto: Jedem Neonazi sein kleiner Rudolf Heß, und wenn es der eigene Vater ist. Frank Hübners persönliches Fazit über seine Jugendzeit: «Ich bin eigentlich nicht in dem Maße politisch beeinflußt worden.» Das war auch nicht nötig.

Interessant ist aber, daß sich wesentliche Elemente seiner heutigen, neofaschistischen Weltanschauung damals, zur «Wehrsportgruppen»-Zeit, noch nicht gebildet hatten. Bevor er in den Westen ging, sagt er wenig später im Gespräch, hatte er noch das, was in der Schule über die Zeit des Nationalsozialismus gelehrt wurde, zum Beispiel über den Holocaust an der jüdischen Bevölkerung, als historische Realität akzeptiert. Der Staatssicherheit und der SED waren offenbar bei der Bekämpfung neofaschistischer Tendenzen unter den Jugendlichen der frühen achtziger Jahre einige Mißverständnisse und schwere Fehleinschätzungen unterlaufen. Da das eigene politische Selbstverständnis wohl mehr über den richtigen Gebrauch der «richtigen» Symbole am «richtigen» Ort vermittelt wurde und nicht über innere Überzeugung, vermuteten sie beim «Feind» ähnliches. Man schloß vom Symbol bruchlos auf eine verfestigte innere Haltung: Wer die falschen Symbole, die der Nazis, benutzte, war gleich ein Neonazi. Wer Zeltlager mit den falschen Fahnen und den falschen Liedern liebte, war ein «Nationalsozialist», obwohl die Betroffenen vielleicht nur Zeltlager und Lieder bevorzugten, aber mal ohne staatlich verordnete Ideologie.

Hübner über diese Zeit: «Ich war 18, mein Bruder zwei Jahre älter. Man muß das so verstehen: Ich habe auch viele Jugendliche im Westen kennengelernt, die haben eben andere Interessen. Die sind in die Spielothek gerannt oder haben irgendwelche sinnlosen Aktionen gestartet. Wir hatten uns damals schon alle immer getroffen, entweder bei uns zu Hause oder bei anderen Leuten oder in Gaststätten. Haben schon frühzeitig, mit 13, 14 angefangen, zelten zu fahren. Das hat natürlich den Zusammenhalt gefestigt.»

Der rechtsradikale Überbau hat sich, so Hübner, «mit der Zeit ergeben. Ein Großteil hat rechts gedacht, war, um es pauschal zu sagen, ausländerfeindlich eingestellt und mit dem Staat unzufrieden. Es war damals auch schon viel über den Einsatzwillen der deutschen Wehrmacht bekannt. Daß es eben der beste, der ehrlichste, der anständigste Soldat war. Und diese Werte wurden eben damals schon hochgehalten. Deswegen hat man dann eben am Wochenende ein Wehrsportlager abgehalten. Die Leute wurden instruiert, sich Tarnanzüge zu kaufen. Das gab es damals alles noch billig, NVA-Sachen. Auch die alten gefleckten Jacken von der Waffen-SS, die sind noch gang und gäbe. Wenn ich jetzt noch durch die Diskotheken laufe, sehe ich die noch damit rumrennen.»

Da ist er wieder, «der deutsche Soldat», jetzt schon in einer Form, die dem neofaschistischen Größenwahn den Boden bereitet: Er ist nicht mehr genauso tapfer oder feige wie die anderen, zum Beispiel die Russen, was der Realität wohl entsprechen würde, sondern «ehrlicher» und «anständiger». Will sagen: Er eignet sich als Projektionsfläche für eine eigene, fiktive Moral. Es geht nicht darum, die historischen Tatsachen zu erforschen, sondern Ideale zu finden, deren Personifizierungen sich als Vorbild und Gegenbild zum herrschenden Ideal eignen. Dieses Soldatenbild hat durchaus Gemeinsamkeiten mit «Rambo» alias Stallone: Das Leben ist hart und ein permanenter Kampf, wer sein Recht will, muß sich mit Gewalt durchsetzen, die eindeutig Guten müssen über die eindeutig Bösen siegen – eine Identifikationsmöglichkeit vor allem für Jugendliche aus den sozialen Schichten, denen ein konkreter Aufstieg verwehrt bleibt. Man muß «sich durchboxen» und hat niemandem, mit dem man Allianzen schließen kann oder gemeinsam vorgehen kann. Nur: «der deutsche Soldat» als Ikone sowohl eines «kämpferischen» Sozialverhaltens als auch einer sexuellen Sozialisation – nach dem kommunistisch-proletarischen Motto der zwanziger Jahre: «saubere» Mädels, «starke» Genossen –, hat einen realen historischen Hintergrund und ist daher gefährlicher als ein Filmheld. Die positive Identifikation mit dem Schlachtvieh für die nationalsozialistischen Welteroberungspläne bedeutet, daß die Verbrechen der Nazi-Zeit, daß der Holocaust und die Verantwortung der deutschen Wehrmacht an Massenmorden, etwa im Baltikum, geleugnet werden müssen.

Von den Cottbusser Faschos der frühen achtziger Jahre war niemand Skinhead. «Ein Großteil hatte Seitenscheitel, den sie jetzt noch tragen, und Schaftstiefel. Die Skinhead-Bewegung in Cottbus ist erst 84/85 hochgekommen. Ich habe sie zwar Anfang 84 noch in den Diskos gesehen, aber im Mai 84 war ich dann schon im Gefängnis.»

Laut Hübner grassierte unter den Jung-Rechten Rassismus «ohne politischen Hintergrund». Wenn er jetzt die Erlasse der SED zum Thema «Ausländer» betrachte, könne er dem nur zustimmen. Damals hätte ihn das nicht interessiert. Man traf sich vor allem am Bahnhof. «Das würde jetzt nicht mehr so ablaufen. Da hatten wir ein paar Hauer dabei in der Truppe, keine Skins, ganz normale Leute, auch mit langen Haaren. Wenn da irgend so ein Afrikaner oder weiß ich was rumgezaubert hat, dann ist er eben rausgeflogen. Dann hat er erst mal drinnen ein paar reingekriegt. Dann stand aber auch das Gaststättenpersonal hinter uns und haben die dann noch zur Polizei geschleift. Wir haben nie Schuld gekriegt. Obwohl, wenn manche Leute von uns einen drin im Kopf hatten, dann haben sie das rausprovoziert.»

Hier hat Hübner wohl versehentlich die Realität geschildert. Seine Leute haben «das», nämlich eine Schlägerei zwischen Deutschen und

Anhänger der «Deutschen Alternative» mit der typischen «Fascho»-Frisur

Ausländern, häufig «rausprovoziert». Deshalb fügt er im Gespräch schnell den Satz an: «Aber das steht ja jetzt nicht zur Sache.» Immerhin hätte es damals «Ausländerhatzen» gegeben, «wie es die jetzt auch noch gibt. Bloß das war ohne politische Organisation. Daß die da oben stand und so 'ne Dinger rausgegeben hat, das ist ja jetzt auch noch nicht so der Fall.» Das wird, wie ich ja erlebt hatte, eher spontan geplant.

Die Vorurteile, die Hübner gegenüber den Kubanern und Polen anführt, haben einen sexuellen Hintergrund, der sich zwischen Neid und «viktorianischer» Angst bewegt. Er beklagt sich sowohl über «gewisse Vorfälle», «Belästigungen», die es gegeben habe – was niemand bestreiten wird –, als auch darüber, daß «deutsche Frauen» sich den Ausländern bei Tanzveranstaltungen «angebiedert» hätten. Damit ist die Katze aber auch aus dem Sack: die weiße Frau soll nicht mit dem schwarzen Mann – ein plumper Rassismus, der selbst bei einigen Mitgliedern der südafrikanischen Regierung nicht mehr modern ist. Natürlich hat die unsinnige Politik der SED-Regierung Neid aufkommen lassen: den ausländischen Gästen war es möglich, mit Devisen Dinge zu kaufen, für die sich die Einheimischen vergeblich abrackerten. «Es gab damals schon geheime Porno-Orgien, so halb illegale Puffs, die ausgehoben wurden», sagt Hübner. Die seien «fest in ausländischer Hand» gewesen.

Selbst das ist kein Grund, der einen halbwegs normalen Menschen auf die Idee kommen ließe, «Ausländer raus» zu brüllen. Es ist sehr wahrscheinlich, daß einige Bürger mit deutschem Paß genau das gleiche getan hätten, hätten sie nur die dazu nötigen «Valuta» gehabt. Ich frage Hübner konkret: Hast du versucht, dich in die Situation zum Beispiel der Kubaner zu versetzen? Antwort: «Das habe ich nie versucht.» – «Wenn du in Havanna wärst, die Taschen voller Devisen, deine Familie in Deutschland hätte alle die Dinge nicht, die es in Kuba zu kaufen gäbe, einige Frauen liefen dir nach, eben weil du im Vergleich zu ihnen reich wärest, wie würdest du dich verhalten? Du würdest die ‹Ausländerfeindlichkeit› der kubanischen Männer auf dich ziehen!» So weit kann Hübner nicht denken. «Ich reise viel im deutschsprachigen Raum», meint er nur ausweichend.

1984 wird Hübner «wegen illegaler Kontaktaufnahme» verhaftet, «Ende Mai, nach dem Männertag», womit er Himmelfahrt meint. «Man hatte damals Briefe bei mir gefunden, an Gerhard Löwenthal. Ich habe den Mann damals noch geschätzt, was ich jetzt nicht mehr tue. Er wurde immer als der absolute Antikommunist hingestellt. Das waren wir ja auch und sind es immer noch. Den hielt ich für den besten Ansprechpartner. Ich hatte damals auch an den Diepgen geschrieben, selbst an ‹Amnesty International›. Der Brief war eine Auflistung von den Punkten, die mir hier im Staat stanken. Daß wir keinen Zugang zur Kultur hatten. Zu allen Bereichen, die dem Menschen wichtig sind. Wir haben noch ein bißchen gegen die Russen geschossen. Diese Briefe hat die Stasi gefunden.»

Hübner hatte schon vorher einen Ausreiseantrag gestellt. Er kam einen Tag nach der ersten Botschaftsbesetzung in Ost-Berlin an. 36 Zuflucht suchende DDR-Bürger waren auf das Gelände der Ständigen Vertretung der Bundesrepublik gelangt. Hübner hatte aber nicht berücksichtigt, daß die Westdeutschen an diesem Tag ein christliches Fest, nämlich Himmelfahrt, feierten. Er stand daher vor verschlossenen Türen und wich in die US-amerikanische Botschaft aus, die ihn aber am nächsten Tag, weil sie nicht in diplomatische Verwicklungen hineingezogen werden wollte, direkt in die Arme der Staatssicherheit entließ. «Die Briefe hätte ich in der Botschaft lassen können», sagt er, er habe denen aber nicht getraut. «Auf eine gewisse Art bin ich froh, so habe ich den 219 gekriegt, Absatz b, das war nur der Versuch. Wären die Briefe rübergekommen, für Löwenthal wäre das ein gefundenes Fressen gewesen, und ich wäre wahrscheinlich erst zur Wende 89 rausgekommen. Die Stasi hat gesagt, ich wollte dem Ausreiseantrag mit meinen Briefen Nachdruck verleihen und hat mir vorgerechnet, daß ich darauf 20 Jahre kriegen würde. Dann sind es nur 14 Monate geworden. Ich war dann in Bautzen und vorläufig weg vom Fenster.»

Schock im Westen

Am 3.4.85 kommt Hübner als «politischer Häftling der DDR» in die Bundesrepublik, zunächst nach Gießen, dann nach Frankfurt, wo er einen Bekannten hat. «Dann ging so das Leben los. Aber nichts Politisches, das hat mindestens drei, vier Monate gedauert. Erst mal das letzte Jahr vergessen, obwohl man das nicht vergessen kann. Der erste Schock war natürlich Frankfurt, dieser multikulturelle Bahnhof. Erst mal auf die Kaiserstraße, ein Bier trinken gegangen. Habe da noch einen Kumpel aus dem Knast getroffen, unten im Bahnhof. Wer weiß, warum der da schon wieder rumhing. Kurze Zeit später hat der wieder drei Jahre Knast gekriegt... Das war so 'ne Art Kulturschock. Nur diese Muselmanen... Es war gerade Frühling. Vorne die Junkies, das war schon extrem, wenn man so was wirklich nicht kannte. Dann bin ich in ein Auffanglager gekommen, zwischen Wiesbaden und Frankfurt. Der einzige Deutsche war ich nicht, aber einer der wenigen... Gegenüber war ein ganzer Block von Leuten aus Ghana und Senegal. Dann eben viele Schlesier, ganz wenige aus Pommern, und vereinzelt Deutsch-Russen, die schon damals ausreisen konnten. Die Schlesier waren anständige Leute. Haben noch ganz stolz die Hakenkreuze gezeigt, die sie sich in Schlesien haben eintätowieren lassen. Stramme Leute, gerade die Schlesier, vor denen ziehe ich den Hut. Da habe ich zu Anfang die besten Kameraden gefunden. Es war 'ne dufte Truppe. Die haben sich auch mal vor oder hinter einen gestellt, wenn es drauf ankam.»

Hübner ist verunsichert. Im Westen findet er sich nicht zurecht. Er sucht Leute, die so sind wie er, deren Sprache er versteht. «Die Ansprechpartner, die ich von Anfang an gefunden habe, waren ausschließlich aus Mitteldeutschland [das Gebiet der DDR, B. S.] oder Schlesier. Man traf sich, wie es schon hier gang und gäbe war. In Kneipen oder Wohnungen. Diskutierte über Gott und die Welt und was die Leute so beschäftigte. Diese Geselligkeit habe ich bei den Westdeutschen extrem vermißt.»

Eine Beobachtung, die von vielen ehemaligen DDR-Bürgern bestätigt wird: Kritik durfte man im SED-Staat nur im kleinen, ja konspirativen Kreis üben. «Das stärkte natürlich den Zusammenhalt», sagt Hübner. Die weltanschauliche Bezugsgruppe, bei Hübner die «Faschos», wird durch den Druck von außen zusammengeschweißt. Fällt dieser Druck weg, entfallen auch die Bezugspunkte, an denen sich die Ideologie festklammert. Vergleichbar wäre dieser geistige «Entzug» mit der Situation eines Menschen, der Mitglied irgendeiner radikalen Sekte ist und permanent gegen «das Böse», den Teufel oder ähnliches gekämpft hat und dem nun eröffnet wird, daß das, was er bekämpft hat, gar nicht mehr existiert. Die Sinnfrage wird nicht mehr beantwortet.

Hübner sucht sich einen neuen Sinn, sucht die alten Symbole, die alten weltanschaulichen Muster, auch wenn sie im Westen nicht mehr die gewohnten Antworten geben können: er findet ihn wieder bei einer militaristischen Heldenverehrer-Politsekte. «Ungefähr ein halbes Jahr später kam dann auch mein Bruder. Wir haben uns in Hessen dem ‹Soldatenverband› angeschlossen. Das ist ein konservativer Verein. Ein Kamerad ist mit einem ‹Eisernen Kreuz› am Hals durch Frankfurt gelaufen und wurde zufällig vom Chef des Verbandes angesprochen. Wir fühlten uns wahrscheinlich von der Gruppe angezogen, weil die auch das Soldatentum hochgehalten hat. Der deutsche Soldat war das A und O. Das waren alles Veteranen. Die haben mit einem Kulturkreis in Frankfurt zusammengearbeitet. Der Chef, ein Jagdflieger, hatte mit Rudel zusammen gekämpft. Mein Bruder und ich und noch einer haben von diesem Soldatenverband eine Jugendgruppe gebildet.»

Mit dem, was in der bundesrepublikanischen Öffentlichkeit in dieser Zeit diskutiert wird und was Millionen von Menschen bewegt – zum Beispiel der Ausstieg aus der Atomenergie oder die zunehmende Umweltverschmutzung –, kann Hübner nichts anfangen. Er beschäftigt sich weiterhin in seiner Freizeit mit dem Zweiten Weltkrieg und dem «deutschen Soldaten» an sich. «Wir haben Filmvorführungen gemacht, alte Filme, es wurde viel Schulungsmaterial verteilt, wir wurden zu Seminaren nach Frankfurt eingeladen. Wir hatten zum Schluß sogar Skins dabei, die sich das angehört haben. Die Truppe bestand zum überwiegenden Teil aus westdeutschen Kameraden, die noch nie mit einer rechten Partei in Berührung gekommen waren, die aber – aus einer Trotzreaktion heraus, weil sie in der Jugend mal ein Hakenkreuz gemalt haben oder als Skin rumgelaufen sind – eine ablehnende Haltung gegenüber dem Staat BRD hatten. Davon ist ein großer Teil jetzt noch bei der Truppe. Das wurde dann eine Partei. Der eine ist jetzt zum Beispiel ‹Kameradschaftsführer› bei der FAP.»

Mit der Zeit schliddert Hübner mehr und mehr in das rechtsradikale Milieu und nimmt nur noch Informationen auf, die aus der braunen Ecke kommen. «Vorher hatte ich noch akzeptiert, daß die Deutschen den Krieg angefangen und daß Judenvergasungen stattgefunden hätten», sagt er. «Daß das nicht so war, habe ich erst mit den Jahren mitgekriegt, als ich Bücher und Schulungsmaterial von rechten Parteien gelesen habe, an die ich über gewisse Verbände herangekommen bin. Das hat sich damals erst so herauskristallisiert. Zum Schluß hat es mir nicht mehr gereicht, zu sagen, ich bin stolz, ein Deutscher zu sein. Im Prinzip war ich – das stimmt – vorgefestigt.»

Das Gespräch wird mühsam und zähflüssig. Hübner gibt zu: «Ich filtere aus dem Material, was mir zugänglich ist, das raus, was für mich wichtig ist. Daß es nicht diese systematische Massentötung gab. Daß die Zahlen gefälscht sind. Daß Dokumente gefälscht sind. Daß die Judenvergasung der einzige Grund ist, warum man Deutschland auf 50, 100 Jahre verteufeln kann. Daß die Judenthematik von den Engländern inszeniert wurde.»

Reduziert man diese ungeheuerlichen Behauptungen auf ihren Kern, ergibt sich wieder das psychologische Muster der rechten Dolchstoßlegende: Das, was unseren Vätern vorgeworfen wird, haben wir nicht getan, das haben uns andere in die Schuhe geschoben, ja «inszeniert». Es gehört ein erheblicher psychischer Energieaufwand dazu, die Realität in diesem Maße zu verdrängen und nicht zur Kenntnis zu nehmen: Tausende und Abertausende Zeugen und Überlebende von Konzentrationslagern, Aktenberge, Fotografien, Filme – für Hübner «alles Lüge». Womit er – und nicht nur er – sich vollends lächerlich macht: Die Zahlenangaben über den Holocaust stammen bekanntlich von den Tätern selbst, unter anderem von Adolf Eichmann.[7]

Wer so denkt, der ist nicht mehr «resozialisierbar» und auch nicht Argumenten zugänglich. Mit dem gleichen Recht könnte man anzweifeln, daß die Amerikaner wirklich auf dem Mond gelandet sind – vielleicht war die «Apollo»-Mission nur eine Propaganda-Farce, von der CIA inszeniert? Und wer kann, außer sehr wenigen Überlebenden, Leuten wie Hübner beweisen, daß der Erste Weltkrieg wirklich stattgefunden hat?

Nun hat Hübner auch an öffentlichen Diskussionen teilgenommen, die sich thematisch mit dem Holocaust beschäftigten. Als Reaktion auf seine angeblich «rein sachlichen Fragen» gab es Aufregung, ja, einige im Publikum «brachen in Tränen aus». Es sei, so Hübner, kein «befruchtendes Gespräch zustandegekommen». Ein «Argument», das auch in der Diskussion innerhalb der deutschen Linken über die Position zu Israel eine Rolle spielte: Die Opfer, die Nachfahren derer, die durch deutsches Gas starben, diejenigen, denen heute Gasangriffe made in Germany angedroht werden, müssen immer schön sachlich bleiben, und jüdische Journalisten, die polemisch argumentieren, sind keine «ernstzunehmenden Gesprächspartner» mehr. Man stelle sich die Situation vor: Jemand, dessen Angehörige von den Nazi-Horden im KZ umgebracht worden sind, muß sich während einer Veranstaltung die Frage anhören, ob es denn Konzentrationslager überhaupt gegeben habe – und wird dann der Unsachlichkeit geziehen, wenn er sich darüber nur etwas aufregt!

7 Vgl. die detaillierten Angaben und Quellen in Wolfgang Benz (Hg.): Dimension des Völkermords. Die Zahl der jüdischen Opfer des Nationalsozialismus, München 1991

Hübner erinnert sich an einen «Historiker-Tag» der PDS – als er schon wieder nach Cottbus zurückgekehrt war. «Dann waren viele Lehrerinnen da, 150, 200 Mann im Saal, dann wurde diskutiert. Eine Lehrerin ist neben mir aufgestanden und hat gefragt: ‹Was soll ich den Schülern erzählen, wenn 40 Jahre alles Mist war?›» Hübner weiter: «Ich habe den Chef gefragt: Was die Russen verbrochen hätten, sei alles rausgekommen, Katyn sei auch bewiesen, das hätte mir mein Vater schon vor Jahren erklärt. Wann wäre Auschwitz dran? Dann ist denen vorne alles aus dem Gesicht gefallen. Die haben mich angeguckt, als wenn ich vom Mond käme.»

Hübner scheint irgendwann Gefallen an seiner Rolle gefunden zu haben. Der Außenseiter läßt sich gern bestätigen, daß er Außenseiter ist. Ein geschlossener gedanklicher Kreis, der an sektiererische religiöse Muster erinnert: Ich muß mir irgendwie erklären, daß der Rest der Menschheit eine völlig andere Meinung von der Realität hat als ich – sonst würde ich auf die Idee kommen, selbst im Unrecht zu sein. Wenn ich aber eines in sich geschlossenen Weltbildes bedarf, von dem ich aus Gründen der psychischen Selbsterhaltung nicht lassen kann, bleibt als Erklärung nur übrig: alle anderen sind verrückt und/oder werden von finsteren Mächten manipuliert. Alles Lüge. Gerade daß andere, und zwar sehr viele, mir erklären, daß ich mit meiner obstrusen Meinung ziemlich daneben läge, bestätigt mir, daß ich recht habe. Karl May hat in «Winnetou» – um auf demselben Niveau zu bleiben das schöne ironische Beispiel angeführt: Das besondere Kennzeichen des «greenhorns», des Neulings im Wilden Westen, ist, daß es alle anderen für «greenhorns» hält, nur nicht sich selbst.

Hübner begründet sein Mißtrauen gegen das, was er in der DDR gelehrt wurde, mit offenkundigen Geschichtsfälschungen. Beispiel: das Massaker an polnischen Offizieren durch die russische Armee in Katyn, das bis vor kurzem, bis die Sowjetunion selbst Quellen zugänglich machte, den Nationalsozialisten in die Schuhe geschoben wurde. Als er in den Westen geht, muß er sich selbst erklären, warum auch die westdeutsche Öffentlichkeit, von den Historikern ganz zu schweigen, von den Verbrechen des Faschismus überzeugt ist. Ich frage ihn, ob auch die bundesrepublikanische Geschichtswissenschaft – seiner Meinung nach – von zum Beispiel den Engländern bezahlt würde? Seine Antwort: «Es herrscht zweifellos auch der Rotstift bei irgendwelchen Geschichtsinstituten drüben. Du kannst in Gesamtdeutschland nicht schreiben, was du möchtest.» Natürlich: wer groben Unfug verzapft, wird sich kaum ein Renommée als ernstzunehmender Wissenschaftler verschaffen können. Ein Pseudo-Historiker wie der Engländer David Irving, der ein gerngesehener Gast auf rechtsradikalen Veranstaltungen ist und der leugnet, daß der Holocaust stattgefunden hat, gerät – zu Recht – mit dem Strafgesetzbuch in Konflikt.

Ein Beispiel gibt immer wieder die Legende vom ehemaligen Hitler-Stellvertreter Rudolf Heß, der bis zum Tod seine ursprüngliche Nazi-Weltanschauung nicht widerrief. Hübner: dessen Beispiel habe ihn sehr geprägt. «Ich bin der Überzeugung, daß er ermordet worden ist.» Zunächst habe er bei der Nachricht von Heß' Tod gedacht: «Er war eben ein alter Mann, und er ist gestorben.» Dann fällt Hübner eine Broschüre aus rechtsradikalen österreichischen Kreisen in die Hand – «die Broschüre wurde in Deutschland gleich verboten». Das Thema: der englische Geheimdienst habe einen «Mord» inszeniert. Hübner wittert «Verrat». Wieder spukt der deutsche Recke Siegfried herum, einen Dolch des Verräters im Rücken, nur heißt er jetzt Rudolf, und Hagen sind jetzt viele, nämlich die Engländer.

In bestimmten Fraktionen der extremen Linken kursiert die Vermutung, die inhaftierten RAF-Terroristen seien in Stammheim ermordet worden. Zwar gibt es erhebliche Ungereimtheiten in der offiziellen Version über die Todesfälle in Stammheim, aber alle Ex-Kader der RAF, insbesondere die, die in der alten DDR aufgespürt wurden oder sich stellten, bestätigen, daß ihre Gesinnungsgenossen und -genossinnen sich umgebracht hätten. Die Legende vom Mord in Stammheim lebt in den Köpfen trotzdem weiter, weil diese Köpfe sie brauchen. Der ermordete US-amerikanische Präsident John F. Kennedy hat einmal gesagt: «Der Feind der Wahrheit ist nicht immer die Lüge, sondern der Mythos.» Der Mythos vom Helden, der verraten und getötet wird, funktioniert wie ein Wunder. Das Wunder, so der Ethnologe Marcel Mauss, ist das Resultat eines sozialen Einverständnisses a posteriori. Alle brauchen es, und deshalb geschieht es, und deshalb können es auch alle bezeugen. Das Wunder oder der Mythos vom verratenen und getöteten Helden ist ein symbolisches Mittel, das dazu dient, eine soziale Gruppe psychologisch zusammenzuschweißen.

Deshalb ist es müßig, auf Leute, die sich an ihr zusammengeschustertes, aber redundantes Weltbild klammern, argumentativ einwirken zu wollen. Alle Flicken des bunten Ideen-Teppichs verweisen aufeinander, bestätigen sich gegenseitig. Widersprüche sind nicht möglich, weil mit einem Dominostein, der fällt, alle anderen auch fallen. Ich frage Hübner: «Gesetzt den Fall, du hättest Unrecht, findest du es nicht berechtigt, wie die Leute auf das, was du Ungeheuerliches behauptest, reagieren?» Hübner weicht aus. Er habe vor der Kamera gesagt: Das wenigste von dem, was Presse, Öffentlichkeit und Wissenschaft über den Nationalsozialismus behaupteten, sei wahr. Er versteigt sich sogar zu der Unverschämtheit: «Juden, die Konzentrationslager überlebt haben, sollen sich bei mir melden. Dann könnte ich daran glauben.» Eine dreiste Heuchelei: Wenig später kommentiert Hübner den Prozeß gegen den Alt-Nazi Schwammberger: «Die Zeugen sind doch alles polnische Juden, die lügen sowieso.» Auf meine Entgegnung, er brauche doch zum Beispiel nur bei der «Vereinigung der Verfolgten des Naziregimes» (VVN) vorstellig zu werden, wenn ihm so daran gelegen sei, Augenzeugen zu befragen, bringt er sein Weltbild auf den Punkt: «Aber der rechten Szene würde ich trotzdem nicht abschwören.» Da aber Geschichtsrevisionismus und Antisemitismus der ideologische Leim sind, der die «rechte Szene» zusammenhält, wird klar: Leute wie Hübner können von ihrem neofaschistischen Weltbild nicht lassen, weil der Preis, nämlich der Zusammenbruch ihrer sozialen Bezugsgruppe – alles, was sie haben –, zu hoch wäre.

Immer wieder beteuert Hübner – muß er beteuern –, daß er das Gefühl, im Unrecht zu sein, nicht habe. «Sicherlich, bei jedem im rechten Lager kamen irgendwann Zweifel: Bringt es das alles, seine Energie und seine Finanzen da reinzustecken, Freundschaften deswegen scheitern zu lassen. Ich werde immer wieder positiv überrascht, wie viele die gleiche oder ähnliche Meinung haben.» Es kommt nicht darauf an, die eigene Meinung immer selbstkritisch zu befragen, sondern nur darum, ob möglichst viele dieser Meinung sind. Zweifel sind angebracht, aber nur, ob sich der Aufwand «lohnt».

Hübner ist einer der wenigen in der Neonazi-Szene, der sich mit historischen «Details» beschäftigt. Originalton des Interviews: «Da brauche ich mir nur die Zeitungen ansehen, daß uns der jüdische Weltkongreß den Krieg erklärt hat, wirtschaftlich und politisch und alles, das sehe ich als Kriegserklärung gegen uns. Ich sehe nicht, daß wir den Juden etwas angetan haben. So banal es sich anhört: wer hat den ersten Schritt getan? Die Leute hatten genug Zeit. Das hat Hitler klar gesagt, daß wir die Leute nicht da haben wollen. Man hat ihnen Zeit gegeben. Sie durften fast alles mitnehmen. Selbst der normale Jude durfte 1000 Pfund mitnehmen. Das waren 20000 Reichsmark. Das hatte kein normaler deutscher Arbeiter. Was hat die ganze Welt gemacht? Die Quoten erhöht... da ist soviel Mist passiert, keiner wollte die Leute haben. Dann, weiß ich, wo sie hin sind, nach Rußland, viele Geldjuden und so konnten sich natürlich ihre Ausreise kaufen.»

Frage: «Du sagst also, es sei gerechtfertigt, daß mehrere Millionen deutscher Staatsbürger jüdischer Religion, die zum Teil seit vielen Generationen dort wohnten, einfach aufgefordert wurden, ihr Heimatland, Deutschland, zu verlassen?» Antwort: «Ich möchte ja auch, daß alle Asylanten, die abgelehnt wurden, die Flocke machen... Das war eben vor 50, 60 Jahren die politische Linie, das wurde eben gefordert. Ich verwehre mich ja nur gegen die Theorie, daß diese Leute alle durch die Öfen gewandert sind. Das war eben damals das Gesetz... Man stellte eben das deutsche Volk in den Vordergrund, wo es hingehörte. Tja, und da war es gerechtfertigt.»

Frage: «Per Gesetz dürfen also deiner Meinung nach die Menschenrechte außer Kraft gesetzt werden?» Antwort, nach einer langen Pause: «Man ging damals davon aus, daß man die Volksschädlinge Nr. 1... und von irgendwoher kam das, das war nicht deutschlandspezifisch, diese Meinung war weltweit aufgebaut, und hat sich über Jahrhunderte hinweggezogen. Und die ganze Welt hat es begrüßt, daß ‹durchgezogen› wurde. Ich habe gesagt, daß es damals die einhellige Meinung war, daß die Juden Volksschädlinge sind. Das ist nicht auf meinem Mist gewachsen. Es war damals die gängige Meinung in der Bevölkerung, es war die Gesetzgebung so, daß der, der dem deutschen Volk schadet, so eine Art Hochverrat begeht. Und Hochverrat schadet dem Volk. Wenn sich jemand so in dem Maße betätigt hat, als Kommunist oder Sozialdemokrat... die waren in etwa genauso, haben sie Hochverrat am deutschen Volk begangen.»

Man kann sich lebhaft ausmalen, was geschehen würde, bekämen Leute wie Hübner auch nur einen Zipfel der Macht in ihre Finger, und sei es nur als Juniorpartner einer Koalition im Stadtparlament von Cottbus. Er wird sogar noch deutlicher, als er auf seine Gesinnungsgenossen in der rechtsradikalen Szene zu sprechen kommt. «Ich möchte nicht wissen, wie viele aus der rechten Szene, durchgedrehte oder nicht durchgedrehte Idealisten, liebend gern die Pistole in die Hand nehmen würden und Herrn Heinz [Galinski, Vorsitzender des Zentralrats der Juden in Deutschland, B. S.] aus Berlin abschießen würden. Da ist es schon wieder: wie komm ich an den ran? Viele würden, wenn sie wüßten, ich komm da ran, dann würde ich das auch machen. Dafür würde ich auch 25 Jahre Haft auf mich nehmen – so denken einige. Persönlich kenne ich keinen, aber solche Arschlöcher wie Stauffenberg und sein ganzer Clan, die sich in irgendwelchen reaktionären Hinterzimmern getroffen haben und die neue Welt ausdiskutiert haben, das ist absolut keine Rechtfertigung.»

Der braune Klüngel auf Ostlandritt

Hübners Weg in der alten Bundesrepublik ist das beste Beispiel dafür, wie eng verzahnt – personell, ideologisch, organisatorisch – die rechtskonservative, rechtsradikale und Neonazi-Szene ist. Hübner arbeitet, da er nur sehr wenig Haftentschädigung bekommen hat, in einer Baufirma – er hat eine Ausbildung als Baumaschinenführer –, dann macht er verschiedene Jobs, läßt sich zum Bürokaufmann umschulen. Zeitweilig arbeitet er in einer Kurgaststätte in Bad Schwalbach.

Die erste Parteiberührung, ungefähr 1986, hat er mit der «Deutschen Volksunion» (DVU) des Verlegers Frey. Im Rheingau-Taunus-Kreis, Hübners zeitweiligem Aufenthaltsort, bildet sich eine DVU-Sympathisantengruppe. «Die Leute, die ich da kennengelernt habe, waren größtenteils o. k., prima Kameraden, die konnten sich nicht mit dem identifizieren, was da oben in der Parteispitze vor sich ging. Unsere besten Leute, die sich eingesetzt hatten, wurden abgesetzt. Die hatten ihre Arbeit, einfach alles verloren durch ihre Parteitätigkeit und wurden im Stich gelassen.»

Hübner hat keine Funktion in der DVU. Offenbar scheint die DVU – im Gegensatz zur «etablierten» Alt-Herren-Partei NPD, vor allem die jungen Rechtsradikalen angezogen zu haben. Nach dem fehlgeschlagenen Wahlbündnis der NPD mit der DVU zur Europawahl engagiert sich Hübner, zusammen mit seinem Bruder Peter, bei der neofaschistischen «Nationalen Sammlung», der Nachfolgeorganisation des Kühnen-treuen Flügels der «Freiheitlichen Deutschen Arbeiterpartei» (FAP) in Hessen, arbeitet aber trotzdem noch in der DVU mit. «Die meisten wußten, daß ich da drin war, ich war ja einer der ersten, der gemeinsame Treffen gemacht und spontane Demonstrationen durchgesetzt hat. Ich bin immer von den DVU-Leuten eingeladen worden.»

Man lernt sich, wie auch sonst, bei einer Kranzniederlegung am «Heldengedenktag» auf einem Soldatenfriedhof kennen. Hübner tritt als Mitglied des «Soldatenverbandes» auf und trifft auf Heinz Reisz aus Langen, einen langjährigen Vertrauten Kühnens, der mit einer Gruppe von Skinheads und Neonazis angereist ist. «Beim ‹Soldatenverband› war keiner unter 60, wir waren der Jugendverband. Man hatte zwar nie zusammengearbeitet, aber die Veranstaltung immer zusammen durchgezogen. 150 Mann waren immer auf dem Friedhof, und danach eine gemeinsame Saalveranstaltung.» Hübner und seine jugendlichen Militaristen werden von Reisz, zusammen mit Mitgliedern des FAP-Landesverbandes, zu einer Veranstaltung eingeladen. Es gibt gleich eine «Schlacht mit irgendwelchen Linken». Hübner ist einer derjenigen, der unterschiedliche Fraktionen der Neonazis an einen Tisch bekommt. Er lädt NPD-Funktionäre zum «Kameradschaftsabend» der FAP ein. «Ich habe Kühnen in Bad Schwalbach auch mal mit den NPD-Funktionären zusammengebracht. Die haben sich bombig verstanden.»

Innerhalb der Szene steigt sein Ansehen, er wird durch eingefleischte Neonazis wie Reisz und Kühnen protegiert. Weihnachten 1989 – mittlerweile gibt es den visafreien Reiseverkehr zwischen den beiden Teilen Deutschlands –, kommt Hübners große Stunde: «Wir sind gleich am ersten Abend mit dem Kofferraum voll Material nach Cottbus gefahren und aktiv geworden.»

Hübner trifft in seiner Heimatstadt, die er ein halbes Jahrzehnt nicht mehr gesehen hat, auf eine fest etablierte Gruppe von Skinheads, darunter Karsten Wolter und René Koswig. «Wir sind glücklicherweise genau an die geraten. Zwei, drei kannte ich flüchtig von früher, mehr aus Diskotheken. Die waren in meinem Alter, die meisten sind aber vier, fünf Jahre jünger.»

Hübner erinnert sich, daß viele der Skinheads seiner Neonazi-Propaganda zunächst ablehnend gegenüberstanden und sich abwartend verhielten. Die Brüder Hübner versuchten, eine neue Partei mit unbekanntem Namen in ihrer Heimat attraktiv zu machen: die «Deutsche Alternative» (DA), eine der vielen Kleinstparteien im Umkreis Michael Kühnens. Die DA wird am 5. Mai 1989 in Bremen gegründet. Organisatorisch beerbte sie den Bremer Landesverband der FAP[8]. Einige versprengte Rechtsradikale aus NPD, REPs und DVU stoßen hinzu. Erster Vorsitzender wird Heinz Seeger, der aber wenig später wegen Scheckbetrug und Kaufhausdiebstahl im Gefängnis landet. Der spiritus rector der DA ist – neben Kühnen – der Alt-Nazi und NSDAP-Ordensjunker Walther Matthaei, stellvertretender Gründer und späterer Bundesvorsitzender. Matthaei, 1916 geboren, verkörpert die personelle Kontinuität zwischen der Nazi-Zeit und heute. Bis 1945 war er Referent in Rosenbergs Reichsministerium für die besetzten Ostgebiete, 1950 Mitbegründer der «Reichsjugend» als Jugendorganisation der 1952 als Nachfolgeorganisation der NSDAP verbotenen «Sozialistischen Reichspartei» (SRP). 1952 gründet Matthaei die rechtsradikale «Wiking-Jugend» und ist auch in deren spanischer Variante, der neofaschistischen «Juventud Vikinga» aktiv.

Hübner und kurz darauf Karsten Wolter gehören zum Führungskreis der DA und gründen schon im Dezember eine Ortsgruppe in Cottbus. Beim ersten Treffen treten von zwanzig Interessenten sechs in die Partei ein. Welche Partei es ist, dürfte ihnen relativ gleichgültig gewesen sein. Hübner hat nur Propagandamaterial der DVU vorrätig, das mit Zustimmung zur Kenntnis genommen wird. Wie nicht nur bei Neofaschisten, sondern in vielen deutschen Vereinen so üblich, «haben wir gleich einen Kameradschaftsführer gewählt, Stellvertreter, Kassierer. Damit die Kameradschaft erst mal steht.»

Hübner, der noch in Hessen wohnt, lädt die Cottbusser nach Frankfurt ein, schickt ihnen sogar Geld, damit sie die Bahnreise bezahlen können. «Die kamen sich ungeheuer vor, als sie in Wiesbaden auf dem Bahnhof abgeholt wurden.» Kühnen hält eine Rede. Hübner über seine Cottbusser Gesinnungsgenossen: «Die wußten stellenweise mehr über Kühnen als ich. Es war ja nicht so, daß die DDR-Presse nichts über den geschrieben hat. Mußgnug und Frey waren nicht so bekannt wie Kühnen oder Hoffmann. Karl Eduard Schnitzler hat mindestens einmal im Jahr seinen ‹Schwarzen Kanal› diesem

8 Zur FAP vergleiche das Unterkapitel «Sammelbecken für Rechts-Chaoten».

Thema gewidmet. Ich hatte meine ersten Kühnen-Berichte mit meinem Bruder zusammen gesammelt, da war ich elf Jahre alt. 77, diese Eselskopf-Aktion.[9] Das kannte jeder. Über die Streitigkeiten zwischen Mosler, Swierczek und Kühnen war aber nichts bekannt. Es gab auch Kontakte zu Mitgliedern der FAP im Saarland. Da wurden die Leute schon vor meiner Zeit aufgeklärt, Kameraden aus der Skin-Bewegung, die rübergegangen sind.»

Am 13. und 20. Januar 1990 treffen sich die Anführer der Neonazis aus Dresden – unter anderem der im Juni 1990 von einem Zuhälter erschossene Dresdener Rainer Sonntag – und Cottbus mit Kühnen und seiner hessischen Gefolgschaft in Frankfurt/Oder. Sie erstellen einen «Arbeitsplan Ost» als «verbindliche Arbeitsgrundlage aller Kameraden». Darin heißt es: «Es besteht Übereinstimmung darüber, daß hinter allen öffentlichen und legalen Aktivitäten eine stahlharte, weltanschaulich gefestigte Kadertruppe stehen soll. Diese ist Teil der entsprechenden Kaderorganisation in Westdeutschland. Bislang gehören zu diesem Kader vier Kameraden aus Dresden und fünf Kameraden aus Cottbus.» Vorrangige Ziele: Aufbau der Parteiorganisation und Unterstützung der «am weitesten rechts stehenden Partei» bei den kommenden Wahlen, und eine «Unterschriftensammlung für eine sofortige Volksabstimmung über die Wiedervereinigung». Das Parteiprogramm soll «so gemäßigt formuliert werden, daß eine Registrierung als legale politische Partei möglich ist». In Cottbus soll, solange der Antrag auf Registrierung der DA in Dresden läuft, eine Partei mit «unverfänglichem» Namen gegründet werden, «über die wir im Westen auch in keiner Weise reden». «Wenn die Registrierung der DA in Dresden abgelehnt werden sollte, schließen sich die Dresdener der Cottbuser Partei an. Die dann entstehende Partei wird die DA sein, aber sie wird eben unter einem anderen Namen auftreten und sich den nächsten Kommunalwahlen stellen.» Die Teilnehmer der Veranstaltung verständigen sich darüber, daß «nach außen hin möglichst wenig über den Kader und seine weltanschauliche Haltung gesprochen» werden soll. «Der Kader bleibt im Untergrund.»

9 Kühnen ließ Neonazis mit Eselsmasken aufmarschieren, die Schilder um den Hals trugen: «Nur ich glaube noch, daß in Auschwitz Juden vergast wurden.»

Diese vollmundigen Worte über den Aufbau einer illegalen nationalsozialistischen Kaderorganisation darf man nicht so ernst nehmen, wie sie sich anhören. Sie tragen die Handschrift des verstorbenen Michael Kühnen, der es immer verstand, sich vor der – auch internationalen – Presse interessant zu machen, ansonsten aber ein unverschämter Aufschneider war. Die Zeitung der Kühnen-Truppe, «Neue Front», mehr eine nachlässig kopierte Flugblattsammlung, hat den «Aufbauplan Ost» abgedruckt, und jeder, der auch nur über einige Kontakte in die Szene verfügt oder sich die Mühe macht, ein wenig zu recherchieren, kann sich mit Leichtigkeit einen ausreichenden Einblick in die «illegalen» Kaderstrukturen verschaffen. Bezeichnend ist die Idee, die aber zum jetzigen Zeitpunkt nicht verwirklicht werden kann: Die meisten der jugendlichen Neonazis haben weder ein «gestähltes» Weltbild noch sind sie, außer wenigen Ausnahmen wie Hübner, intellektuell in der Lage, irgend etwas organisatorisch auf die Beine zu stellen. Das kann sich im Laufe der Zeit ändern, auch wenn die Personen wechseln. Das Getöse um die sogenannte Kadertruppe mag aber, und das ist die Gefahr bei einer unkritischen Veröffentlichung, auf Sympathisanten faszinierend wirken: Die Möchtegern-Chefs der Neonazi-Gruppen verschaffen sich erst so ein Prestige, das der Realität, was die politische Organisation angeht, aber nicht angemessen ist.

Hübner über die ersten neonazistischen Aktionen in Cottbus: «Selbst wenn wir den Kontakt etwa zu Leuten wie René Koswig nicht gehabt oder ausgebaut hätten, hätten wir trotzdem auf unsere alte Truppe zurückgreifen können, die mein Bruder damals aufgebaut hatte. In der Truppe waren sogar Volkspolizei-Helfer. Auch ein Unteroffizier – das war der einzige, der nicht eingesperrt worden ist. Wir mußten zu Anfang den Kameraden vertrauen, die das die letzten Jahre, ab 85, aufgebaut haben. Wir waren zwar anwesend, konnten aber nichts vorschreiben. Die waren ausnahmslos aus der Skinhead-Bewegung. ‹Nationalzeitung› und so, das war alles ein Begriff. Irgendein Material ist immer durchgesickert, und wenn es alte Bücher waren. Das erste, was die Kameraden nach Wiesbaden mitgebracht hatten, war ‹Mein Kampf›. Nur mit der Parteiengeschichte hatten sie sich noch nicht beschäftigt, Aufbau eines Landesverbandes, Kreisstellen. Der Kontakt besteht innerhalb von Brandenburg, darüber hinaus nach Sachsen und nach Thüringen.»

Nach dem Tod Kühnens haben sich die Schwerpunkte der politischen Arbeit neofaschistischer Kleinst-Parteien wie der DA in der Ex-DDR verlagert. Immer mehr tauchen Floskeln in Flugblättern auf, die Anleihen an der alten SED-Begrifflichkeit machen. Im Sommer 1991 verteilen DA-Mitglieder Material mit Forderungen wie: «Beseitigung der Massenarbeitslosigkeit durch ein großzügiges sozialistisches Arbeitsbeschaffungsprogramm» und «Sozialisierung der Großindustrie». Daneben finden sich eindeutig neofaschistische und volksverhetzende Äußerungen: «Wer sich für sein Volk einsetzt, lebt ein sinn- und wertvolles Leben.» Der Umkehrschluß, der an Hübners Äußerungen erinnert, müßte lauten: Die anderen, die Feinde, sind «Hochverräter», sind lebensunwert. Was das heißt, ist in Deutschland bekannt.

Im Herbst 1991 gibt es einen parteiinternen Putsch, der wegweisend für die spätere Entwicklung innerhalb der militanten Neonazi-Szene sein wird: Frank Hübner wird der Chef der DA, die Führungsriege wird von ehemaligen DDR-Bürgern dominiert, mehr als 80 West-Nazis treten aus der Partei aus. Die Cottbusser Dreier-Riege Hübner, Wolter und Koswig versucht verstärkt, die zahlenmäßig starke, aber nach dem Tode von Rainer Sonntag unstrukturierte Dresdener Neonazi-Szene für die Ziele der DA zu gewinnen. Nachdem Helmar Braun – der «Nachfolger» Rainer Sonntags, Lutz Kronenberger, ist wegen unbewiesenen Spitzel-Verdachts in der Szene unten durch – nach dem Hamburger Modell eine regionale «Sächsische Liste» initiiert hat, könnte das sogar gelingen. Der Dresdener Skinhead Mike Hönzke wurde mir von Hübner schon vor dem Ableben Sonntags als ein Aktivist der DA vorgestellt.

Im Herbst führt die DA in Cottbus eine Straßenumfrage unter mehr als 1500 Bürgern zur «Ausländerproblematik» durch, nach Meinung von GLKA-Staatsschutzexperten durchaus mit «soziologischer Qualität» – eine Aktion, die man von den Neonazis in der alten Bundesrepublik nicht hätte erwarten können. Und: In mehreren kleineren Orten in Brandenburg gründen sich Ortsgruppen der DA. Die klassischen rechtsextremistischen Parteien des Westens bleiben außen vor. Am 15. 11. 91 konstituiert sich ein DA-Ortsverband in Hoyerswerda.

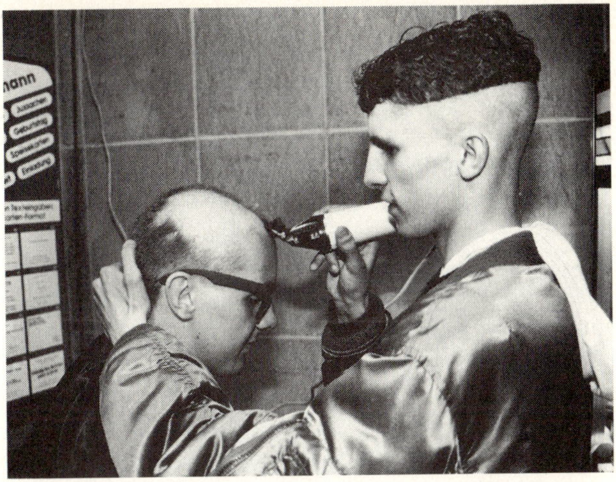

Skinheads beim Nachrasieren der «Glatze»

Rechter Bodensatz: Glatzen West und Ost

Oi! Die Jugend steigt aus

Der braune Untergrund im Osten Deutschlands, der Anfang der neunziger Jahre zum Vorschein kommt, nährt sich aus unterschiedlichen Quellen. Die Faschos sind nur eine winzige Minderheit, vor der Wende wie nachher. Sie versuchen aber, die Hefe im Teig der Jugendkultur zu spielen. Ihre Rekrutierungsbasis waren und sind die Skinheads. Skinheads gibt es in der Ex-DDR seit Mitte der achtziger

Jahre. Sie beerben die Punks, deren schrilles Outfit und deren Protest gegen die Normen des «sozialistischen Zusammenlebens der Bürger» die ersten Anzeichen dafür waren, daß die junge Generation die Werte des «Realen Sozialismus» nicht bruchlos internalisiert hatte.

Es wäre aber ein großer Irrtum, wollte man annehmen, eine «Glatze» sei automatisch ein Rechtsradikaler. Nur die Kombination eines bestimmten Äußeren, das wiederum aus einer ganz anderen subkulturellen Tradition stammen mag, und einer bestimmten sozialen Situation schafft «den», dann auch in den Medien als solchen präsenten, rechtsradikalen Skinhead: einen für Teile der proletarischen Subkultur attraktiven Sozialcharakter, den man imitiert und mit dessen Symbolik man sich identifiziert. Die Wurzeln der Skinhead-Bewegung sind vielschichtig, multikulturell und, wie bei den Punks, in England aufzuspüren.

Randalierende Jugendliche, Straßenbanden, die ihre Territorien gegen andere verteidigen, prügelnde Fußballfans gab und gibt es überall in den Metropolen der industrialisierten Welt. In den US-amerikanischen Großstädten tragen Heranwachsende Waffen und benutzen sie auch: eine Mischung aus Mannbarkeitsritualen und krimineller Energie. Das eigene Leben gilt nichts, genauso wenig wie das des Opfers. Alle sozialen Bindungen und Werte haben sich aufgelöst, einzig und allein die Normen der «männlichen Kriegerklasse» zählen: physischer Kampf und sexuelle Eroberungen. Die Ereignisse des Lebens sind durch das Gesetz des eigenen Handelns legitimiert. Ein Sozialarbeiter aus Los Angeles über das Getto-Milieu: «Selbst die Möchtegerns üben an Waffen. Sie schießen schon, aber in vielen Fällen zielen sie noch nicht. Auf der nächsten Stufe stehen die, die sich ihre Sporen verdienen wollen. Sie töten, aber selbst das reicht nicht, um von ihren Kumpels als ausgewiesene Wahnsinnige anerkannt zu werden. Wenn sie diese höchste Ebene erreichen, sind ihnen ihre Opfer und ihr eigenes Leben egal – die Gewalt wird zum bloßen Zufallsakt. Das sind Typen, die einen Sarg öffnen und mit einer Halbautomatik so lange auf die Leiche schießen, bis sie Ketchup ist.»

Die Basis der Skinhead-Jugendkultur war ursprünglich das Arbeitermilieu. Das ist aber in der Lage, solange seine Normen und Werte noch relativ intakt sind, gewalttätige Formen sozialen Verhaltens zu integrieren, ja, wie bei den großen englischen Bergarbeiterstreiks, sie sogar für die eigenen Interessen positiv einzusetzen. Erst wenn dieses

Neonazis und Skinheads beim «Pogo» in einer Disko

Milieu unter Druck gerät, verselbständigen sich seine Aktionsformen: Ende der sechziger Jahre steigt in England die Arbeitslosigkeit, die Arbeiterkids sehen weder Lehrstellen noch eine Perspektive. Die finanzkräftigen Mittelschichten, Yuppies, Aufsteiger, auch Intellektuelle und Künstler, finden es schick, sich in den Gettos der Vorstädte einzunisten. Der Kiez, das Alltagsleben auf der Straße, für viele die erste und wichtigste Sozialisations-Instanz, verändern sich – wie zwanzig Jahre später Berlin-Kreuzberg. Eberhard Seidel-Pielen hat in seinem Buch «Krieg in den Städten» diese Entwicklung nachgezeichnet.[1]

Die ersten Skinhead-Gangs führen, in ihrem Sinne, einen kulturellen Abwehrkampf: proletarische Härte gegen Sozialarbeiter-Ge-

1 Berlin 1990.

stus, häßliches, furchterregendes Äußeres gegen Schickimicki und Flower-Power, hämmernde, primitive Rhythmen gegen kommerzialisierten Pop. Und Fußball: die englischen Fans galten schon immer als die Härtesten. Kein Wunder, daß auch – viel später – in Deutschland die ersten Schlägertrupps der Fußballrowdies, zum Beispiel die «Borussen-Front», aus der ehemaligen Arbeiterstadt Dortmund kommen.

In England bilden sich, anders als «auf dem Kontinent», verschiedene Subkulturen parallel zueinander. Vor allem in der Musik sind die verschiedenen Stilrichtungen und die benutzten Symbole zu Anfang nicht eindeutig zuzuordnen. Einige Punk-Bands in den Siebzigern benutzen, eindeutig in provokativer und nicht ganz unkommerzieller Absicht, Nazi-Symbole, das Publikum trägt schrille Frisuren und Haarfarben, Sicherheitsnadeln in Nasen und Ohren, zerfledderte Kleidung.

Ein Pressetext über die Punk-Band «Blue Öyster Cult» aus dem Jahr 1977: «Das Quartett stürzt in verschwitzten Ledermonturen auf die Bühne, die Wämser geschmückt mit Nazi-Orden, während die Hakenkreuzfahne über den Verstärkertürmen flattert, es stinkt nach Gewalt.»

Nicht zufällig suchen sich die jugendlichen Aussteiger die Musik aus, die am wenigsten kommerzialisiert und am wenigsten vom Establishment ausgenutzt werden kann: Ska und Reggae, die Rhythmen der westindischen Einwanderer. Schwarze und «Glatzen» tanzen gemeinsam in den Londoner Clubs. Noch überwiegt das gemeinsame Gefühl «wir hier unten» gegen den Rest der Welt.

Doch Mitte der siebziger Jahre driften die Subkulturen auseinander. Viele schwarze Jugendliche identifizieren sich mit der pseudoreligiösen Botschaft der Reggae-Heroen Bob Marley und Peter Tosh: back to the roots, aber die finden die weißen Unterschicht-Kids weder in Jamaica noch bei Haile Selassie in Äthiopien. Glatzen und Dreadlocks, das proletarische Bier und die klassische Droge der Rastafarian, «Ganja», passen nicht in eine Schublade. «Die weißen Skins», schreibt Seidel-Pielen, «stiegen auf rüdere Töne um und mixten aus schwarzem Blue Beat und weißem Punk-Rock eine neue, aggressive Mischung: Oi! Mit diesem Auseinanderdriften der Musik- und Clubkulturen war jedoch die wichtigste Brücke zwischen Weißen und Farbigen gesprengt. Der grundsätzliche Widerspruch innerhalb der Skin-

Szene – multikulturelle Wurzeln einerseits, weißer Chauvinismus andererseits – brach offen zutage. Die Skins fühlten sich erneut ausgeschlossen, ‹ihrer Kultur› entfremdet. Um so entschlossener verteidigten sie ihre Reviere, um so brutaler prügelten sie auf Pakistanis und andere ‹Fremde› ein.»[2]

Offener Rassismus tritt erst zutage, wenn sich das soziale Klima verschärft – und wenn gleichzeitig die Restriktionen der staatlichen Bürokratie gegenüber den Immigranten zunehmen, die Gesellschaft den rechten Schlägern eine Art Freifahrtschein im Kampf gegen die unerwünschten Fremden ausstellt: Man nimmt zwar nicht die Form, aber den Inhalt billigend in Kauf. Den Einwanderern bleiben nur die Alternativen: Assimilation oder sich auf die eigene Kultur zu besinnen, die aber für ihre neue Lebenssituation nicht die richtigen Rezepte kennt. Die ökonomische Misere geht einher mit zunehmenden Übergriffen der Polizei und der Behörden. Der schwarze Reggae-Musiker Linton Kwesi Johnson setzt in seinen Balladen den Opfern ein Denkmal und fordert sein Publikum auf, sich nicht von den weißen, traditionellen politischen Organisationen vereinnahmen zu lassen.

Auch in der Subkultur der Punks scheiden sich die Geister. Die Koordinaten der Symbole verschieben sich quer zu den alten Eckwerten. Die Mehrheit bleibt diffus links, die Bewegung «Punks against Fascism» – ähnlich wie die deutsche Variante «Rock gegen Rechts» – wendet sich gegen die zunehmenden Angriffe organisierter Neonazis wie der «National Front». Die versucht, in der Skinhead-Szene Einfluß zu gewinnen. Eine Minderheit der Punks benutzt weiter Nazi-Symbole. Der Bassist der bekannten Punk-Band «Sex Pistols», Sid Vicious, trägt häufig ein Hakenkreuz auf seinem T-Shirt. Die Gruppe DAF («Deutsch-Amerikanische Freundschaft») textet: «Geh in die Knie, wackle mit den Hüften, klatsch in die Hände, tanz den Mussolini, dreh dich nach rechts und mach den Adolf Hitler, tanz den Jesus Christus, tanz den Kommunismus, und jetzt den Adolf Hitler.»

Im Westen Deutschlands verläuft die Entwicklung zeitverschoben ab. Da Englisch die universelle Sprache der modernen Musik ist, wirkt sie wie ein Transmissionsriemen. Die deutschen Jugendlichen

2 ebd., S. 71 f.

greifen Texte und Musik begierig auf. Aber: als Ende der siebziger Jahre Punk und, verspätet, Oi-Musik nach Deutschland schwappen, sind sie schon eindeutig auf eine Richtung festgelegt: Punk ist links, Oi ist rechts.

Seit Anfang der achtziger Jahre sind zwar in regelmäßigen Abständen Überfälle von Skins auf Ausländer, «Langhaarige» und Prügeleien von Fußball-Rowdies untereinander zu beobachten, gemessen an ihrem Einfluß in den jugendlichen Subkulturen insgesamt bleiben sie aber relativ bedeutungslos. Ein Grund: Eine starke Gegenbewegung, die ihre Wurzeln in der schon über ein Jahrzehnt existierenden linken, alternativen Strömung hatte. Diesem Milieu haftet, noch Jahre nachdem es sich parlamentarisch etabliert hat, der Geruch des Oppositionellen an und fasziniert die, die ihren Frust irgendwo rauslassen wollen, auch viele proletarische Underdogs.

Eine soziologische Untersuchung listet verschiedene Vorfälle in der alten Bundesrepublik auf, die sich heute, mehr als ein Jahrzehnt später, im Osten Deutschlands täglich wiederholen:

Schüler einer Berliner Schule singen während des Unterrichts: «Auschwitzer Nächte sind lang.» Die Wände verschiedener Schulen werden mit Hakenkreuzen und rassistischen Parolen beschmiert. Einer jüdischen Lehrerin jugoslawischer Nationalität werden Judensterne aus Streichhölzern auf den Tisch gelegt, die Schüler sprechen im Englischunterricht USA wie «Jew-SA» aus. Lehrer klagen darüber, daß ständig Judenwitze erzählt werden. In einer Berufsschule sind Sprüche zu lesen wie: «Gebt uns ein zweites Auschwitz!», «Nur tote Türken sind gute Holzscheite», «Gebt uns Adolf Hitler wieder». Zwei Schüler eines Gymnasiums grüßen sich mit «Heil Hitler» oder «Heil Deutschland» oder geben sich Titel wie «Obersturmbannführer». Gängiges Schimpfwort ist «Judensau». Eine rockerähnliche Schlägertruppe in Berlin-Steglitz nennt sich «Eisernes Kreuz». Auf dem Dach eines Neuköllner Jugendheims hissen zwei Jungen eine Hakenkreuzfahne und organisieren einen Fackelzug, bei dem das «Horst-Wessel-Lied» gesungen wird. Bei Fußballspielen, besonders beim Berliner Verein «Hertha BSC», brüllen Rowdies antisemitische Parolen und heben den Arm zum Hitlergruß. Im Oktober 1983 verhindert ein massives Aufgebot an Polizei Ausschreitungen anläßlich des Fußballspiels der deutschen Mannschaft gegen die der Türkei. In Berlin-Kreuzberg warten in der Nacht mehr als 3000 Antifaschisten,

Frauen und Männer, auf den angekündigten Aufmarsch der Neonazis.

Doch der Einfluß der organisierten Nazi-Szene bleibt bis Mitte der achtziger Jahre gering. Zu vielfältig sind die Angebote der Freizeitgestaltung. Der Widerstand des linken Milieus, das die politische Propaganda-Arbeit der Faschisten genau beobachtet, läßt den Einstieg in die Szene zum persönlichen Risiko werden. Die Berichterstattung der Medien – glaubwürdiger für Jugendliche als die in der DDR – über die Zeit des Nationalsozialismus und über den Holocaust ist zwar meistens in die Dritten Programme verbannt, aber vorhanden und hat ihre Wirkung.

Mitte der achtziger Jahre scheinen sich die Bedingungen für jugendliche Subkulturen im Westen zu verändern. Ein Grund: durch die Präsenz der allgegenwärtigen Medien wird es immer schwieriger, den Anspruch auf Originalität aufrechtzuerhalten. Es entsteht ein Pseudo-Zwang, das Äußere, die Symbole der sozialen Gruppe, immer weiter zu differenzieren. Das individuelle Outfit, oft in stundenlanger und mühevoller Arbeit hergestellt, verweist auf die Gruppe, das Kollektiv, die jeweilige «Szene». Das subjektive Lebensgefühl, auf dessen Einzigartigkeit – in Abgrenzung zur «Normalität» – Wert gelegt wird, ja, das gegen die herrschende Norm mühevoll und oft gegen Repressalien durchgesetzt werden muß, ist in Wirklichkeit der Versuch, kollektive Lebensformen zu schaffen: Eine kleinere, übersichtlichere Gruppe als die schon vorhandene, deren Regeln man nicht versteht oder nicht mehr akzeptieren will.

Die Ethnologin Mary Douglas hat diesen «Deprivations»-Prozeß so beschrieben: «Im Zuge sozialer Veränderungsprozesse wird die Position bestimmter Gruppen marginal; und die Angehörigen dieser Gruppen sehen sich politisch der Notwendigkeit gegenüber, eine neue Interpretation ihrer sozialen Position zu finden und das, was ihnen widerfahren ist, umzubewerten. Unsicherheit, differentielle Statusangst, kulturelle Unterprivilegierung lösen das Bedürfnis nach einer Neuanpassung aus...»[3]

Kleine, neue Subkulturen faszinieren vor allem durch zwei Dinge: Einmal durch den Anspruch, daß die tradierten Regeln der sozialen

3 Mary Douglas: Ritual, Tabu und Körpersymbolik, S. 17. Douglas zitiert eine der religionssoziologischen Erklärungen für die Sektenbildung.

Hierarchie innerhalb der Gruppe außer Kraft gesetzt sind. Man entzieht sich der komplizierten, repressiven oder schlicht sinnentleerten Außenwelt, indem man in der Gruppe neue Regeln schafft, die so einfach sind, daß sie jeder befolgen kann. Jeder hat die Möglichkeit, bei einem Neuanfang in der gruppeninternen Hierarchie aufzusteigen. Selbst ein arbeits- oder berufsloser Jugendlicher kann in einer Fascho-Gruppe «Gauleiter» werden. Zum anderen ist eine Jugendkultur durch ihre Eindeutigkeit attraktiv. Die politische Ausage, falls überhaupt vorhanden, ist irrelevant. Ab Mitte der achtziger Jahre wächst eine Generation heran, für die ein Konsens, man müsse politisch interessiert sein, eine Behauptung der Eltern ist, deren Zweckmäßigkeit und Wahrheit erst noch bewiesen werden muß.

Die Ursachen für diese Entwicklung liegen zum Teil zwei Jahrzehnte zurück. In der Bundesrepublik haben sich schon in den siebziger Jahren die Einstellungsmuster größerer Teile der Bevölkerung – die Folie, auf der sich eine Subkultur überhaupt erst entwickeln kann – differenziert. Die Identität der Staatsbürgerinnen und -bürger erschöpft sich nicht mehr darin, ein gut geöltes Rad im Getriebe des Produktionsprozesses zu sein und, als «Prämie» für die Arbeitsleistung, einen angemessenen Lohn zu bekommen.

Soziologen sprechen sogar davon, daß die «protestantische Arbeitsethik», die Max Weber noch als Voraussetzung und Motor des Kapitalismus erforscht hatte, brüchig wird und nicht mehr als alleinseligmachendes Motiv gesellschaftlichen Handelns gelten kann. Immer mehr Menschen schöpfen ihr Selbstwertgefühl auch aus ihrem Freizeitverhalten. Den Endpunkt dieser Evolution bilden die sogenannten «neuen Mittelschichten», deren politischer Ausdruck die neue Partei der «Grünen» ist. Jetzt werden öffentlich Themen diskutiert, die im weitesten Sinne mit der «Lebensqualität» zu tun haben, nicht nur mit der Qualität und dem Erhalt des Arbeitsplatzes.

Die Mittelschicht insgesamt setzt sich aus diversen heterogenen Gruppen zusammen. Die umfangreichsten sind nach Untersuchungen eines soziologischen Institutes in Heidelberg das «aufstiegsorientierte Milieu» – mittlere Führungskräfte und Angestellte im öffentlichen Dienst –, das ungefähr ein Viertel der alten bundesdeutschen Bevölkerung ausmacht. Ebenfalls jeweils ein Viertel umfaßt das kleinbürgerliche Milieu – Handwerker und Kaufleute – und das «technokratisch-liberale Milieu» (Ingenieure, mittlere Angestellte und Mitarbeiter im öffentlichen Dienst). Das klassische Arbeitermilieu ist zahlenmäßig genauso klein wie das der gehobenen Konservativen, Freiberufler oder Unternehmer. Den Rest, ungefähr zwölf Prozent, bilden die sogenannten Hedonisten, «Lebenskünstler» in neuen Berufen. Die «Alternativen» im Westen schöpfen ihr Wählerpotential quer durch alle diese Gruppen, obwohl sie insgesamt wenig mehr als fünf Prozent der Stimmen auf sich ziehen können.

Neue Kräfte mit neuen Themen sind Ende der siebziger Jahre auf die politische Bühne getreten. Die «neuen Mittelschichten» im Westen, die Erben der studentischen Revolte der sechziger und der linken Subkulturen der siebziger Jahre, erkämpfen sich ihren Platz neben den klassischen großen Volksparteien. Die Linke wiegt sich in der Sicherheit, die kulturelle Hegemonie endgültig erkämpft zu haben. Eine alternative Subkultur vernetzt Friedens- und Ökologiebewegung und integriert selbst einen großen Teil der rebellischen Jugendlichen, die zu Anfang der Achtziger, während der Welle der Hausbesetzungen in vielen großen Städten Westdeutschlands, den Ausstieg probten. Wer etwas gegen das System hat, fühlt sich automatisch links. Eine Revolte oder gar eine Kulturrevolution von rechts unten ist noch nicht einmal im Bereich des Denkbaren.

Die politische Form, in die die heterogenen Protest-Strömungen der Siebziger und frühen Achtziger gegossen wurden, die «Grünen», überaltern. Parteimitglieder denken daran, einen Jugendverband zu gründen: Welche Jugendlichen arbeiten schon gern mit Lehrern und Sozialarbeitern in einer Gruppe zusammen? Der Journalist Matthias Horx gibt sogar ein Buch mit dem Titel heraus «Das Ende der Alternativen». Kurz vor den revolutionären Ereignissen im Osten Europas und in der DDR tauchen die rechtsradikalen «Republikaner» mit Abgeordneten in den Volksvertretungen auf: Ein erstaunlich großer Teil ihrer Parteimitglieder und Sympathisanten sind junge Männer unter 25.

Die Faszination des Rituals

Die Situation im Osten Deutschlands ist komplizierter: Die meisten der heute älteren Skinheads haben – als erstes Zeichen eines diffusen Protestes – eine Punk-Phase durchlaufen. Erst nach der Wende steigt ein großer Teil der Jugend direkt, ohne Umweg über das Punk-Outfit, in die Skin- oder rechte Szene ein. Die heutigen Skinheads, zwischen 15 und 20, sind schon die dritte oder vierte Generation, die weder weiß, was das Outfit und der Musikgeschmack der «Glatzen» ursprünglich bedeutete noch mit den verbliebenen Punks eine gemeinsame Geschichte hat. Das trifft auch für die rechte Szene in Cottbus zu. Die heute mit Titeln wie «Gauleiter» und «Mitglied der Reichsführung» geschmückten Neonazis liefen noch vor ein paar Jahren mit bemalten und zerschlissenen Jacken und mit der bekannten «Irokesen»-Frisur herum.

Eine eigenständige oder «Sub»-Kultur Jugendlicher gab es in der Ex-DDR, zumindest nach offizieller Lesart, nicht. Die FDJ, die «Helfer- und Kampfreserve der Partei», diente zur politischen Gleichschaltung und Kontrolle. Noch in den 50er Jahren sprach man unter vorgehaltener Hand vom «Früheren Deutschen Jungvolk». Dort wurden die gesellschaftlichen Rituale eingeübt: Aufmarsch mit den richtigen Fahnen, der richtigen Uniform, mit der richtigen Ethik.

Für die politische Sozialisation Jugendlicher, die in der DDR aufgewachsen sind, spielten ritualisierte Verhaltensweisen eine größere Rolle als im Westen. Unter «Ritualismus», so eine gängige Definition, versteht man einen «geschärften Sinn für symbolisches Handeln und Verhalten», der sich auf zweierlei Weisen manifestiere: «durch den Glauben an die Wirksamkeit institutionalisierter Zeichen und die Aufnahmefähigkeit für verdichtete Symbole».[4] Zeichen und Symbole – ein Mittel der öffentlichen Kommunikation – sind zum Beispiel Abbildungen von Personen, die für die Weltanschauung wichtig sind. Wer eine Lenin- oder Marx-Büste anschaut, sieht nicht nur den Kopf eines Menschen, der vielleicht schon lange tot ist, sondern mehr: Er oder sie sollen die komplette Ideologie assoziieren. Dahinter steckt eine «pädagogische» Idee: nämlich die, daß durch die allgegenwärtige Präsenz geistiger «Duftmarken», eben von Zeichen und Symbo-

4 ebd., S. 20.

len der alleinseligmachenden Weltanschauung, sich ein bestimmtes ethisches Handeln verwirklichen könnte. Der Glaube an die Wirksamkeit von Zeichen und Symbolen ist also eigentlich eine Theorie darüber, wie Kommunikation innerhalb einer Gesellschaft funktioniert oder funktionieren soll. In der Gesellschaft der DDR – und das fällt jemandem, der in einer anderen Gesellschaft sozialisiert worden ist, um so mehr auf – wurde die Moral, die Maximen des Verhaltens, kollektiv und rituell, über Symbole vermittelt. Die Fähigkeit, Symbole überhaupt als Symbole wahrzunehmen und sie zu interpretieren, ist jeweils sozial determiniert und keine anthropologische Konstante.

Als «verdichtetes» Symbol verstehen Ethnologen zum Beispiel eine Fahne: Die ist abstrakt, ihre einzigen Eigenschaften sind Material, nämlich Stoff, der sich bewegt, und die Farbe. Trotzdem kann eine Fahne ein komplexes geistiges System symbolisieren. Sie bringt es allein dadurch, daß alle wissen, was die Fahne bedeuten soll, auf den stofflichen Punkt. «Verdichtet» werden Symbole im allgemeinen dann, wenn vorher ein – bei größeren Menschengruppen langwieriger – Einigungsprozeß stattgefunden hat darüber, welche Inhalte der Gesellschaft symbolisch wie dargestellt werden sollen.

Wie auch das Ritual des Massenaufmarsches, das uns noch beschäftigen wird, sind Zeichen und Symbole ein «restringierter Code» der Kommunikation: Man muß sich, um sich zu vergewissern, ob noch alles im Lot ist, nicht jedesmal aufs neue die Welt erklären lassen, sondern braucht nur eines der Symbole der Ordnung vorgeführt zu bekommen, um beruhigt zu sein.

Zweck der Rituale im «Realen Sozialismus» war nur vordergründig der Gedanke der Kollektivität, dem ja – vom sozialistischen Anspruch her – ein Gefühl der Solidarität entsprechen sollte. Auch das Argument, die in der DDR vorgeführten Rituale zur «Erziehung» der jungen Generation seien «hohl», weil eben nicht mit den «richtigen» Inhalten gefüllt, trifft nicht den Kern der Sache.

Der Vorbeimarsch einer fahnenschwingenden und geordneten Masse von Menschen an Führern zum Beispiel hat einen anderen Sinn: Er suggeriert optisch und auf symbolischer Ebene eine bestimmte Form der Herrschaft. Die Macht stellt sich über den Blick des Herrschers dar: die defilierende Masse läuft nicht davon oder zerstreut sich, sondern bleibt geordnet, ohne daß sie jemand zwingt – das Auge des Führers, das von oben her alles im Griff hat, reicht aus.

Jedenfalls sieht es für Teilnehmer und Publikum so aus. Die Untertanen haben die Herrschaft so verinnerlicht – das ist die Botschaft, und zwar für beide beteiligten Seiten: Herrscher und Beherrschte –, daß äußerer Zwang fehlen kann.

Relikte dieser Symbolik haben sich in allen Gesellschaften erhalten. Das Abschreiten einer Ehrenkompanie durch Staatsoberhäupter ist eines davon. Es ist eine «Ehre» für ein Staatsoberhaupt, es symbolisiert die Macht eines Herrschers, wenn sich Gruppen von Soldaten als kompakte, für seine Befehle verfügbare Masse darstellen. Die Macht in Form geordneter Menschenmengen wird dem Staatsgast als Geschenk dargebracht. Er darf die fest geschlossenen Reihen der Soldaten sogar abschreiten, sie mustern, ob alles seine Richtigkeit hat: auch das Vorrecht der Kontrolle, eine Form der Machtausübung und Privileg des Herrschers – als zeitweiliges Präsent für die Dauer seines Besuches.

Rituale seien eine Form der Realitätsproduktion, sagt Klaus Theweleit in den «Männerphantasien». Ein Massenaufmarsch übersetze innere Zustände in äußere Monumente. Die Masse sagt etwas. Sie führt es in Transparenten mit sich. Die geordnete Masse darf jedoch nicht alles, was sie bewegt, ausdrücken: die staatlichen Organe haben vorher kontrolliert, ob niemand Ungebührliches bei sich trägt. Die Masse hat nur scheinbar ein Eigenleben, wenn sie am Herrscher vorbeizieht. In Wirklichkeit, und das weiß jeder, darf sie nur das tun, was der Herrscher befiehlt. Neben den Symbolen, den Fahnen, Gegenständen wie etwa Waffen und den Transparenten drückt die Masse durch gemeinsame, koordinierte Bewegung den Gedanken der Kollektivität, somit ihrer eigenen Macht und Stärke aus. Eine häufige Beobachtung bei Sportveranstaltungen in der DDR: das einheitlich gekleidete, jugendliche Publikum sitzt so, daß es – von weitem gesehen – Symbole bildet, einen roten Stern oder sogar eine politische Losung. Die Mitglieder der Gesellschaft kommunizieren nicht nur mit Hilfe der Symbole, sondern sind selber eines. Die nicht-militärische Uniformierung anläßlich irgendwelcher Festveranstaltungen oder anderer, besonders hervorgehobener Treffen sind in der alten Bundesrepublik kaum anzutreffen, außer bei religiösen, mehr fundamentalistischen Vereinigungen wie den «Zeugen Jehovas» oder der «Neuapostolischen Kirche».

Die öffentlichen Aufmärsche, etwa am 1. Mai, waren in der DDR nicht, wie im Nationalsozialismus, eine der zentralen Instanzen der öffentlichen Herrschaft, eher die Spitze eines Eisbergs, die immer mehr abschmolz. Das sozialistische Ritual – im Vergleich zu Herrschaftsformen in hochentwickelten Industriegesellschaften eine archaische Form – will die Einheit von Masse und Macht darstellen, wird aber ab einer bestimmten Komplexität von Herrschaft anachronistisch. Die Beziehung zwischen Volk und Herrscher ist nicht mehr so, wie es das Ritual in vereinfachender Form darstellen will: im Volk haben sich kulturelle Enklaven, Subkulturen gebildet, deren Symbolik und soziale Eigenarten nicht mehr mit den öffentlichen Ritualen in Einklang zu bringen sind.

Die Gesellschaft der DDR scheint sich zu Anfang der achtziger Jahre in eine Richtung zu entwickeln, deren Essenz der im Westen ähnelt und die die herkömmlichen Formen der Machtausübung konterkariert. Um es in marxistischen Termini zu formulieren: Die Basis, die ökonomische und soziale Realität, und der Überbau geraten in Widerspruch zueinander. Ein Ritual funktioniert nur dann, wenn die Teilnehmer an seine Wirkung glauben. Dieser Glaube ist aber ein Produkt der persönlichen Erfahrungen. Man wünscht sich etwas und vollführt kollektiv Handlungen, die die Erfüllung der Wünsche forcieren sollen.

Vermutlich ist diese Form des Verhältnisses von Masse und Macht, wie sie die SED und ihre Jugendorganisation FDJ praktizieren, in allen denjenigen Gesellschaften notwendig, deren innerer Zusammenhalt auf einer Art Kommandosystem beruht oder beruhen soll, die somit zwangsläufig hierarchisch geordnet sind. Ein differenziertes Klassifikationssystem – hier der «Marxismus-Leninismus» – und eine starke innergesellschaftliche Kontrolle bewirken eine weitaus stärkere Ritualisierung als im Westen. Es ist kaum vorstellbar, daß in einer Gesellschaft, in der viele kleine und größere soziale und ökonomische Einheiten – Industriekonzerne, Gewerkschaften, Kirchen, Bürgerinitiativen, Parteien – versuchen, ihre Interessen gegeneinander durchzusetzen, der Staat das Anliegen des übergeordneten Ganzen dadurch glaubhaft darstellt, daß er große Mengen von Staatsbürgern fahnenschwingend vor Mitgliedern der Regierung hin- und hermarschieren läßt.

Den Unterschied der beiden Teile Deutschlands vor dem Fall der Mauer kann man, was die Art der öffentlichen und privaten Bewußtseinsbildung angeht, in die Gegensatzpaare fassen. In der DDR wurden Beziehungen zwischen den Menschen dem allgemein verbindlichen Rollenmuster untergeordnet, in der BRD war und ist dieses Muster unverbindlicher und offener. In der symbolischen Ordnung herrscht im Osten eine stärkere symbolische Unterscheidung zwischen «Innen» und «Außen»: Die Welt wird unterteilt in «sozialistisch» und «kapitalistisch», in Gut und Böse. Dazu liefert das Klassifikationssystem, die einzig erlaubte Ideologie, die passenden Kriterien.

In vergleichenden Untersuchungen zum Stand der «rituellen» öffentlichen Kommunikation und ihrer Folgen für die Identitätsbildung – ein Forschungsgegenstand vor allem der Religionssoziologie – wird davon ausgegangen, daß eine hochgradig differenzierte Gesellschaft, die dem Individuum übergeordnet ist, im allgemeinen eine «hohe symbolische Bewertung der Bewußtseinskontrolle»[5] nach sich zieht. Im Westen ist der Anpassungsdruck für den einzelnen an den gesellschaftlichen Konsens weniger stark – im übrigen auch eine Folge der «antirituellen» und antiautoritären Studentenrevolte der sechziger Jahre.

Für die sozialistische DDR der achtziger Jahre heißt das, auf das soziologische Gerippe reduziert: Die Sachwalter der von oben verordneten «wissenschaftlichen» Weltanschauung nahmen an, daß eine Kongruenz von Politik, Moral und Ethik auf der einen Seite und Ökonomie auf der anderen noch möglich sei. Oder, als These: die Gesellschaft sei so wenig komplex, daß es noch nicht darauf ankomme, den Heranwachsenden alternierende Verhaltensmodelle anzubieten. Es darf keine jugendliche Subkultur geben, die den gesellschaftlichen Konsens in Frage stellt, weil sie gar nicht vorgesehen ist und in keines der soziologischen Schemata paßt, die denkbar sind.

Das erinnert an bestimmte Varianten des religiösen Fundamentalismus: eine Weltanschauung, und nur die, soll für alle als verbindlich gelten. Die Begründung: da diese Ideologie «richtig», «wahr» oder, garniert mit einem Klerus, sakrosankt ist und alle Probleme der Menschheit erklärt hat, wäre es Unsinn, wenn noch andere, alternative Denksysteme zugelassen würden – und seien sie nur als Experiment sozialen Handelns gedacht. Das stiftete nur Verwirrung.

5 ebd., S. 112.

Für den gesellschaftlichen Konsens hat das die Konsequenz: Kritik am politischen Überbau oder eine Subkultur – eine Enklave zum Einüben konkurrierender Verhaltensmodelle – sind nur möglich, wenn vorab die allgemein verbindlichen Rituale der gesellschaftlichen Identitätsfindung akzeptiert werden. Oder: Die ethischen Maximen, die jeder individuellen Entscheidung zugrunde liegen, werden aus einer vorgeblichen «Wissenschaft» abgeleitet – dem «allgemeingültigen» und deshalb «wahren» Marxismus-Leninismus.

Der Anspruch einer Wahrheit muß immer eingelöst werden können, wenn diese verbindlich sein soll. Eine Moral verspricht etwas: wenn du dich so oder so verhältst, geschieht dir dieses oder jenes – oder du vermeidest es, daß dir etwas zustößt. In religiösen Systemen werden die individuellen Konsequenzen des moralischen Handelns in Regionen verlegt, die der Erfolgskontrolle nicht mehr zugänglich sind: Wenn ich nicht glaube, daß eine Hölle oder eine ähnlich abschreckende Gegend mir blüht, wenn ich den Geboten nicht gehorche, laufen Drohungen ins Leere. Mehr säkulare weltanschauliche Systeme wie der «Reale Sozialismus» haben es da schwerer: Auf die Dauer lassen sich die Verheißungen des ethischen Handelns nur aufrechterhalten, wenn entweder der messianische Eifer verstärkt oder – im gegenteiligen Fall – wenn das konkrete Ziel – hier: der Kommunismus – weniger eschatologisch, daß heißt verwässert wird.

Es ist kein Zufall, daß religiöse oder pseudoreligiöse Erneuerungsbewegungen häufig mit dem Versuch einhergehen, das öffentliche Ritual der Massenaufmärsche wiederzubeleben. Das Ritual ist immer auch eine Vereinfachung des kommunikativen «Codes»: die individuellen Ängste, die in der Zeit sozialer Veränderungen vor allem bei denen zum Tragen kommen, die etwas verloren oder zu verlieren haben, werden in eine Form gepreßt, in der sie – auf symbolischer Ebene – für den einzelnen die kollektiven sozialen Aktionsmöglichkeiten handhabbar machen. Die Ethnologin Mary Douglas schreibt: «Selbst die ganz private Erfahrung kann nur mit Hilfe symbolischer Grenzziehungen organisiert werden, weil jeder Lernprozeß und jede Wahrnehmung von Akten des Unterscheidens und Klassifizierens abhängig ist. Und ebenso unentbehrlich ist die entsprechende Funktion öffentlicher Rituale für die Organisation der Gesellschaft.»[6]

6 ebd., S. 75.

Vielleicht ist das einer der Gründe dafür, warum viele Jugendliche im Osten, die heute in einem für sie neuen Deutschland leben, vom Nationalsozialismus so fasziniert sind. Nicht nur die Symbole, das Wertsystem, die geistigen Koordinaten, die für individuelle Entscheidungen wichtig sind, haben sich nach der Einverleibung der DDR geändert, sondern auch das Niveau der Ritualisierung: In der DDR produzierten das «dichte Klassifikationsgitter und starker Gruppendruck» – die «wissenschaftliche Weltanschauung» schwebte über allem, ordnete alle Aspekte der Realität in Schubladen, schuf eine dauerhafte Hierarchie von Verantwortlichkeiten – eine «Einstellung der routinemäßigen Pietät gegenüber der Autorität und ihren Symbolen... eine moralische Weltordnung und eine Kategorie der Ausgestoßenen»[7] – analog der abstrakten Unterscheidung in «Innen» und «Außen».

Wie an der Person des Cottbusser Fascho-Führers Frank Hübner zu sehen, reklamieren viele Jung-Rechte unbewußt das alte Klassifikationssystem der Gesellschaft: nicht dessen Inhalte sind das, was sie erhalten wollen, sondern dessen Eindeutigkeit, die sich über das Ritual herstellt, den «restringierten Code» der öffentlichen Kommunikation. Diese Eindeutigkeit existiert in der westlichen, kapitalistischen Gesellschaft nicht, daher suchen Neonazis wie Hübner ihre Vorbilder in der Vergangenheit. Bildliche Darstellungen der nationalsozialistischen Gesellschaft beziehen sich häufig auf die öffentlichen Rituale, Massenaufmärsche, Parteitage, geordnete Menschenmengen. Der doppelten Faszination des Faschismus ist auch Hübner erlegen: einerseits, wie im Film «Werner Holt», das Versprechen des individuellen Ausbruchs aus dem Wertesystem, der Kampf, der eindeutige Situationen schafft, insbesondere, wenn er sich gegen eindeutige Feinde richtet, andererseits die Garantie, in eine geordnete Masse zurückkehren zu können, die eigene, schwächliche Identität aufzugeben, sich zu verlieren in der Uniformität.

Für Jugendliche, die in einer so hochritualisierten Gesellschaft wie der DDR aufgewachsen sind, ist es extrem schwierig, sich in einem System wie der Bundesrepublik zurechtzufinden, das dem einzelnen weniger allgemeinverbindliche Rituale und allgemein akzeptierte Systeme der Identitätsfindung anbietet, sondern deren mehrere, die sich

7 ebd., S. 91.

sogar widersprechen und die, je nach Situation, alternierend benutzt werden müssen.

Je stärker eine Gesellschaft individualisiert, um so weniger ritualisiert ist sie – eine These, die sich sowohl an Industriegesellschaften als auch an Stammeskulturen belegen läßt. Die alte Bundesrepublik ist ein gutes Beispiel: während in Italien, Spanien und Frankreich – von der Türkei ganz zu schweigen – immer noch die Familie, der kleinste Gruppenverband, eine wichtige soziale Einheit ist, die den einzelnen in Krisen auffangen kann, ist in beiden Teilen Deutschlands selbst die Kleinfamilie in Auflösung begriffen. Dem würde eine frappierende empirische Beobachtung entsprechen: Im protestantischen Norden Deutschlands hatten die Nationalsozialisten schon immer mehr Wähler als im mehr katholischen Süden – dorther stammten aber die meisten der Nazi-Funktionäre. Der Politologe Jürgen W. Falter hat in seiner neuesten Untersuchung über die Wähler der NSDAP[8] diese Überlegung sogar auf die Spitze getrieben. Das politische Bekenntnis zum Nationalsozialismus sei primär eine Frage des eigenen Glaubens gewesen. Kein anderes «Sozialmerkmal» habe die Wahlerfolge der Nazis so beeinflußt wie die Konfession. Während der Katholizismus, mehr noch als das kommunistisch und sozialistisch geprägte Arbeitermilieu, Widerstand gegen den Faschismus geleistet habe, sei das bürgerlich-protestantische Lager extrem anfällig für die Nazi-Propaganda gewesen. Nazis wurden vor allem die, die in der NSDAP ein Sprachrohr für ihren diffusen sozialen Protest sahen.

Der deutsche Sozialismus à la DDR hat daher notwendigerweise ein gefährliches und widersprüchliches Erbe angetreten, an dem er letztlich gescheitert ist und das als rechtsradikaler Bodensatz in das geeinte Deutschland hinüberschwappt: Einerseits die kollektiven Traditionen der Arbeiterbewegung, deren Rituale auch eine Alternative zur Vereinzelung in der klassischen kapitalistischen Gesellschaft bedeuten. Diese Traditionen haben aber ein intaktes Milieu, eine intakte Kultur: gemeinsames Wohnen, gemeinsames Arbeiten, gemeinsame Freizeit, gemeinsames politisches Handeln zur Voraussetzung. Andererseits hat eine Gesellschaft, die auf kollektiven Ritualen fußt, weniger Abwehrmechanismen gegen totalitäre Ideologien. Die Basis für die Arbeiterkultur bricht weg, wenn die Gesell-

8 Jürgen W. Falter: Hitlers Wähler. München 1991.

schaft so komplex wird, daß sie in viele differierende Subkulturen und Milieus zersplittert.

Das ist letztlich ein Ergebnis des veränderten Produktionsprozesses: massenhafte Fabrikarbeit, die Basis der Arbeiterbewegung, ist im Zeitalter der Automatisierung und Rationalisierung nur noch eine unter vielen Möglichkeiten der gesellschaftlichen Arbeit. Diese Entwicklung fand auch – viel langsamer als im Westen – in der DDR statt: Irgendwann greifen die Rituale nicht mehr, sie werden lächerlich und hohl, anachronistisch. Die Sehnsucht nach dem Ritual, dem bewährten «Klassifikationssystem» bleibt: so funktioniert gesellschaftliche Erfahrung, hat man gelernt – und nichts anderes.

Für Frank Hübner zum Beispiel wurde, um es in ethnologischen Begriffen auszudrücken, durch das in der DDR erlernte «Klassifikationssystem ein Teilausschnitt der Erfahrung kohärent organisiert», «während alles übrige, was nicht mehr in diesen Ausschnitt hineingehört, sozusagen unkoordiniert im Leeren hängt». Er wechselt von einer Gesellschaft in die andere, will oder kann aber die Mechanismen, wie er mit den neuen Erfahrungen umgeht, nicht ändern. Er nimmt, während er im Westen lebt, den Rest der Welt nicht zur Kenntnis: er beschäftigt sich mit seinem Soldatenverein, alles andere berührt ihn nicht – eines der klassischen Verhaltensmuster von Außenseitern.

«Es könnte aber auch sein», meint Douglas in ihrer Untersuchung über die Bedeutung von Ritualen für die Industriegesellschaft, «daß ein bestimmtes Klassifikationssystem die gesamte Erfahrung der Angehörigen einer bestimmten Gesellschaft kohärent organisiert, daß es daneben aber auch noch andere, ebenfalls in sich kohärente Klassifikationssysteme gibt, die miteinander konkurrieren, und daß jedes Individuum sich frei fühlt, auf einem bestimmten Erfahrungssektor jeweils einen Ausschnitt eines dieser Systeme in Anwendung zu bringen, ohne sich um den Mangel an Kohärenz im ganzen weiter zu bekümmern.»[9] Eine gute Beschreibung für ein Dilemma, für die psychologische Situation, in der sich viele «Aussiedler» aus dem Osten im Westen befanden und befinden: mit der Freiheit und den damit verbundenen Problemen, sich für widersprechende Systeme – was die Erfahrung und Bewertung der Realität angeht – zu entscheiden, können und wollen sie nicht umgehen.

9 Mary Douglas, S. 85.

Revolte im «Wilden Osten»?

Mitte der achtziger Jahre hätte die SED erkennen können, daß sich in der DDR größere Teile der Bevölkerung dem gesellschaftlichen Konsens still entzogen. Soziologische Untersuchungen stellten fest, daß nur ein Drittel der Bürger gesellschaftlich aktiv war – selbst Kassenwarte von Sportvereinen mitgerechnet. Das heißt: Der Rest wollte keine Veränderung oder hatte die Hoffnung darauf aufgegeben. Die zwei Drittel waren auch nicht für Appelle und Kampagnen empfänglich, die ein Handeln erwarteten, dessen Motive sich direkt aus den ethischen Maximen der Weltanschauung herleiteten, etwa nach dem berühmten Satz Ernst Blochs: «Ein Marxist hat kein Recht, Pessimist zu sein.» Man nimmt noch an öffentlichen Veranstaltungen teil, wird abkommandiert, hält es für eine Pflicht, bei deren Nichterfüllung Nachteile zu erwarten sind: Die Rituale haben aber keine «erzieherische» Wirkung mehr.

In dieser Zeit kommt es zu erheblichen Veränderungen, die aber in der Öffentlichkeit – vor 1987 – nicht diskutiert werden: Es entsteht eine jugendliche Subkultur – unterhalb der Ebene der intellektuellen Opposition – die sich nicht mehr integrieren läßt. Diese Subkultur hat keine Fürsprecher und auch keine Perspektiven. Ulrich Plenzdorfs vieldiskutierten «Die neuen Leiden des jungen W.» sind schon vor zehn Jahren erschienen: Der junge Aussteiger macht Front gegen den Parteiapparat und findet Unterstützung bei einem alten Arbeiter – die Revolte der Söhne gegen die Väter, wohlwollend beobachtet von den Großvätern, die allemal ehrlicher erscheinen, weil sie die Verantwortung nicht mehr tragen. Diese Botschaft trifft in den Achtzigern nicht mehr den Kern der Sache.

Auch viele Arbeiter treten aus der Staatspartei SED aus. Häufige Kritik: die mangelnde Effizienz des aufgeblähten Verwaltungsapparates verhindere eine vernünftige Produktion. Die Hoffnung auf Wohlstand im Rahmen des sozialistischen Systems verflüchtigt sich endgültig. Die Arbeiterpartei SED gerät auch soziologisch unter die Fuchteln der Bürokratie: Mitte der achtziger Jahre sind die Mehrzahl der Mitglieder Angestellte.

Beide Tendenzen, die Opposition gegen die äußere Norm, gegen den gesellschaftlichen Konsens auf symbolischer Ebene, und der noch stumme Protest gegen das sich abzeichnende ökonomische Desaster bilden ein explosives Gemisch: die «Aussteiger», so oder so, höhlen das Selbstverständnis der Gesellschaft aus. Sie werden nicht die sein, die 1989 als Anführer des Protestes gegen das SED-Parteiregime die heterogene Opposition auf die Straße bringen und von einem wirklich demokratischen Sozialismus träumen: ihre Stunde kommt danach. Die einen wollen dann «ein Volk sein», als letzte Hoffnung, doch noch am Wohlstand zu partizipieren. Sie wählen Kohl. Die anderen sind ohnehin an den Rand gedrängt, vorher wie nachher, sie schließen sich zu Banden zusammen, rasieren sich die Köpfe und formieren den rechten Bodensatz. Wie wir später noch sehen werden, reklamieren viele Arbeiterkinder, die zu Skinheads werden, keine anderen Werte als ihre Eltern, sie drücken sie nur anders aus: Arbeitsdisziplin, Ordnung, Sauberkeit sollen wieder «ihren alten Klang» haben.

Angesichts der Gemütsverfassung der heutigen Jugend im Osten Deutschlands erscheint die Revolte der 68er in der Bundesrepublik in einem neuen Licht. In der «Tageszeitung» entspinnt sich im Sommer 1991 eine Debatte: Michael Rutschky schreibt über die «Antiautoritäre Revolte von rechts? – Nachrichten aus dem Beitrittsgebiet».[10] «Aus welchen Gründen auch immer» machten sich in den neuen Ostprovinzen Rechtsradikale, Neonazis, Hooligans, Skinheads breit, die, «von Gesinnungsgenossen aus den Westprovinzen agitiert und organisiert, an die Tradition des proletarischen männerbündischen Faschismus der zwanziger Jahre anknüpfen, wie ihn Ernst Röhms SA verkörpert». Das sei zumindest die «allgemeine Einschätzung», eine «recht widerwärtige Begleiterscheinung der deutschen Vereinigung, von der nicht ganz klar ist, wie man sie noch zur Erblast des SED-Regimes erklären könnte».

Der Autor vermutet – er zitiert einen wahrscheinlich fiktiven «Lehrer» –, daß es in der ehemaligen DDR zu einer Jugendrevolte kommen werde, «vergleichbar der antiautoritären Revolte in der Bundesrepublik». Eine zentrale Voraussetzung dieser Revolte seien die Lehrer, gerade diejenigen in der Ex-DDR, die man zu den engagiertesten zählte. «Selbst wenn sie das SED-Regime und die Stasi-Überwachung immer schon mehr-minder laut kritisiert haben, es verbindet sie immer noch eine tiefe Loyalität damit, einfach weil dieser Sozialismus ein

10 Die Tageszeitung v. 8.7.91.

pädagogisches Unternehmen war, das auf die grundsätzliche Erziehbarkeit und Umerziehbarkeit des Menschen setzt, und daran glauben auch engagierte Lehrer, schon aus Berufsgründen.»

Die heutigen Pädagogen, so läßt Rutschky seinen Lehrer mit bitterer Ironie sagen, erzögen ihre Schüler statt zum Gehorsam gegen Honecker zum Gehorsam gegen Kohl. «Im Zuge einer solchen Lehrerverwirrung» wachse die Bereitschaft zur Rebellion. Man müsse sich an den Gedanken gewöhnen, «daß die Parolen der Revolte, die sich ja auch gegen das Regiment der Westdeutschen richten werden, keine linken, sozialistischen sein können, sondern rechte, nationalistische sein müssen.» Die Speerspitze «können sie natürlich nicht bilden, junge Arbeitslose mit dem Kopf voll Bier, zur ziellosen Gewalttätigkeit neigend. Wie bei der westdeutschen Revolte vor zwanzig Jahren müssen die Protagonisten beredt sein. Schon jetzt ist es ja vor allem diese Aufmerksamkeit, die den rechtsradikalen Jugendlichen die Folgen ihrer Auftritte sichert.» Der Nationalismus reize vor allem deswegen, weil er verboten war. Durch ihn könnten die Kinder der Ex-DDR aber ihre Eltern und «die entsprechenden Kreise Westdeutschlands in Verwirrung und Aufruhr» stürzen. Die «antiautoritäre Jugendrevolte von rechts», so Rutschky, könne an eine erfolgreiche Vorgeschichte anknüpfen: «Das Volk» im Osten habe mit Erfolg die «political class» der Bundesrepublik unter Druck gesetzt, daß diese «gegen alle vernünftigen Einwände» die Wiedervereinigung forcieren mußte.

Dem Einwand, die rechten Jugendlichen verkörperten «aufs Haar» den Typus der «autoritären Persönlichkeit», wie ihn Adorno dargestellt habe, die Rebellion sei deshalb auf keinen Fall «antiautoritär», begegnet Rutschky: Die Bereitschaft zur Gewalt kennzeichne nicht die Avantgarde der Revolte, sie könnte aber nützlich sein, wie auch der Studentenbewegung «plötzlich die Gewaltbereitschaft ganz anderer Kader zuwuchs».

Diesen provokanten Thesen folgt eine Antwort von Stefan Pannen: «Die Revolte kommt nicht von rechts»[11]. Er bemängelt an den Ausführungen Rutschkys vor allem, daß die «Wortführer» einer Revolte von rechts weit und breit nicht zu sehen wären. «In den sechziger Jahren saßen die Leitfiguren des Protests bereits dort, wo er begann:

11 Die Tageszeitung v. 16.7.91

in den Hörsälen.» Die Studentenbewegung sei nicht von Anfang an militant gewesen, «sondern Teile von ihr radikalisierten sich erst, als sie ihre Hoffnungen enttäuscht sahen. Bei den ostdeutschen Jugendbanden hingegen wächst nichts zu, da sind die Hoffnungen bereits enttäuscht, bevor die vermeintliche Revolte beginnt, da steht die Gewalt am Anfang.» Fazit: «Die Skinheads und Faschos des Jahres 1991 sind ein Übergangsphänomen wie die Streikwellen der Fünfziger. Es taucht auf in Berlin-Marzahn, Halle-Neustadt oder auch Brandenburg, dort, wo die Verlierer der Einheit wohnen, wo aus sozialer Ungleichheit und Massenarbeitslosigkeit die Sprengladung entsteht, die sich dann im Fußballstadion entlädt.»

Die rechten Jugendgangs sind, da hat Pannen schlicht unrecht, sowenig eine Übergangserscheinung wie die zeitweiligen Wahlerfolge der «Republikaner» in der alten Bundesrepublik. Auch als deren Klientel haben Soziologen als «Verlierer der Modernisierung» ausgemacht. Ein harter rechter, ja neonazistischer Kern war in beiden Teilen Deutschlands schon Jahrzehnte vorhanden – er trat nur im Osten nicht an die Öffentlichkeit. Der Bodensatz rechtsradikaler Weltanschauung ist dagegen weitaus bedeutender: Je nach Situation äußert er sich in der Bildung politischer Parteien oder auch nur in dem diffusen Protest prügelnder Jugendbanden oder Subkulturen.

Der Rechts- und Kriminalsoziologe Wolfgang Brück, ehemaliger Abteilungsleiter des abgewickelten Zentralinstituts für Jugendforschung in Leipzig, hält die Skinheads für «ein sozialrevolutionäres Rebellionspotential»[12]. Brück hat schon zu DDR-Zeiten viele Prozesse gegen Skinheads und Faschos beobachtet. Seine Untersuchungen, die er im Auftrag der SED anfertigte, landeten aber im Panzerschrank – nach dem Motto, daß nicht sein kann, was nicht sein darf. Er legt in einem Interview besonderen Wert auf die Tatsache, daß «dieser uns heute öffentlich entgegentretende Rechtsradikalismus der Skinjugend ein DDR-Eigenprodukt ist – jede andere Erklärung würde keinen allzu großen empirischen Gehalt haben».

Brück differenziert zwischen mehreren Bereichen, aus denen die Rechtsradikalen Zustrom bekamen: Der größte Teil kam aus der

12 Skinheads – Vorboten der DDR-Systemkrise, in: Freitag v. 26.6.91.

Neonazi-Aufmarsch in Halle / Sachsen-Anhalt am 9.11.91 anläßlich des Jahrestages der Reichspogromnacht

sogenannten Normaljugend «mit vorwiegender Arbeiterherkunft und den normierten Bildungsabläufen». Er gibt zu bedenken, daß auch Partei- und Staatsfunktionäre oder Offiziere von Armee und Polizei statistisch zur «Arbeiterklasse» gezählt wurden. Eine zweite Gruppe rekrutierte sich aus der Fußballszene, die dritte aus den Punks. «Hier spielte die Problematisierung des Punk-Seins eine große Rolle: Die ‹soziale Schlaffheit› der Punk-Bewegung wurde dabei kritisch beleuchtet und als Alternative zum ‹harten› Skinheaddasein gesehen.» Eine vierte Gruppe bestand aus Angehörigen der Nationalen Volksarmee, «auch eine nicht geringe Anzahl von Zeitsoldaten und

Offiziersbewerbern». Die fünfte war die «traditionell gewalttätige Jugendszene», Rowdies mit einschlägigem Vorstrafenregister. «Alles in allem kann man sagen, der Zustrom erfolgte aus den unteren sozialen Schichten.» Inzwischen sei jedoch ein größerer Zustrom von «Intelligenz» zu verzeichnen.

Für viele Jugendliche sei der Widerspruch zwischen der ideologischen Fassade und der gesellschaftlichen Wirklichkeit ausschlaggebend dafür gewesen, ein Gemeinschaftsgefühl in Gruppen zu suchen, «das sich vor allem in gemeinschaftlicher Ablehnung der herrschenden Zustände äußerte». Der Druck der staatlichen Organe auf diese Gruppen habe die Gruppenkonformität eher noch erhöht und «bewirkte mit der Zeit eine immer stärker ausgeprägte feindselige Mentalität». Keine andere Jugendrichtung habe sich «so offen mit dem damals herrschenden System angelegt», lautet Brücks These. Auch habe es keine Gruppierung gegeben, «die sich auf Grund ihrer negativen Erfahrungen mit der Staatsmacht ein derart komplexes Tarnungs- und Verdeckungsverhalten zu eigen machen konnte. Es wurden schon sehr früh konspirative Organisationsstrukturen aufgebaut, die nur für Insider einsichtig waren und äußerst effektiv wirkten.»

Das Aufkommen der Skinhead-Bewegung sei ein erster Vorbote für das Beginnen einer Systemkrise in der DDR gewesen. «Jugendprobleme sind Symptome für Gesellschaftsprobleme.» DDR-typisch an den Skinheads sei die nationalistische Überhöhung, «ebenfalls ein Eigenprodukt. Ich erinnere nur an den Slogan vom ‹Sozialismus in den Farben der DDR›.» Es gebe Kontinuitätsmomente, «die von der Geschichte her nach 1945 aus der Nazizeit nahtlos auf die DDR übergegangen sind». Das hänge damit zusammen, daß «nach 1945 hier Menschen gewirkt und zu einem großen Teil auch das Schrittmaß der Entwicklung bestimmt haben, die ja in der Zeit von 1933 bis 1945 geprägt wurden. Entweder waren sie Hitlerjungen [Werner Holt!, B. S.], beim Reichsarbeitsdienst oder aber Soldat der Wehrmacht.» Es gebe eine Kontinuität: für viele der Skinheads «war die bedeutendste emotionale Bindungsperson der eigene Großvater». Der blickt – nostalgisch verklärt – auf seine Jugend zurück, ohne Nazi zu sein. «Er gibt unter Umständen», sagt Brück, «ganz unbewußt Sichtweisen wider, die nationalistisch gefärbt sind.»

Eine rein psychologische Erklärung greift hier natürlich zu kurz. Auch die Studentenbewegung der sechziger Jahre war, wenn man es so sieht, eine Revolte gegen «die Väter». Gegen bestimmte Autoritäten zu sein, heißt nicht, gegen Autoritäten überhaupt zu sein: Die «bösen» Väter, für die im westdeutschen Staat noch Adenauer und die nicht aufgearbeitete Nazi-Vergangenheit standen, wurden bald nach einer kurzen, strikt antiritualistischen Phase ausgetauscht gegen «gute» Väter. Nach dem Scheitern des SDS tauchten vermehrt bärtige Köpfe auf Transparenten auf: angefangen von Ho Chi Minh über Che Guevara, dann Marx, Engels, Lenin und nicht zuletzt Mao Zedong, allesamt verdichtete Symbole, die für das Gemeinschaftsgefühl der Kleinstparteien standen, die sich bald noch ritualistischer und hierarchischer gaben als die, gegen die sie kämpften. Auch die Unzahl linksradikaler «Kaderparteien» der siebziger Jahre propagierte klammheimlich Werte, die gar nicht so weit entfernt von der «protestantischen Arbeitsethik» im Sinne Max Webers waren, nämlich strikte Disziplin, Sauberkeit, «geordnete» persönliche Verhältnisse.

Mary Douglas über die damalige «Neue Linke»: «Wenn sich gegen Ende dieses Proteststadiums das Bedürfnis nach Organisation durchsetzt, wird der Konflikt sichtbar zwischen der antiritualistischen Grundeinstellung und der auf die Dauer unumgänglichen Notwendigkeit, ein kohärentes Ausdruckssystem zu entwickeln; und dann beginnt die Wiedereinsetzung des Ritualismus innerhalb des neuen Kontexts von sozialen Beziehungen.»[13] Nur, daß die «neuen» sozialen Beziehungen bei der sektiererischen Variante der antiautoritären Rebellen eher in einer Projektion bestanden: Man suchte Verbündete, die theoretisch die Arbeiterbewegung sein sollte – und versuchte, dieser Projektion durch Imitation derselben näherzukommen.

Dennoch gibt es einen erheblichen Unterschied zum heutigen «sozialrevolutionären Rebellionspotential» der Skinheads und Faschos vor allem im Osten Deutschlands. Jede neue soziale Bewegung oder auch Subkultur gibt, wenn sie sich formiert, ihre vorherige gesellschaftliche Marginalisierung als «Rebellion» aus. Sie wendet sowohl die Tatsache des sozialen Abstiegs oder dessen bloße Gefahr als auch das Gefühl, außerhalb des öffentlichen Konsens zu sein, aus Gründen des Selbstwertgefühls ins Positive. Eingefleischte Neonazis kokettie-

13 Mary Douglas, S. 36.

ren mit ihrem «Kampf gegen die Dekadenz». Ihre theoretischen Vorbeter wie etwa Manfred Rouhs, Herausgeber der rechtsradikalen Zeitschrift «Europa vorn», «rebellieren» gegen die Werte des «hedonistischen Materialismus». Und nicht zufällig stammte einer der Lieblingssprüche des verstorbenen Neofaschisten Kühnen aus dem Poesiealbum Maos: «Rebellion ist gerechtfertigt.» Diese Revolte ist rückwärtsgewandt und steht auf verlorenem Posten: sie will, daß die Realität nicht so komplex, widersprüchlich und anstrengend sei, wie sie nun mal ist, und erliegt dem Charme der einfachen, aber falschen Lösung. Sie will den Teufel mit Beelzebub austreiben.

Und noch einen Unterschied gibt es: Die Studentenbewegung war von Anfang an internationalistisch. Und das nicht, wie Stefan Pannen fälschlicherweise unterschiebt, aus Protest gegen die nationalistischen «Väter». Sie war internationalistisch, weil die bundesdeutschen Konzerne international agierten, weil die bundesrepublikanische Gesellschaft von ihrem Selbstverständnis her noch nicht akzeptiert hatte, daß sie in Geschehnisse involviert war, die außerhalb ihrer Grenzen und denen der Nachbarländer stattfanden, den Vietnamkrieg zum Beispiel oder die Befreiungskriege auf dem afrikanischen Kontinent und in Lateinamerika.

Die heutigen Rechten – das gilt auch für ihre westdeutschen «Theoretiker» – wollen genau das Gegenteil: Abschottung gegen die Entwicklung, an der unsere Gesellschaft genauso wie vor zwanzig Jahren beteiligt ist, Abschottung gegen Armutsflüchtlinge und Einwanderer. Während die Studentenbewegung ein Protest gegen die Verantwortungslosigkeit war, ist die «Rebellion» der Rechten ein Protest gegen die Verantwortung.

Vom Skinhead zum Streetworker

Die Rechten überreichen eine aufblasbare Gummiente mit Schwimmring, die Linken revanchieren sich mit einer Lenin-Büste, eingehüllt in einen Palästinenserschal. Anlaß des merkwürdigen Tausches: Ein Fußballspiel zwischen verfeindeten Jugendgruppen in Cottbus. Initiator und Schiedsrichter ist der Dezernent für Sicherheit und Ordnung, Wolfgang Bialas. Als Linienrichter sehen ein Sozialarbeiter und ein Mitarbeiter des Jugendamtes nach dem Ball. Der eine trabt mit der DDR-Fahne am Spielfeldrand entlang, der andere mit der «Reichskriegsflagge».

Ungewöhnliche Wege, um der zunehmenden Gewalt zwischen rechten und linken Jugendlichen zu begegnen: Das Kulturamt richtete zwei ABM-Stellen ein. Ein stadtbekannter Skinhead, Andreas Muschik, und ein «Kollege» aus der linken Szene, René Kollock, wurden zu «Freizeitpädagogen» ernannt. Sie sollen sich im «Glatthaus», das schon im April beinahe Angriffsziel der Rechten geworden wäre, und im Jugendclub Sandow, wo sich die aufhalten, um das Freizeitangebot kümmern, Diskos organisieren und Ansprechpartner für die Probleme der Jugendlichen sein.

Die stehen, jede «Partei» gesondert, im Stadion und feuern ihre Mannschaft an. Auf der einen Seite Bomberjacken, Schnürstiefel, dunkle Sonnenbrillen und Ärmelaufkleber «Ich bin stolz, ein Deutscher zu sein». Auf der anderen weht eine rote Fahne mit schwarzem «Anarcho»-Stern, bunte Kleidung und farblich passende Haare, aber auch «normal» aussehende junge Leute, viel mehr Mädchen als bei den Rechten.

Die Stürmer der Rechten, zwei «Glatzen» und ein Hooligan, verstärkt durch einen Spieler des Amateurliga-Vereins Energie Cottbus, heizen den körperlich unterlegenen Linken mächtig ein. Die wehren sich tapfer, aber gerade der linke Flügel ist ein Totalausfall. Kurz vor der Pause ein Sonntagsschuß des rechten Außenstürmers der Rechten mit dem rechten Fuß ins rechte obere Toreck zum 1 : 0.

Ein Gespräch zwischen Rechtsradikalen und Linken? Einen Skinhead zum Streetworker ernennen? Wolfgang Bialas hatte sich zum Thema «Strategien gegen Gewalt» bei Kollegen in den alten Bundesländern umgehört. Die schüttelten nur den Kopf über seine Idee. «Im Westen sind die Fronten verhärtet», sagt er, «da redet man nicht mehr miteinander.»

Gewalt gegen Ausländer ist in Cottbus auch im Sommer 1991 an der Tagesordnung, vereinzelt kommt es immer wieder zu Schlägereien zwischen Rechten und Linken. Zwei Hausbesetzungen, eine von jungen Punks, die andere von Mitgliedern der «Deutschen Hitler-Jugend», dem Jugendverband der «Deutschen Alternative» mit gut zwei Dutzend Mitgliedern, wurden mit friedlichen Mitteln gelöst. «Über Häuser in kommunaler Trägerschaft lasse ich mit mir reden», sagt Wolfgang Bialas, «alles andere: nur über meine Leiche.»

«Wir dürfen den Kontakt zu den Jugendlichen nicht abreißen lassen», meint «Linienrichter» Jörg Meyer vom Jugendamt. Die Probleme sind auf beiden Seiten die gleichen: keine Lehrstellen, Arbeitslosigkeit, mangelnde Perspektive, keine Orientierung. «Man muß ihnen die Chance gegen, Verantwortung zu übernehmen. Das kann Selbstvertrauen schaffen.»

Die organisierten Neonazis, allen voran Frank Hübner und seine DA, versuchen, das diffuse Weltbild der jungen Leute in ihrem Sinn zu beeinflussen. «Rechts» zu sein, heißt häufig nur: sich mit einem bestimmten Äußeren einer Gruppe zugehörig und damit stark zu fühlen. Enttäuschung über die so nicht erwarteten Folgen der deutschen Vereinigung und die Wut über «die da oben», die immer noch an der Macht sind. Die Abneigung und Angst vor Fremden unterscheidet viele Jugendliche nicht von den Erwachsenen.

Holger, 22, einer der wenigen, die nicht arbeitslos sind, ist zwar Mitglied der «DA», hält aber von dem «Neonazi-Getue» nicht viel: «Klar, irgendwie bin ich rechts», sagt er, «aber die meisten von uns kennen doch die Linken von früher, als wir alle noch Punks waren. Mit denen schlage ich mich doch nicht.»

«Freizeitpädagoge» und Skinhead Andreas, der mehrere Jahre wegen «Rowdytum» im Gefängnis saß, ist ganz nachdenklich geworden. «Früher habe ich randaliert und Steine geworfen», meint er, «heute kümmere ich mich darum, daß die Leute Hanteln für Kraftsporttraining kriegen, damit sie ihren Frust woanders rauslassen können.» Daß die Linken über Gitarrenkurse nachdenken oder daß sein «Kollege» auf der anderen Seite eine Druckmaschine anschaffen will, findet er «langweilig, aber deren Problem». Andy, wie ihn seine Freunde nennen, hat eine für die rechten Jugendlichen in der Ex-DDR typische «Karriere» hinter sich. Er wohnt, zusammen mit seiner Lebensgefährtin und zwei Kindern, Adolf und Randolf, in einer Neubauwohnung. Diverse rechtsradikale Aufkleber hängen im Bad neben Pin-Up-Postern, und über der Wohnzimmercouch blickt ein düster aussehender Glatzkopf auf die Regalwand mit den Videokassetten. Überschrift, in altdeutscher Schrift: «Deutsche Werte».

Noch 1986 waren die meisten Cottbusser Jugendlichen, die sich nicht angepaßt fühlten, Punks. «Wir waren extrem verschlumpft: bemalte Jacke, 'nen dicken Iro angestylt und Boots. Und wenn irgendwas kaputt war, ist es halt Punk gewesen.» Dann gab es noch «Nazi-Punks»: «Die sind rumgelaufen wie die Schlümpfe und haben ‹Heil Hitler› gerufen.» Aus Protest, meint Andreas. «Jetzt schreien die Punks alle ‹Anarchie›. Viele von den ‹Nazi-Punks› sind später zu den Skinheads übergelaufen.» Die ersten Skinheads tauchen in Cottbus erst im Spätsommer 1987 auf. Holger, 22, der einer der ersten war, zusammen mit Andreas, erinnert sich: «Als wir uns eine Glatze haben rasieren lassen, hielten uns die Leute auf der Straße zuerst für Russen, weil die auch immer so kahle Köpfe haben.» Warum sie das Äußere der einen jugendlichen Subkultur gegen das einer anderen ausgetauscht haben, ist ihnen selbst nicht klar. «Als Glatze hast du mehr auf dein Äußeres geachtet», sagt Andreas. Der Musikgeschmack änderte sich kaum, allein auch deswegen, weil es schwierig war, an die dementsprechenden Platten heranzukommen. «Du mußtest froh sein, wenn du überhaupt irgendwelche Hardcore-Punk-Musik hattest.» Der Übergang war fließend und dauerte mehrere Monate. Punks und die ersten Skinheads kannten sich gut, man redete miteinander, ging zu denselben Konzerten. «Wir hörten Deutsch-Punk, nicht die Sex Pistols oder so einen Dreck, der nur vermarktet wurde.» Die Bands hießen «PVC», «Schleimkeim», «1000 Tonnen Obst», «Nackt durch Kairo» und kamen fast alle aus der DDR. «So viel Unterschied zur Oi-Musik ist da nicht, außer in den Texten. Soundmäßig ist das sowieso das gleiche.»

Bestätigung kam durch mehrere Seiten: die Eltern waren zum Teil froh, daß ihre Kinder wieder «ordentlich» aussahen. «Meine Mutter sagte», meint Andreas, «eine Glatze, na ja, das ist besser als ein Irokesen-Schnitt, und eine Bomberjacke und geputzte Stiefel fand sie echt geil. Bis sie langsam gemerkt hat, um was es wirklich geht.»

Es geht vor allem um Prügeleien und um Provokation. Die Gruppe der Skins findet da ihren Zusammenhalt. «Es konnte sich einer auf den anderen verlassen, obwohl wir nur ein paar Mann waren. Zu Anfang wurdest du überall übel angemacht. Gingst du in eine Disko, haben die gesagt: Guck mal, die möchten sich gerne prügeln. Das hast du dir nicht gefallen lassen im Suff. Die waren auch besoffen, und schon ging es los. Dann hast du langsam Höhenflüge gekriegt, weil die meisten Leute in den Kneipen den Arsch zugekniffen haben. Dann hat es eben Spaß gemacht. Du hast dir einen Namen in der Stadt verschafft. Alle dachten: O je, wenn die kommen, dann wird es schlimm. Du hast dich gefühlt wie der Präsident persönlich. Hast alle angemacht, die dir über den Weg liefen.»

In einem Gerichtsurteil des Bezirksgerichtes Cottbus – ein Jahr später – heißt es: «Als äußeres Erkennungszeichen ließen sie [die Angeklagten] sich die Köpfe kahlscheren, trugen kragenlose sogenannte Bomberjacken, enge Jeans und hohe Schnürstiefel. Bekleidung und Haarschnitt hatten den Zweck, bei Tätlichkeiten hier nicht angreifbar zu sein, und die Schnürstiefel dienten zum kräftigen Zutreten bei Auseinandersetzungen. Ihr Verhalten und ihre Denkweise wich kaum von der westlicher Skinheads ab, war geprägt von übermäßigem Alkoholgenuß, vom Brüllen faschistischer Parolen, dem Singen von Liedern westlicher Skinheadformationen und dem Haß auf Ausländer, Homosexuelle und Anhänger anderer Moderichtungen sowie von Nationalismus. Bei ihrem geschlossenen Auftreten in Tanzveranstaltungen ignorierten sie die einfachsten Regeln des Zusammenlebens, verhielten sich anmaßend, provozierend, schüchterten andere ein und nutzten dabei ihr furchteinflößendes Äußeres bewußt aus. Auf der Grundlage dekadenter Anschauungen westlicher Skins bildete sich ein ausgeprägtes Zusammengehörigkeitsgefühl heraus. Rechtsnormen wurden von ihnen nicht als verbindlich betrachtet, und sie entschlossen sich bewußt zu Straftaten gegen die staatliche Ordnung. Aus dieser die Gesetzlichkeit mißachtenden Einstellung störten sie über Monate Ruhe und Ordnung, belästigten Bürger und begingen

Gewalttätigkeiten. Ihre Einstellung war von der Bereitschaft bestimmt, sich stets bei Straftaten gegenseitig zu unterstützen.»

Nach dem Überfall von Skinheads auf die Besucher der Berliner Zionskirche, der ein großes Presseecho fand, werden Staatssicherheit und Volkspolizei in der ganzen DDR aktiv. Die Tatsache, daß dort, wo dem Neonazismus angeblich die Basis entzogen worden war, dieses Phänomen also nicht mehr existieren durfte, Jugendliche mit faschistischen Parolen randalierten, konnte nicht länger unter den Teppich gekehrt werden. «Alles, was nach Glatze aussah», erinnert sich Andreas, «wurde erst einmal weggesperrt.»

Die Staatssicherheit wußte durchaus, was in der rechten Subkultur vor sich ging. Akribisch werden einzelne Vorfälle aufgelistet und vor Gericht verlesen: «Am 21.11. nahmen die Angeklagten an einer Diskoveranstaltung in der Konsum-Gaststätte Dissenchen teil. Obwohl mehrere Jugendliche vor der Kasse in der Reihe standen, um Eintrittskarten zu erwerben, stellten sich die Angeklagten unter Ignorierung dieser Situation nicht an, sondern begaben sich sofort nach vorn an die Kasse. Während der Veranstaltung nahmen sie reichlich Alkohol zu sich. Sie tanzten den sogenannten ‹Pogo›, schubsten sich dabei gegenseitig und nahmen in keiner Weise auf die übrigen Gäste Rücksicht. Einer der Angeklagten stieß gegen den Tisch, an dem sie saßen, so daß Flaschen und Gläser herunterfielen und zerbrachen. Der Ehemann der Gaststättenleiterin, der Bürger P., forderte von den Angeklagten die Beseitigung der Scherben und das Verlassen der Gaststätte, setzte diese Forderung aber nicht durch und ermahnte die Angeklagten, sich ordentlich zu verhalten.

Kurz darauf – gegen 21.00 Uhr – forderte die Bürgerin Rosemarie P. von den Angeklagten, die Gaststätte zu verlassen. Sie ließ die Diskothek abbrechen, und es kam zu einer Diskussion, weil die Angeklagten nicht gewillt waren, der Forderung nachzukommen. Andere Gäste riefen den Angeklagten zu, sie sollten das Lokal verlassen, damit die Veranstaltung fortgesetzt werden kann. Provozierend langsam begaben sich die Angeklagten in Richtung Saalausgang, und der Angeklagte S. warf absichtlich eine Bierflasche hoch, die auf den Boden fiel und zerbrach.

Der Angeklagte K. stieß dem Bürger P. mit der flachen Hand vor die Brust und sagte zu ihm: ‹Du bist eine lasche Null, stehst unter dem Pantoffel deiner Frau.› Nunmehr griffen die Zeugen sowie weitere namentlich nicht festgestellte Bürger ein, um den weiteren ordnungsgemäßen Ablauf der Veranstaltung zu gewährleisten. Dennoch kam es zu weiteren Gewalttätigkeiten der Angeklagten...

Schließlich rief der Angeklagte M. in den Saal, daß die Angeklagten das Lokal verlassen sollten, bevor die Deutsche Volkspolizei komme. Er und der Angeklagte S. stellten fest, daß sich die Angeklagten W. und R. noch im Saal befinden müßten. Sie gingen hinein, um zu verhindern, daß diese möglicherweise der Volkspolizei übergeben würden. Der Angeklagte W. wurde im Saal von unbekannten Bürgern festgehalten, worauf der Angeklagte M. eine Person beiseite stieß und der Angeklagte S. einer weiteren Person einen Faustschlag in das Gesicht versetzte. Darauf kam der Angeklagte W. frei und alle Angeklagten verließen die Gaststätte, bevor die Deutsche Volkspolizei eintraf.»

Ein Zeuge will gehört haben, daß sich zwei der Angeklagten mit den SS-Dienstgraden «Standartenführer» und «Obersturmbannführer» angesprochen haben, rückt aber von seiner Aussage wieder ab.

Am 27.11.1987 findet eine Tanzveranstaltung in Kieckebusch statt: «Der Angeklagte S. bemerkte den Zeugen D., der einige Wochen zuvor am Körper des Angeklagten S., wie dieser später feststellte, eine mißlungene Tätowierung vorgenommen hatte. Aus diesem Grunde begab sich der Angeklagte S. an den Tisch des Zeugen und fragte ihn, ob er ihn noch kenne, was der Zeuge verneinte. Das nahm der Angeklagte zum Anlaß, dem Zeugen einen Faustschlag in das Gesicht zu versetzen, ihn hochzuziehen und ihn nach draußen auf den Hof der Gaststätte zu stoßen, wo er ihm zwei weitere Faustschläge in das Gesicht gab. Danach ergriff der Angeklagte S. den Zeugen D. an der Kleidung und schüttelte ihn durch, wodurch der Geschädigte mehrmals mit dem Kopf gegen das Hoftor aus Eisenblech schlug und dann zusammensackte.

Mehrere Personen, darunter auch Anhänger der Skinheads, sahen diesen Vorfall, ohne dagegen einzuschreiten. Während der Mißhandlungen des Geschädigten auf dem Hof wurde der Angeklagte S. vom Mitangeklagten Sch. mit den Worten: ‹Mach ihn fertig, wir sind Deutsche› angefeuert...»

Im Dezember 1987 ein Vorfall in einer Konsum-Gaststätte ebenfalls in Kieckebusch: «Im Verlauf der Veranstaltung gab es zwischen anderen Besuchern und den jüngeren Skinhead-Anhängern ein Ge-

Andreas Muschik, Cottbusser Skinhead und «Freizeitpädagoge»

spräch, aus dem letztere folgerten, daß sie verprügelt werden sollten. Das teilte der Angeklagte R. dem Angeklagten M. mit, welcher sich in der Form äußerte, daß sie keine Auseinandersetzung anfangen würden. Nach Schluß der Veranstaltung gegen 22.35 Uhr traten die Angeklagten den Heimweg von Kieckebusch in Richtung der Straßenbahnendhaltestelle der Linie 3 in Cottbus-Madlow an. Die Angeklagten R. und Z. gingen voraus und die anderen Angeklagten folgten ihnen, wobei der Angeklagte M. den betrunkenen Angeklagten K. stützte. An der Endhaltestelle angekommen, nahmen die Angeklagten R. und Z. dort eine Gruppe unbekannter Jugendlicher wahr. Ohne zu wissen, ob diese überhaupt mit denen identisch waren, die mit den Skinheads in Kieckebusch das Streitgespräch hatten, versetzte der Angeklagte R. einem im Wege stehenden jungen Bürger einen Faustschlag in das Gesicht. Als dieser danach Abwehrhaltung annahm, sprang ihm der Angeklagte S. mit dem Fuß gegen die Brust, ... der Angeklagte Z. hielt den einen fest, während der Angeklagte R. diesem von der Seite einen gezielten Faustschlag auf den linken Wangenknochen versetzte. Aus der Ausübung des Boxsportes war ihm bekannt, daß ein derartiger Schlag als sogenannter K. O.-Schlag wirkt. Der Angeklagte Z. ließ den zusammensinkenden Geschädigten los, versetzte ihm, als er seitlich am Boden lag, mindestens vier Fußtritte in den Magen, und der Angeklagte R. trat ihm mindestens viermal in den Rücken.»

Ebenfalls im Dezember, in der Gaststätte «Kleines Spreewehr»: «Der unter Alkoholeinfluß stehende Angeklagte R. verspürte Rauflust und entschloß sich, eine Person durch Schubsen zu provozieren... [Die] Tätlichkeiten nahm der Angeklagte Z. wahr und rottete sich, ohne Grund und Ausgangspunkt der Auseinandersetzung überhaupt zu kennen, mit dem Angeklagten R. zusammen...» Folge: ein blaues Auge, ein «Monokelhämatom mit zeitweiliger Einschränkung des Sehvermögens».

Vor Gericht geht es darum, wer die Gruppe der Skinheads zu ihren Taten angestiftet haben könnte. Einer der Angeklagten erklärt, daß für ihn persönlich, nicht aber für alle anderen, der Angeklagte Muschik der «Chef» gewesen sei. Er habe auf ihn gehört, denn er habe Respekt vor ihm, weil er der Ältere und schon länger Skinhead war. Aus gleichem Grund betrachtete der Angeklagte Z. den Angeklagten Muschik als sein Vorbild, erklärte aber, daß er nicht auf ihn hören mußte. Das Gericht akzeptiert in einer Berufungsverhandlung, daß Andrcas Muschick kein Rädelsführer gewesen war. Die Strafe: zwei Jahre und neun Monate Gefängnis, für alle anderen Angeklagten Freiheitsentzug zwischen einem und zwei Jahren. Die Urteile, das muß gesagt werden, sind im allgemeinen nicht härter ausgefallen, als sie ein Gericht in der alten Bundesrepublik bei ähnlichen Vorfällen ausgesprochen hätte. Mit einem kleinen Unterschied: Im Protokoll heißt es: «Die Schnürstiefel der Angeklagten wurden eingezogen.»

Andreas meint heute, daß er schon verstehen könnte, daß der Staat aus politischen Gründen gegen Skinheads etwas unternehmen mußte.

«Ich habe mich aber damals nie als Rechter oder Fascho gefühlt. Da hat keiner Bock drauf gehabt. So wie ich die Leute kennengelernt habe, und ich kenne wirklich ziemlich viele, waren sie relativ unpolitisch. Die haben im Suff ‹Heil Hitler› gebrüllt, weil es eben Spaß gemacht hat.» Sein Rechtsanwalt fragte während der Verhandlung die Staatsanwältin, warum die Angeklagten wohl «Sieg Heil» und nicht «Rotfront» geschrien hätten? Niemand konnte darauf antworten.

Schon damals gab es einen kleinen Unterschied zwischen denjenigen, die nur Skinhead waren, und denen, die sich für rechte Ideologie interessierten. «Die lasen Bücher über die Hitler-Zeit und informierten sich über alles, was damit zusammenhing.»

1990, einige Monate nach dem Fall der Mauer, wird Andreas Muschik entlassen, bleibt aber, nach einem kurzen Aufenthalt im Westen, in Cottbus. Viele seiner ehemaligen Freunde ziehen in den Westen. «Bei den Skins hier laufen ja bloß noch Torten rum, Idioten, Möchtegerne. Jetzt ist die Wende gekommen, und sie denken, sie könnten sich alles erlauben. Jetzt wollen alle die Härtesten sein. Die trauen sich auch nicht, direkt Randale zu machen. Wenn sie mit drei Mann zwei zusammenschlagen, heißt es: Hurra, wir haben wieder gewonnen. Wenn es aber richtig heiß kommt, wie wir uns damals geprügelt haben, wenig gegen mehr, dann kneifen sie den Arsch zusammen.»

Andreas vergleicht sich mit «den alten Hirschen von Woodstock»: «Die laufen ja auch immer noch mit langen Haaren herum, obwohl das niemanden mehr aufregt. Damals kamen die deswegen in den Knast. Jetzt gucken alle nur noch auf Punks oder Faschos. Nur: die finden sich immer noch geil, obwohl sie schon total eingegliedert sind.»

Die jugendlichen Rechten kann der «Veteran» nicht ernst nehmen. «Die haben doch über Themen wie den Holocaust gar keine Meinung. Erstens kennen sie sich nicht aus, zweitens können sie nichts erklären. Die haben nur irgendwelche Fetzen aufgeschnappt.» Zur Zeit, sagt er, tendierten alle nach rechts. «Was in einer Szene ist, das versucht, am extremsten zu sein. Viele steigen auch aus Frust ein, weil sie einfach nicht wissen, was sie machen sollen. Der größte Teil redet sich jetzt eine Überzeugung ein.»

Wie diese Überzeugung aussieht, ob die rechte Einstellung, die zweifellos auch bei älteren Skins wie Andreas vorhanden ist, in rechtsradikales Verhalten mündet, ist eine Frage, die sich nur aus einzelnen Details der Lebensgeschichte erklären läßt: Wer mit wem am engsten befreundet ist, in welcher Stadt von außen – von bereits organisierten und weltanschaulich festgelegten Neonazis – agitiert wird, welche individuellen Perspektiven es gibt. Karsten Wolter, heute einer der Anführer der «Deutschen Alternative» und enger Vertrauter von Frank Hübner, gehörte ursprünglich zur Gruppe um Andreas, war vorher Punk, dann Skinhead und trägt jetzt bei Parteiveranstaltungen Schlips und Kragen. Andreas' größeres Selbstbewußtsein, das noch durch Freundin und Kinder verstärkt wird, erlaubt es ihm, den neofaschistischen Parolen relativ gleichgültig gegenüberzustehen. «Die Skins machen das, worauf sie Bock haben», ist seine persönliche Lebensmaxime. Wolter hingegen propagiert das, was in seinem Leben offenbar fehlt: Selbstdisziplin, Hierarchie, Ordnung, Sauberkeit, Abwehr alles Neuen und Fremden. Dazu braucht er eine Partei, obwohl deren soziales Umfeld zur Zeit nur geringfügig größer ist als die jugendliche Skinhead-Szene von vor ein paar Jahren. Ein Dritter, René Koswig, hat alle Phasen wie die beiden anderen durchlaufen. Der Unterschied: obwohl er sich «Gauleiter» der DA in Brandenburg schimpft, weiß er mit seiner neugewonnenen Freiheit nach Wegfall der staatlichen Repression wenig anzufangen. Seine Freunde erzählen, daß Koswig im Gegensatz zu früher, seiner Skinhead-Zeit, nur noch zu Hause vor Videospielen «herumhängt». «Der hat keinen Bock mehr auf gar nichts.»

Seitdem Andreas Muschik den Arbeitsvertrag als Streetworker bekommen hat, ist sein «Frust» wie weggeblasen. Während seiner Punk-Phase legte man ihm auf der Arbeitsstelle Steine in den Weg: «Die haben mir nur irgendwelchen Dreck zugeschoben. Ich wollte etwas Vernünftiges zu arbeiten. Ich habe den Facharbeiterabschluß gemacht, bin Maurer, und habe gesagt, wenn das nicht läuft, dann mach ich gar nichts mehr.» Jetzt hat er gegen eine 40-Stunden-Woche nichts einzuwenden. «Ich werde erst einmal versuchen, 'ne vernünftige Oi-Disko zu machen. Die gibt es im Westen in fast jeder Stadt. Daß die Leute erst mal alle zusammenkommen und sich kennenlernen. Ich will versuchen, da 'nen richtigen Treff zustandezubringen. Wenn sie Probleme haben, dann kommen sie zu mir und schwatzen mich voll. Arbeitsamt oder Stunk im Heim. Ich soll mich einfach nur um die Leute kümmern. Zum Beispiel, wenn jemand zum Arbeitsamt muß, aber zu faul ist zum Aufstehen. Dann gehe ich hin und sag: Hör mal, ich kenne da jemanden – die von der Stadt wollen mich überall vorstellen –, da gehen wir mal rin, dann klär ich das, und dann hat er vielleicht seinen Job. Oder vielleicht mal 'ne Wohnung. Ab September wird es sowieso schlimmer. Viele kommen aus der Schule und aus der Lehre und hängen auf der Straße.»

Nach dem Fußballspiel, das die Rechten mit 2 : 0 gewonnen haben, treffen sich Andreas, sein «Kollege» von der anderen Seite, Spieler und Zuschauer im Jugendclub Sandow. DDR-Fahne und «Reichskriegsflagge» hängen einträchtig nebeneinander, gemeinsam wird die Siegprämie, eine Palette Bier, geleert, und «die Linken» akzeptieren sogar die dröhnende «Oi»-Musik. Die Lenin-Büste thront über allen. Zaghaft kommt man sich näher. «Das nächste Mal, im September, müssen aber die Frauen spielen», ruft eine aus der linken Ecke unter allgemeinem Gelächter in die Runde.

«Ein erster Schritt», sagt der Wolfgang Bialas und wischt sich den Schweiß von der Stirn, «nicht viel, aber immerhin.» Natürlich kann ein Experiment wie das Fußballspiel auch verunglücken – wie in Berlin. Im Juli, wenig später, inszeniert die Polizei ein Match zwischen Hooligans und Beamten der «AG Vorbeugung». Als ein Ball über den Zaun des Spielfeldes fliegt, schießt ihn ein vietnamesischer Zuschauer hilfreich zurück. Unglücklicherweise trifft er einen Spieler der Hooligans mitten ins Gesicht. Darauf entwickelt sich eine wilde Schlägerei, die Fußball-Rowdies greifen ausländische Zuschauer an, die wiederum von einer Gruppe türkischer Jugendlicher Unterstützung bekommen. Bilanz: zwei Verletzte, die im Krankenhaus behandelt werden müssen, und mehrere Festnahmen.

Die Irak-Affäre

Im Oktober 1990 wird mir durch einen Kontaktmann aus der Führungsclique um Michael Kühnen eine Information zugespielt, die von internationaler Brisanz ist. Der Informant behauptet, die sogenannte «Bewegung» oder auch die «Gesinnungsgemeinschaft der Neuen Front» – womit der auf den verstorbenen Kühnen eingeschworene Teil der militanten Neonazi-Szene gemeint ist – würde demnächst zusammen mit den Irakern «ein großes Ding drehen». Genaueres könne er nicht sagen, meint mein Gesprächspartner, nur, daß es scheitern würde, wenn vorab etwas an die Öffentlichkeit dringe. Auf meine Nachfrage, ob das vielleicht nur die übliche Aufschneiderei sei, sagt er, es wäre sogar schon ein «Sonderbotschafter» aus Bagdad angereist, um konkrete Verhandlungen zu führen. Weitere Informationen kann ich ihm leider nicht entlocken.

Ich benutze den Auftritt Kühnens in Dresden Ende Oktober, um ihn auf das Thema anzusprechen. Kühnen, der von seiner Krankheit schon schwer gezeichnet ist, zeigt sich überrascht, weiß aber offenbar nicht, wieviel und was ich gehört habe. Vorsichtig sagt er, es hätten Gespräche stattgefunden, vermittelt durch eine Person, die er kenne und von der genau wisse, daß sie durchaus für die Regierung in Bagdad befugt sei zu sprechen. Einen Namen will er nicht nennen. Es sei aber jemand aus Bagdad angereist. Die Iraker hätten sehr wohl ein Interesse an einer gemeinsamen Aktion. Es müsse bis Anfang November gewartet werden. Vorher könne er nichts weiter sagen, da sonst die Iraker «nicht mehr mitmachen» würden.

Während des Aufmarsches der Neonazis durch die Innenstadt von Dresden in Richtung Semper-Oper wird ein Flugblatt verteilt. Hochtrabender Titel: «Volkswille». Zitat: «Irak kämpft für die arabische Nation! Irak ist ein arabischer Volksstaat unter Führung der Baath-Partei (einer nationalen und sozialistischen Revolutionspartei mit dem Ziel der Vereinigung aller Araber zu einer geeinten Nation).

Staatspräsident ist Saddam Hussein, gegen den sich heute, wie einst gegen Adolf Hitler, der Haß der ganzen Welt richtet – manipuliert durch die zionistisch beeinflußten Medien ... darum solidarisiert sich die deutsch-alternative Opposition in Deutschland mit dem irakischen Volk und seinem Führer im Kampf gegen den Zionismus ...»

Kurz danach rufe ich bei der irakischen Botschaft in Bonn an. Niemand dort will einen Michael Kühnen kennen, und von gemeinsamen Aktionen deutscher Rechtsextremisten und der irakischen Regierung hat angeblich auch keiner etwas gehört.

Es ist kein Geheimnis, daß die deutschen Rechtsradikalen während des Golf-Krieges unverhohlen ihre Sympathie für die irakische Position zeigen. Hans-Dietrich Sander, ein ehemaliger Redakteur der «Welt» und späterer Chefredakteur der rechtsradikalen «Deutschen Monatsblätter», schreibt in der Zeitschrift «Staatsbriefe», die Eingliederung Kuwaits als 19. Provinz des Iraks sei «geopolitisch und ethnisch einleuchtend».[1] Funktionäre der «Republikaner» sprechen von einer «Wiedervereinigung irakischer Landesteile» und vergleichen die Abtrennung des Scheichtums Kuwait 1920 durch die Engländer mit der Abtrennung Oberschlesiens und Südtirols «von ihren Stammländern». Die Frankfurter NPD-Fraktion beantragt eine Städtepartnerschaft mit Bagdad. In der «Nationalzeitung» des rechtsradikalen Verlegers und DVU-Vorsitzenden Frey wird eine Liste von jüdischen US-Senatoren und Abgeordneten veröffentlicht. Israel wird als ständiger, «nur schwer unter Kontrolle zu bringender Unruheherd»[2] «entlarvt».

Die den «neuen» rechtsradikalen Intellektuellen zuzurechnende Monatszeitschrift «Nation Europa» läßt den irakischen Presse-Attaché in Bonn, Alubaidi, zu Wort kommen[3]: Alubaidi wirft dem «zionistischen Staat Israel» vor, die «sogenannten aufständischen Kurden zu unterstützen». Das sei «Kollaboration», «denn zwischen Irak und Israel besteht noch immer die Kriegssituation». Die Araber würden «andauernd erniedrigt, beleidigt und verachtet», von «Amerika als auch von Israel und den israelischen Lakaien weltweit». Alubaidi vergleicht die Annexion Kuwaits mit der Wiedervereinigung Deutschlands.

1 Die Tageszeitung v. 21.1.91.
2 Blick nach Rechts, 28.1.91, S. 8.
3 Nation Europa Nr. 10, November 1990, S. 18ff.

Dem Chef der französischen «Front National», Jean Marie LePen gelingt es sogar, zusammen mit dem Vorsitzenden der schleswig-holsteinischen «Republikaner» Emil Schlee, von Saddam Hussein und dem irakischen Außenminister Asis empfangen zu werden. «Die Delegation der technischen Fraktion der Rechten im Europaparlament stimmte mit Hussein überein», berichtet die Presse[4], daß es den «USA nicht um die Durchsetzung völkerrechtlicher Prinzipien» gehe, sondern lediglich um das Öl. «Zum Dank gab Hussein seinen Fürsprechern 85 Geiseln mit auf den Weg, um sich in der westlichen Presse als Geiselbefreier feiern lassen zu können.»

Im Januar läßt Kühnen die Katze aus dem Sack: Er will eine Freiwilligen-Truppe von 500 Mann aufstellen, die im Irak gegen die Amerikaner kämpfen soll. Die Journalisten Ulrike Holler und Herbert Stelz drehen einen Film über einen «Kameradschaftsabend» der Frankfurter Neonazis und die Diskussionen der Rechtsextremisten über das Thema. Der Beitrag wird in der «Hessenschau» und im Magazin «Panorama» gesendet, vom amerikanischen Sender CNN mitgeschnitten und auch in Israel gezeigt. Saddam Hussein hatte gerade angekündigt, Israel mit Giftgas, das unter anderem mit deutscher technischer Hilfe hergestellt worden war, zu bombardieren.

Während der Dreharbeiten sind Beamte der Kriminalpolizei Offenbach und der Abteilung Staatsschutz der Kripo Frankfurt anwesend. Auf Anweisung des hessischen Innenministers Nassauer wird ein geheimer Observationsbericht angefertigt. Angesichts der Empörung in Israel und der internationalen Resonanz empfiehlt der Frankfurter Polizeipräsident Gemmer in einem Begleitschreiben zu dem geheimen Protokoll, «wegen der internationalen Resonanz eine Gegenveröffentlichung... zu erwägen».

Das hat Folgen für die Journalisten. Gegen sie werden schwere Vorwürfe erhoben: «Kernpunkt ist die Behauptung», schreibt Mathias Nofze, «die Neonazis hätten vom Hessischen Rundfunk zwischen vier- und fünftausend Mark erhalten und dafür den Kameradschaftsabend mit Sympathiekundgebungen für Saddam Hussein inszeniert. Dieser Bericht (das sogenannte «Gemmer-Dossier») bringt den Präsidenten des Polizeipräsidiums Frankfurt, Gemmer, zu der Schlußfolgerung, daß es den beiden Journalisten «im wesentlichen darum ging,

4 Blick nach Rechts, ebd.

das in diesen Tagen weltpolitisch gehandelte Bild vom ‹häßlichen Deutschen› zu untermauern»[5].

Die Quelle für die Vorwürfe ist laut Observationsbericht der Langener Neonazi Heinz Reisz. Der soll gesagt haben: Die Journalisten «wollen von uns etwas über Hussein hören, gegen Geld kriegen die das», und «Die Kohle stimmt, das reicht für etwa 40 bis 50 Tankfüllungen, jetzt kann die Show losgehen.» In einer eidesstattlichen Erklärung erklärt Reisz später, seine Äußerungen seien nur eine Falle für den Staatsschutz gewesen. Er habe sie gemacht, «um zu prüfen, welches Geistes Kind sie sind, um ihnen einen Bären aufzubinden. Solche Versuche habe ich auch bei anderen Fernsehaufnahmen bereits gemacht, diesmal hat es geklappt.»

Innenminister Nassauer kann in einem vertraulichen Gespräch von der Haltlosigkeit dieses Vorwurfs überzeugt werden. Gemmer jedoch bleibt zunächst bei seiner Version. Nachdem Holler und Stelz eine einstweilige Verfügung beantragt haben, nimmt er brieflich am 5. April seine Äußerungen zurück. Der neue hessische Innenminister Günther läßt aber nur die Namen der Beteiligten in den Akten schwärzen.

Innenminister Schäuble bittet den Intendanten des Hessischen Rundfunks am 28. Mai 1991 zu prüfen, ob «finanzielle Zuwendungen aus öffentlichen Mitteln des Hessischen Rundfunks an Mitglieder der ‹Gesinnungsgemeinschaft der Neuen Front›» ergangen seien. Zwei Monate später ist der Brief in der Zeitung «Die Welt» nachzulesen, also nachdem Gemmer seine Anschuldigungen bereits zurückgezogen hatte. «Innenminister Günther macht daraufhin in einem auch der Presse zugeleiteten Brief vom 12. Juni an Schäuble deutlich», schreibt Nofze, «daß kein Verdacht mehr gegen Journalisten des Hessischen Rundfunks bestehe. Unklar bleibt weiterhin, ob es eine ausdrückliche Anweisung des hessischen Innenministers gegeben hat, die Journalisten bei den Dreharbeiten zu observieren, oder ob Gemmer eigenmächtig sein Dossier anfertigen ließ.»

In Wahrheit lagen die Dinge anders. Die handelnden Personen bei dieser Schmierenaffäre blieben im dunkeln und tauchten weder in den Observationsberichten noch in der Presseberichterstattung auf.

5 Mathias Nofze: Journalisten auf der Anklagebank, in: Publizistik und Kunst Nr. 8, August 1991, S. 18.

Schon im Oktober hatten sowohl Kühnen als auch, unabhängig von ihm, sein Vertrauter Thomas Haincke bei der irakischen Botschaft angerufen, ihre Solidarität bekundet und um ein Gespräch gebeten. Telefonate mit den Irakern gehörten offenbar in der Neonazi-Szene zum guten Ton: Auch andere Rechtsextremisten aus Frankfurt und Umgebung, unter anderem aus Eschwege, wünschten «Glück» und bekräftigten ihre Zustimmung, Israel mit Giftgas auszulöschen. Kühnen legte Zeitungsberichte nach, in denen über seine antisemitischen Äußerungen berichtet wurde – wohl, um sich bei den Irakern ins «rechte» Licht zu setzen. Dort war man aber schon, das berichtete einer der engsten Freunde Kühnens, bestens informiert: «Die kennen uns alle.»

Kühnens Projekt, einige Hundert Neonazis in den Irak zu schicken, schien auf Interesse zu stoßen. Um sich den Anschein der Solidität zu geben, suchte Kühnen in Frankfurter Neonazi-Kreisen nach jemandem, der ihn zu konkreten Gesprächen in die irakische Botschaft in Bonn begleitete. Er fand ihn in Roland Tabbert, einem früheren Gebrauchtwagenhändler aus Hanau.

Tabbert ist im rechtsextremistischen Sumpf kein unbeschriebenes Blatt. In den fünfziger Jahren war er nach eigenen Angaben Mitarbeiter der «Gruppe Gehlen», der Vorläuferorganisation des heutigen Verfassungsschutzes. Tabbert behauptet, er habe sich damals zum Schein von der Staatssicherheit anwerben lassen. Diese Aktion hatte keine konkreten Folgen, es kam nur eine Verurteilung wegen «landesverräterischer Beziehungen» heraus.

In den siebziger Jahren machte Tabbert als «Reichsführer» der «Nationalen Deutschen Befreiungsbewegung» (NDBB) von sich reden, einer neonazistischen Splittergruppe, der auch der spätere Berliner REP-Funktionär Johannes Kösling angehörte. Die NDBB wollte «Großdeutschland» in den Grenzen von 1914 wiederherstellen, Europa «und dann die ganze Welt» in Ordnung bringen, «und zwar nach dem gleichen System, wie wir Deutschland in Ordnung gebracht haben». In einem Interview sagte er: «Wir werden diesen dreckig veranlagten bolschewistischen Schweinen endlich einmal ihre verkommenen Schnauzen plattschlagen, wo wir sie treffen.» Vor dem Berliner Landgericht mußte er sich deshalb wegen Volksverhetzung verantworten. In zweiter Instanz wurde er zu sechs Monaten mit Bewährung verurteilt, was ihn veranlaßte, die Richter als «freischwebende Arschlöcher» zu betiteln. Damit handelte er sich weitere fünf Monate und den Widerruf der Bewährungsfrist ein.

In der Wohnung des «Reichsführers» fand die Polizei bei einer Hausdurchsuchung eine Maschinenpistole, Colts, Pistolen, diverse Gewehre und 1400 Schuß US-Munition. Tabbert drohte, vor allem, weil sich in seine Gruppe ein Informant eingeschleust hatte: «Verräter werden erschossen.» Angesichts der Vorstrafe, die während des Prozesses zur Sprache kam, zerbröselte die NDBB sehr schnell.

Der Verteidiger Tabberts im Prozeß war Wilhelm Schöttler, zu dessen Klienten einige der bekannten deutschen Rechtsextremisten gezählt haben. Schöttler hat – eine merkwürdige Parallele – Vorlesungen an der Universität Bagdad gehalten und wurde von anonym gebliebenen Arabern beauftragt, die drei das Massaker von Fürstenfeldbruck überlebenden Terroristen zu verteidigen, die Mitglieder der israelischen Olympia-Mannschaft in München als Geiseln genommen hatten. Schöttler pflegte gute Beziehungen zur arabischen Welt und war auch «Ehrenpräsident» einer ominösen «Gesellschaft für deutsch-arabische Freundschaft», der unter anderem Kösling und ein ehemaliger Berliner NPD-Funktionär an prominenter Stelle angehörten.

Tabbert blieb von der Bildfläche verschwunden, bis er in Frankfurter Nazi-Kreisen wieder auftauchte, als Landesvorsitzender der NPD, als «Ehrenmitglied» der FAP und Leiter einer der zahlreichen Gruppierungen, die im Umkreis von Michael Kühnen erfunden worden waren: der «Antizionistischen Aktion». Während der Zeit vor Ausbruch des Golf-Krieges, als Saddam Hussein Ausländer als Geiseln genommen hatte und die US-Amerikaner die irakischen Seehäfen blockierten, führten Tabbert und Kühnen Verhandlungen in der irakischen Botschaft, wie in Deutschland Propaganda für den Irak zu machen sei. Gesprächspartner auf irakischer Seite war, so erinnert sich Tabbert, ein «Botschaftsrat» Dr. Amin, der in der ersten Dezember-Woche aus Bagdad einflog. Inoffiziell ließ er gegenüber den deutschen Neonazis durchblicken, daß er Mitarbeiter des irakischen Geheimdienstes sei. Bei weiteren Terminen waren, das hat sich Tabbert penibel notiert, ein Angestellter der Botschaft, ein gewisser Malik, und ein weiterer Iraker anwesend, der sich «Dr. Hassan» nannte.

Die irakische Botschaft hatte sogar, um einen Termin zu vereinbaren, ein Fax an die Adresse des Hamburger Rechtsextremisten Christian Worch geschickt, der als einziger aus der militanten Szene ein

Fax-Gerät besitzt – den Kontakt zu Kühnen aber nicht herstellen konnte. Darauf rief man Tabbert in Hanau an, in dessen Wohnung Kühnen und auch seine Vertraute Esther «Lisa» Wohlschläger zeitweilig Unterschlupf gefunden hatten.

Tabbert erinnert sich an eines der ersten Gespräche mit den irakischen Unterhändlern: «Der Botschaftsrat sagte, daß der Irak einen Mann wie Nebukadnezar brauchte.» Obwohl er diese Bemerkung zunächst nicht richtig verstanden haben will, sei ihm später klargeworden, daß damit auf die Vertreibung der jüdischen Stämme aus Palästina angespielt wurde.

Da man davon ausgehen mußte, daß vor und während des Golfkrieges sowohl die Telefonate der Iraker als auch die Besucher des Botschaftsgebäudes überwacht worden sind, dürften diverse interessierte Geheimdienste und vielleicht auch deutsche Polizei-Dienststellen von den Aktivitäten Kühnens informiert gewesen sein. Davon drang aber nichts an die Öffentlichkeit, und merkwürdigerweise wurde auch der hessische Innenminister nicht unterrichtet.

Kühnen legte in einer der ersten Unterredungen einen ausformulierten Vertrag vor: «Zwischen der Regierung der Republik Irak, vertreten durch Bevollmächtigten mit schriftlicher Vollmacht», und der «Antizionistischen Legion, vertreten durch den ehemaligen Bundeswehr-Leutnant Michael Kühnen (ev. ein weiterer Vertreter)». Dort heißt es: «Die ‹Antizionistische Legion› will den Irak gegen die derzeitige Aggression zionistischer und US-imperialistischer Kräfte unterstützen und hierzu eine internationale Freiwilligeneinheit einsetzen.»

Der Vertrag «unterliegt der Geheimhaltung». Er sieht vor, daß Kühnen «als politischer und militärischer Leiter» 5000 DM in konvertierbarer Währung, die irakische Staatsbürgerschaft und einen irakischen Reisepaß erhalten soll, ferner eine Ernennungsurkunde über seine Aufnahme als Oberleutnant in die irakische Armee. Innerhalb von vier Wochen nach Vertragsunterzeichnung sollen sich bis zu 100 Freiwillige entweder in Kopenhagen oder Stockholm einfinden, für deren Weitertransport die irakische Regierung die Verantwortung übernimmt. Kopenhagen oder Stockholm sind auch als Orte der Vertragsunterzeichnung vorgesehen, wahrscheinlich deswegen, weil die Anwerbung von Söldnern in Deutschland verboten ist. Außerdem hat in Dänemark der fanatische Alt-Nazi Thies Christophersen seinen

Wohnsitz, dessen antisemitische Publikation «Die Bauernschaft» vom einheimischen Neonazi-Führer Poul Rijs-Knudsen verlegt wird. Kühnen war einige Monate vorher, zusammen mit Gary Rex Lauck, dem Anführer der illegalen NSDAP/AO, bei Christophersen gewesen. Vielleicht sind damals schon die ersten Vorbereitungen getroffen worden.

Die Neonazi-Truppe wird, das bestimmt der Vertrag penibel, in einer eigenen Kaserne untergebracht werden. «Dieses Basislager der ‹Legion› befindet sich im Irak, wobei nach gemeinsamer Sprachregelung auch das Gebiet des ehemaligen und nunmehr an den Irak angeschlossenen Kuweit Territorium des Irak ist.» Als besondere Vergünstigung ist vorgesehen: «Zusätzlich zu ihrer bisherigen Staatsangehörigkeit können die Freiwilligen auf ihren eigenen Wunsch auch die irakische Staatsbürgerschaft erwerben.»

Das sogenannte Oberkommando soll monatlich 10000 DM «zur Erfüllung seiner Aufgaben» erhalten, die Legionäre einen Sold von 3000 DM, der auf ein «noch zu benennendes Konto in Europa» eingezahlt werden soll. Die Dauer der Verpflichtung beläuft sich auf sechs Monate, zusätzlich ist eine «individuelle Verpflichtungserklärung» vorgesehen, «die von der irakischen Regierung gegenzuzeichnen ist». Eine Verlängerung um weitere sechs Monate sei möglich.

Weiter heißt es: «Innerhalb von vier Wochen nach Eintreffen der ersten Freiwilligen und dem Bezug des Camps oder der Kaserne werden bis zu einhundert weitere Freiwillige aus verschiedenen westlichen Ländern (darunter Staatsangehörige der USA und Großbritanniens) in den Dienst der ‹Legion› treten.»

Tabbert hatte jedoch seine eigenen Pläne. Er hielt den Gedanken einer Söldner-Truppe von Neonazis für unrealistisch, obwohl, wie er sagt, der «Wehrsportgruppen»-Führer Karl-Heinz Hoffmann es ja schon geschafft habe, «50 Mann zur Ausbildung in den Libanon zu schicken». Hoffmann war nicht der einzige Neonazi, der sich von arabischen Gesinnungsgenossen Hilfe holte. Auch der 1987 zu zehn Jahren und sechs Monaten Gefängnis verurteilte Rechts-Terrorist Odfried Hepp, dessen Bombenanschläge auf US-amerikanische Wohnsiedlungen und Kasernen Sachschäden von fast einer Million DM verursachten, hatte 1980 nach dem Vorbild Hoffmanns die «Wehrsportgruppe Schlageter» gegründet und einigen seiner Leuten im Libanon eine militärische Ausbildung angedeihen lassen.

Tabbert schwebte vor, mit Freiwilligen – «ich hatte schon 180 Unterschriften zusammen» – per Schiff die Seeblockade der Alliierten zu durchbrechen, um so die Solidarität mit den Irakern zu demonstrieren. Außerdem bat er um finanzielle Unterstützung, um in Deutschland Plakate drucken zu lassen, um für Saddam Hussein zu werben. «Ich hatte sie schon so weit», behauptete er, daß sie bereit waren, ihm «eine sechsstellige Summe» dafür zu geben.

Die Verhandlungen zwischen Tabbert und Kühnen auf der einen Seite und den Irakern auf der anderen scheiterten: Der Vertrag über die «Legion» wurde nicht unterzeichnet, und Tabbert sah auch kein Geld. Das lag vor allem daran, daß Kühnen darauf bestand, die Iraker darauf festzuklopfen, Gelder nur auf ein Konto einzuzahlen, für das allein er zeichnungsberechtigt war. Der vorgebliche Grund: Seine sogenannte «Bewegung» sei nach dem «Führerprinzip» aufgebaut. Tabbert – so erinnert sich der – und Kühnen zerstritten sich vor den Augen der irakischen Unterhändler.

Nach mehreren Wochen, nachdem der Golfkrieg in seine heiße Phase gekommen war, habe der «Botschaftsrat» Tabbert von Brüssel aus angerufen. Ihm sei es zu gefährlich, wegen der unklaren Position der deutschen Regierung nach Deutschland einzureisen. Ob Tabbert nicht Interesse habe, für die irakische Regierung zu arbeiten, natürlich gegen eine entsprechende Entlohnung? Der, das behauptet er, lehnte ab. Wegen seines schweren Autounfalls sei das Thema «zur Zeit» nicht aktuell.

Es wäre ohnehin nicht zur Aufstellung der «antizionistischen Legion» gekommen. Das war Kühnen schon vor seinen Verhandlungen mit den Irakern klar: Zu dem Zeitpunkt wußte er, daß er wegen seiner fortgeschrittenen Aids-Erkrankung nur noch maximal drei Monate zu leben hatte. Er muß geplant haben, die Iraker zu hintergehen und das eventuell eingehende Geld für andere Zwecke zu verwenden. Tabbert vermutet, wofür: Kühnen habe davon gesprochen, die letzten Wochen seines Lebens in Spanien zu verbringen. Dort hätte er im Haus eines Freundes, den er während seines Aufenthalts in der Haftanstalt Butzbach kennengelernt hatte, unterkommen können.

Bruder Polacek

«Der Rassist ist ein Mensch, der Angst hat; er hat Angst, weil er der Angreifer ist; und er greift an, weil er Angst hat; ein Mensch, der Angst vor einem potentiellen Angriff hat oder glaubt, man greife ihn tatsächlich an; der schließlich angreift, um seine Angst zu bannen.»

Alberto Memmi: «Rassismus»

In Mackenrode, einem 300-Seelen-Dorf in der Nähe von Göttingen, gibt es nichts, was Touristen interessieren könnte. Außer dem Haus von Karl Polacek am Ende des Siedlungsweges. Im Sommer 1991 ist es angebracht, sich dem Haus nur vorsichtig zu nähern. Es könnte passieren, daß bissige Schäferhunde und vermummte Gestalten, bewaffnet mit Äxten und Baseballschlägern, zum Gartentor stürzen und den unliebsamen Eindringling zur eiligen Flucht bewegen.

Karl Polacek ist der bekannteste und berüchtigste Neonazi in Niedersachsen. «Neonazi» kann, muß aber nicht heißen, daß er ein krimineller Schläger ist, dem man sich nur mit einer handfesten Leibwache nähern kann. Solche Leute gibt es in der rechtsradikalen Szene durchaus, etwa «SS-Siggi» Borchardt, auch, wie Polacek, ein Mitglied der neofaschistischen «Freiheitlichen Arbeiterpartei Deutschlands» (FAP). Während Borchardt sich als prügelnder Anführer einer Horde Fußballfans, der «Borussenfront» in Dortmund, hervortat, war von Karl Polacek bis zum 14. Juli 1990 nur ein persönlicher Übergriff bekannt: Im Juni 1984, während des Europawahlkampfes der NPD, schlug er beim Plakatekleben einen Passanten nieder und wurde deswegen zu 1000 DM Geldstrafe verurteilt. Dann aber, im Juni 1990 – und deswegen muß er sich vor Gericht verantworten – griff er, so die Anklage, die achtundzwanzigjährige Studentin Petra P. mit einer Axt an und verletzte sie am Kopf.

Ich hatte Polacek während der Gerichtsverhandlung vor dem Schöffengericht Duderstadt angesprochen und ihn um ein Gespräch gebeten. Karl Polacek, geboren 1934 in Wien und immer noch österreichischer Staatsbürger, sitzt in den Verhandlungspausen still auf einer Bank im Flur, abgeschirmt von einigen Polizisten, aber niemand beachtet ihn. Er liest scheinbar interessiert ein kleines Buch, dessen Umschlag mit irgendwelchen germanischen Zeichen verziert ist. Seine Finger umklammern die Blätter, kein Blick schweift zur Seite, wo, in gebührendem Abstand, Dutzende von Prozeßbesuchern herumstehen. Seine Haltung wirkt wie eine trotzige Bestätigung dessen, was alle von ihm denken: daß er ein Neonazi ist. Aber einer, der Bücher liest – eine Berufung auf scheinbare Autoritäten: Wenn andere schreiben, was ich denke, kann ich ja nicht völlig verkehrt liegen.

Polacek ist von kleiner Statur, hat einen eisgrauen Bart und schwielige Hände mit schartigen Fingernägeln. Bei offiziellen Anlässen, Gerichtsverhandlungen und Journalistenbesuchen, trägt er weißes Hemd, schwarzen Schlips und eine etwas speckige schwarze Hose. Die auffällige runde Gürtelschnalle zeigt einen Anker.

Als Journalist ist es meistens nicht besonders schwierig, mit Leuten ins Gespräch zu kommen, die allen anderen, insbesondere den von ihnen als solchen identifizierten «Feinden», entweder Prügel androhen oder sonstwie körperliche Gewalt ausüben. Wenn Polacek einen Besucher nicht eindeutig als Teil der ihn verfolgenden «roten Horden», als Mitglied der «Göttinger Banditen- und Brandstifterszene» oder als «aidsverdächtige linke Schmuddel» identifiziert, wird er am Gartentor freundlich empfangen.

Etwas anderes sind die Empfindungen, die man hat, mit Menschen zu reden, deren Einstellungen man widerlich findet, bei deren Äußerungen man am liebsten laut schreien würde oder deren Weltanschauung in einem selbst Aggressionen wecken. Aber gerade der Zorn, den ich verspüre, wenn jemand Haß gegen andere predigt und dabei noch nicht einmal das geringste Schuldgefühl zeigt, macht mich stutzig. Haß ist ein starkes Gefühl. Man kann niemanden oder nichts hassen, zu dem man nicht eine Affinität hat: Etwas kommt einem zu nahe, man hat große Angst, man muß es energisch von sich weisen. Was geht in einem Menschen vor, der andere anstiftet, ihre Mitmenschen zu terrorisieren?

Das wußte ich über Karl Polacek: Sein Vater war einer der ersten Sozialdemokraten in Österreich-Ungarn und wurde politisch verfolgt. In jungen Jahren arbeitet Karl Polacek als Holzfäller in Lappland und Schiffselektriker in Norwegen. In den fünfziger Jahren ist er im «Norwegischen Seemannsbund» gewerkschaftlich organisiert und wird mehrfach zum Schiffsvertrauensmann gewählt. In Niedersachsen, wo er sich schließlich niederläßt und heiratet, führt ihn seine Laufbahn durch verschiedene rechtsradikale Organisationen, vom «Bund heimattreuer Jugend» bis zur NPD. Im Herbst 1985 gründet er einen Kreisverband der FAP. Da die Mini-Partei kaum Mitglieder hat, übernimmt er die Posten des «Gau»-Kassierers, Schriftleiters und Landesvorsitzenden.

Einer seiner Zöglinge, Oliver Simon, der seit einem Jahr im Haus Polaceks wohnte, hatte in der Silvesternacht in Rosdorf, einem Vorort Göttingens, den einundzwanzigjährigen Bundeswehrsoldaten Alexander Selchow erstochen. Ein anderer Jung-Nazi und Vertrauter Polaceks, Thorsten Heise aus Nörten-Hardenberg im Kreis Northeim, wurde im Frühjahr in Berlin festgenommen, nachdem er vor seiner Gerichtsverhandlung untergetaucht war. Dem Richter hatte er geschrieben, er sei gezwungen, in den Untergrund zu gehen, weil er den «politischen und gewaltfreien Kampf» weiter in das Volk hineintragen wolle. Heise mußte sich wegen versuchten Totschlags verantworten: er sollte mit seinem Kübelwagen auf einen libanesischen Asylbewerber zugefahren sein. Der konnte sich nur mit einem reaktionsschnellen Sprung zur Seite retten.

Die Umgebung Göttingens wird schon seit Jahren von mehreren Dutzend Neonazis terrorisiert. Ostern 1987, ausgehend von einem überregionalen Treffen von Neonazis und Skinheads in Mackenrode, wird ein Türke in Northeim überfallen. In der Nacht entwickelt sich eine Straßenschlacht zwischen Rechtsradikalen und antifaschistischen Demonstranten. Ein ähnlicher Vorfall findet am 18.8.91 statt: in Northeim schlagen ca. zwanzig Skinheads auf eine Gruppe von Deutschen und Türken ein. Zwei der angegriffenen Deutschen müssen ins Krankenhaus. Starke Polizeikräfte verhindern einen «Rachefeldzug» von Türken, die sich mit den Betroffenen solidarisieren.

1989 führt die Staatsanwaltschaft über 105 Ermittlungsverfahren gegen Rechtsradikale durch. 1988/89 wurden, schrieb die «taz», die nazistischen Computerspiele «Arier-Test» und «Anti-Türken-Test» über eine Mailbox in Mackenrode vertrieben. Hackern aus der linken Szene gelang es, Computerviren einzuschleusen und die Programme zu zerstören.

1990 häufen sich Messerstechereien, Überfalle auf Göttinger Jugendliche, die sich der «linken Szene» zugehörig fühlen, und Schlägereien. Zwei stadtbekannte Neonazis dringen in die Wohnung der Mutter eines ihrer Gegner ein und beschießen sie mit Gaspistolen. Zwei andere werfen Molotow-Cocktails in ein Abbruchhaus, in dem sich mehrere Obdachlose aufhalten. Wie durch ein Wunder wird niemand verletzt.

Im November marschieren rund 100 Personen, vorneweg Polacek und Heise, durch die Göttinger Innenstadt und versuchen, das «Jugendzentrum Göttingen» (JUZI) anzugreifen. In der «linken Szene» gilt Polacek als Anstifter der offenbar organisierten Überfälle. In seiner Wohnung, so die Vorwürfe, würden die Rechtsradikalen «geschult».

Im Mai 1990 demonstrieren über 3000 Menschen in Mackenrode – aufgerufen hatte ein breites antifaschistisches Spektrum zwischen dem DGB und den «Autonomen». Polacek verschanzt sich mit seinen «Kameraden» im Haus. In einer FAP-internen Zeitschrift beschreibt er die Aktion: «Dann werden die Waffen ausgegeben. Äxte, Speere, Macheten, Dreschflegel und Knüppel. Jeder eine Lang- und eine Kurzwaffe. Sanitäter werden eingeteilt, ein Pionier zieht Stacheldraht, einige Zentner Steine werden auf dem Balkon gestapelt, Wassereimer gefüllt, Schläuche angeschlossen, eine Heißwasserleitung vom Kessel gezogen. Ich versichere, daß wir, wenn die Linken durchbrechen, die Fahne setzen und zum Gegenangriff vorgehen und alles niedermetzeln, was auf das Grundstück kommt.» Und in einem Brief an den DGB: «Wenn ihr mir Schreck einjagen wollt, müßt ihr euch was intelligenteres einfallen lassen. Ich kann euch versichern, ich habe schon andere Wetter überstanden. Meine Mannschaft, 27 Jungs und 5 Mädchen, waren zum Tode entschlossen und warteten mit blanken Waffen auf den Angriff... Auf gut Deutsch: Kumpels verreckt!»

Karl Polacek hat den Besuch, den ich vorsichtshalber vorher telefonisch angekündigt hatte, erwartet, aber offenbar vorher keine Waffen ausgeben lassen. Hinter dem Gartentor ist Nato-Draht ausgelegt.

Von der Dachrinne bis zum Boden spannen sich schwarz-grüne Tarnnetze. Das Gebäude macht den Eindruck, als sei der Belagerungszustand verhängt. Polacek selbst fühle sich verfolgt und bedroht, sagt er. Da aber der weitaus größte Teil der Menschheit, dem der Name und die Person Polacek schon einmal begegnet sind, vom Gegenteil überzeugt ist, nämlich daß der Nazi aus Mackenrode und seine Gesinnungsgenossen ihrerseits Terror ausüben, muß eine der beiden Parteien an erheblichem Realitätsverlust leiden.

Trotzdem steht die Eingangstür offen. Die Besucher werden hereingebeten. Auf einem kleinen Glastisch sind Kekse, Teller und Tassen bereitgestellt. Ein linkischer Jüngling, dessen Jacke übersät ist mit Stickern wie «Ich bin stolz, ein Neonazi zu sein», «Oberschlesien bleibt deutsch» und «I love Eva Braun» und der, das erfahre ich später, Mitglied der NPD ist, fragt nach den Wünschen der Gäste, Kaffee oder Tee.

Betritt man den ebenerdigen Wohnraum in Polaceks Haus, sieht man über dem Kamin eine Zeichnung, «aus Südafrika», wie der Hausherr glaubt erläutern zu müssen: Zwei Männer mit Hakennasen im «Stürmer»-Stil, auf ihren Gewändern Dollar-Zeichen, Hammer und Sichel, werfen Weiße und Schwarze in einen Topf. Überschrift: «The melting pot.» Hängte jemand in seine gute Stube ein Plakat mit der Aufforderung, alle Menschen mit roten Haaren oder mit einer Körpergröße über zwei Meter umzubringen, würde man ihn für geisteskrank erklären und, falls er sein Anliegen auch noch öffentlich äußerte, unter ärztliche Aufsicht stellen, abgesehen vom strafrechtlichen Aspekt. Polacek ist nicht verrückt, genausowenig wie Saddam Hussein oder Adolf Eichmann verrückt waren, als sie Massen von Menschen töten ließen.

Da Neonazis wie der freundliche ältere Herr aus Mackenrode die menschenverachtende Ideologie der alten Nazis in mehr oder weniger neuem Gewande daherbeten, muß man davon ausgehen, daß sie sich genauso wie ihre Vorbilder verhalten würden, ließe man sie denn. Ich will es genau wissen: Ist Polacek ein eiskalter Menschenverächter, der genau weiß, was er tut, aber den Unschuldigen mimt? Auf «Befehlsnotstände» oder ähnliches kann er sich nicht berufen, er ist aus freien Stücken so.

Auf einem Sofa neben dem Eingang liegen fünf blankpolierte Äxte. «Die Äxte wollen Sie doch sicher fotografieren?» fragt Polacek. Er scheint dem Bild, das die Presse sich von ihm gemacht hat, entsprechen zu wollen. Für eine große Illustrierte hat er, mit einer Sense in der Hand, vor einer schwarz-weiß-roten Fahne posiert. Am 18.9.90 schrieb er einen Brief an die Redaktion der Zeitung «Metall». «So was wie Gummiknüppel habe ich nicht», heißt es dort, «aber eichene Handspaken, eine Sammlung Äxte, Speere, Macheten usw. Alles legales Werkzeug. Wer damit nicht Bekanntschaft machen will, der braucht auch nicht in Unfrieden auf mein Grundstück zu kommen.»

Polacek fühlt sich wie im Krieg. Oft hat sein Gesicht einen gehetzten, angespannten Ausdruck. Regt er sich auf, erscheinen rote Flekken auf seinen Wangen. Fährt ein Auto die Straße entlang, horcht er, ob es hält. Oder einer der Jung-Nazis späht hinaus und notiert die Autonummer. Die «linken Chaotenweiber», der «zudringliche und maskierte Pöbel», ganz allgemein: der Feind könnte überall und jederzeit zuschlagen.

Das Innere des Hauses: Ansätze gutbürgerlicher Normalität streiten sich mit Zeichen von Verwahrlosung. Dort eine Glasvitrine mit Andenken aus aller Welt, oben zwei afrikanische Büsten, überall maritime Mitbringsel wie Schiffslampen und Steuerräder, dazwischen, mitten auf dem Teppich, ein heruntergekommener Schreibtisch aus Kunststoff. Die Sofas ziemlich ramponiert und verstaubt, dafür gibt es aber Topfpflanzen in gutem Zustand. An der holzvertäfelten Wand mehrere Bilder von Rudolf Heß, verziert mit der in Nazi-Kreisen obligatorischen Aufschrift «Einst kommt der Tag der Rache».

Kein Zweifel, Karl Polacek verkörpert alles das, was man gemeinhin unter «Neonazi» versteht. Er propagiert schieren Rassismus und Antisemitismus: die «jüdische Rasse könne man an den Augen erkennen», und die Japaner seien «ein Mischvolk». Er verherrlicht alte Nazi-Größen wie Heß, droht seinen «Feinden» Gewalt an, übt sie, zusammen mit seinen Gesinnungsgenossen, auch aus. Andererseits fühlt er sich im Recht. Das, was andere ihm vorwerfen, etwa seine menschenverachtende Weltanschauung oder seine dazu passende Sprache, ist für ihn normales Verhalten. Normal deshalb, weil er offenbar so wenig Kontakt zu anderen Leuten hat, daß ihm die Vergleichsmöglichkeit fehlt. «Was wollen Sie denn nun eigentlich von mir wissen?» fragt er – offenbar erstaunt darüber, daß er überhaupt die Aufmerksamkeit auf sich zieht.

Die Antwort nimmt er selbst vorweg. Karl Polacek, das ist nicht der

Nazi, der Rassist, der FAP-Funktionär, der Anführer einer Horde von Schlägern. Nein, das sind eine Unzahl von Fotos, die er unaufgefordert aus einem Karton kramt: Polacek in Seemanns-Uniform, beim Bier mit US-Polizisten, ein paar leichtbekleidete Frauen in Pose, immer wieder Aufnahmen von oder auf Schiffen, aber kaum Familienfotos von seiner Frau, von der er getrennt lebt oder seinen drei Kindern. Polacek in seiner glücklichen Zeit, als Seemann, als er etwas war und galt, als er eine Aufgabe hatte. Wenn man ihn nicht unterbricht, kann er ununterbrochen Anekdoten aus der Zeit vor dreißig Jahren von sich geben; damals, als der Maschinist vor Fremantle über Deck gespült wurde, als der Heizer vor der afrikanischen Küste die Cholera kriegte, damals, als seine Kameraden in den norwegischen Wäldern in den Puff gingen, Polacek aber lieber Bücher las, damals, in der Hafenbar in Kapstadt...

Polacek führt den Besucher nach oben, um ihm sein Schlafzimmer zu zeigen. Ich weiß nicht, was ich erwidern soll: Erwartet er, daß ich das akkurat gemachte Bett lobe oder ihm endlich bestätige, ich hielte ihn für so «normal» wie den Rest der Menschheit? Kein Zweifel: Polacek möchte Anerkennung. Er zeigt seine Bibliothek. Da stehen ein Dutzend Bände des englischen Historikers Toynbee, auf englisch, was der Besitzer kaum spricht, geschweige lesen kann. Oswalt Spengler: «Der Untergang des Abendlandes», altertümliche Völkerkunde-Bildbände über die Südsee, Knut Hamsun auf norwegisch, «Das Kapital» von Karl Marx. Natürlich Karl May und, auch nicht weiter verwunderlich, das Machwerk Otto Ernst Remers, des immer noch aktiven Alt-Nazis, der wegen besonderer Verdienste bei der Niederschlagung der Verschwörung des 20. Juli zum Generalmajor befördert wurde: «Verrat und Verschwörung gegen Hitler». Überraschend: Henry Ford, der amerikanische Industrielle, auf spanisch – eine widerwärtige und primitive Hetzschrift über die «internationale jüdische Weltverschwörung». Die schenkt er mir, da ich ihm gesagt hatte, daß ich spanisch spräche.

Polaceks Weltanschauung läßt sich in wenigen Sätzen zusammenfassen: «Wir sind immer die Angeschissenen», entfährt es ihm, die «Ausländer sollen raus» – Polacek hält vor FAP-Funktionären Vorträge über «Rassentheorie» – und: «die anderen provozieren». Der Kern dieser drei Themen, die ihn unentwegt beschäftigen, sagt viel über seine Motive aus: Polacek findet sich offenbar im «normalen»

Leben nicht zurecht. Er hat es nicht geschafft, sich kulturell und materiell so einzurichten, daß er auch ohne seine Frau und die Kinder – im Rahmen der Familie – mit sich im reinen ist. Wie fast überall, vermischen sich rein private mit allgemein politischen Ursachen der Entwicklung von einer diffusen rechten Einstellung zu aggressivem neonazistischen Verhalten. Ein Einheimischer aus Mackenrode, mit bäuerlichen Gummistiefeln und bedächtigem Habitus, der sich für eine halbe Stunde zu uns gesellt, sagt mir im Vertrauen: «Seitdem ihn seine Frau verlassen hat, ist es mit Karl bergab gegangen.» Das allein ist noch kein Grund, sonst gäbe es wesentlich mehr Rechtsradikale.

Polacek ist in der Tat «angeschissen». Er kann nicht mehr zurück, auch, weil er sich selbst stigmatisiert. Seine persönliche Einsamkeit bekämpft er, indem er junge Männer um sich schart, denen er ein Dach über den Kopf und Anerkennung bietet, egal was sie tun. Die in rechten Kreisen vielgerühmte «Kameradschaft» bleibt auch in Makkenrode pures Wunschdenken. «Meine Hunde stehen mir näher als die meisten Menschen», sagt Polacek.

Er versichert sich der Richtigkeit seines Verhaltens, der inadäquaten Anpassung an das Leben, indem er alles Fremde angreift und abwehrt. Dabei ist es unerheblich, ob die Feinde, die er überall sieht und von denen er sich «umstellt» fühlt, tatsächlich existieren. Vor Gericht erntet er ungläubiges Erstaunen und Heiterkeit, als er die Situation, die zur Anklage führte, aus seiner Sicht schildert: Oliver Simon rannte brüllend hinter einigen fliehenden Frauen her, die Polacek als «Nazi» beschimpft hatten, und schoß mit Leuchtspurmunition. Er, Polacek, habe zum Beil gegriffen und sei damit «in Kopfhöhe» und «in Ruhestellung» um das Auto gelaufen. «Das Beil war nicht dazu da, um ihr den Schädel einzuhauen. Da hab ich ganz andere Sachen für.» Die Nebenklägerin sei auf ihn zu und direkt in die Schneide des Beiles gelaufen. Ein medizinischer Sachverständiger bestätigt, daß die Verletzung dagegen nur von einem Schlag stammen könne. Die Wunde an der Stirn sei glattrandig gewesen, was beim Dagegenlaufen nicht der Fall gewesen wäre.

Obwohl die «Situation im Griff» war, glaubte Polacek, der in einem Auto saß, es drohe ein «Generalangriff»: «Wir sind umstellt und gleich stürmen Horden von Linken aus dem Haus.» «Die Linken» können tun, was sie wollen: sie provozieren Polacek immer. Auch «Ausländer», Menschen anderer Hautfarbe, gleich welchen Paß sie bei sich tragen, und «Juden» erregen seine Aggressionen – egal was sie tun und wer auch immer das in Polaceks obskurem Weltbild sein mag. Der Haß auf und die Furcht vor denen, die anders sind, werden von Polacek und seinen «Kameraden» prophylaktisch ausgelebt.

Nora Räthzel vom Hamburger «Institut für Migrations- und Rassismusforschung» hat dieses verbreitete Phänomen so erklärt: Rassismus habe mit realen Personen – als Objekten – wenig zu tun. «Er hat hauptsächlich mit der Notwendigkeit von Individuen zu tun, in einer gesellschaftlichen Situation die Beschränkungen der eigenen Handlungsfähigkeit zu rechtfertigen, indem sie sich eine Gruppe konstruieren, auf der sie negativ das abbilden, was sie positiv sein möchten.»[1]

Alles, was Polacek den «Ausländern» zum Vorwurf macht, gilt für ihn selbst: Ausländer seien kriminell – im Umkreis von Polacek und seiner Gruppe sind wahrscheinlich mehr Straftaten, bis hin zum Totschlag, begangen worden als von allen Menschen mit nicht-deutschem Paß in ganz Niedersachsen. Ausländer provozierten und seien aggressiv: das erleben alle Menschen, die nicht gerade zu den Sympathisanten der Neofaschisten zu rechnen sind, von Polaceks Gesinnungsgenossen. Ausländer seien «unhygienisch»: ein Blick auf die Teilnehmer zum Beispiel einer FAP-Demonstration, in die Gesichter und auf die Kleidung oder in eine Kneipe nach einem rechtsradikalen «Kameradschaftsabend» belehrt einen, wer in Wahrheit mit dieser Äußerung gemeint ist. Ausländer oder überhaupt Menschen aus anderen Kulturkreisen paßten sich nicht an: Anpassung an zivile Verhaltensnormen kann man bei Polacek und seinen Leuten nicht unbedingt beobachten.

Der französische Rassismus-Experte Alberto Memmi, der an der Universität Paris-Nanterre lehrt, schreibt: «Der Rassismus gehört nicht zur Ordnung der Vernunft, sein eigentlicher Sinn liegt nicht in seiner scheinbaren Kohärenz. Es handelt sich vielmehr um eine ebenso wirkungsvolle wie naive Argumentation, die in ihrer Entstehung und Zielrichtung etwas anderes, außerhalb ihrer selbst, zur Triebkraft und Grundlage hat.» Es handele sich «ganz offensichtlich um eine mythisierende und rationalisierende Projektion auf der

1 In: «Die Tageszeitung» v. 11.12.90, S. 13: «Abgrenzung ist ein Zeichen von Schwäche»

Grundlage einer gelebten Erfahrung.»[2] Der Rassismus sei zwar nur eine Meinung, aber eine, die ein Verhalten ankündige und signalisiere.

Polacek sieht Unterschiede zwischen sich selbst und seinen «Feinden», vor allem den «Fremden». Er interpretiert die Unterschiede und konstruiert aus seinen Erfahrungen einen Typus, «den» Ausländer, «den» Juden. Die Bewertung eines Unterschiedes zwischen Menschen zweier Kulturen «zu unseren Gunsten», gibt Alberto Memmi zu Recht zu bedenken, sei noch kein ausreichender Beweis für rassistisches Denken, sondern eine der am weitesten verbreiteten Reaktionen unter den Menschen. «Wir verhalten uns als Rassisten, um ein Gleichgewicht wiederherzustellen, das wir für gefährdet oder verloren halten.»[3] Der Rassismus sei eine Fehlfunktion in der Beziehung zum anderen.

Auf die Schlußfolgerung kommt es an: Polacek und seine Neonazis fühlen sich selbst als besser, moralisch wertvoller und nehmen sich das Recht, andere, Ausländer, Schwarze, Juden, allgemein: die Feinde beherrschen zu wollen. Sie sind aggressiv und gewalttätig. «Der Rassismus», faßt Memmi zusammen, «ist eine vorbeugende Reaktion auf die mehr oder weniger unvorhersehbare Reaktion des Gegners.»[4] Das heißt aber auch, als Konsequenz, wie der Journalist Henryk M. Broder zum Thema «Antisemitismus» schreibt: «Antisemitismus hat nichts mit dem Verhalten von Juden zu tun, der Antisemit haßt den jüdischen Nobelpreisträger genauso wie den Bordellbesitzer... Antisemitismus hat nichts mit Juden an sich zu tun. Wo es keine gibt, werden welche geschaffen. Antisemitismus ist das Problem der Antisemiten, nicht der Juden.»[5]

Es ist schwierig, mit Polacek über dieses Thema ein Gespräch zu führen. Das liegt natürlich auch daran, daß es keine rassistische Theorie gibt, sondern nur ein Sammelsurium verschiedener Äußerungen diverser Autoren, die angebliche biologische Erkenntnisse – auf Stammtisch-Niveau – als «Beweise» für die Höherwertigkeit einer bestimmten Menschengruppe ausgeben. Polacek räumt ein, daß seine

2 Alberto Memmi: Rassismus, S. 30
3 ebd., S. 32
4 ebd., S. 106
5 «Die Tageszeitung» v. 22.5.90

jugendlichen Anhänger das Problem «eher schwarzweiß» sähen – will sagen: sie schlagen Ausländer oder die, die ihnen nicht gefallen, schlicht zusammen. Er hingegen gebe sich Mühe, «wissenschaftliche Vorträge» zu halten.

Diese Schulungen, so obstrus sie sein mögen, haben ihre Wirkung: Polacek gilt unter den Jung-Faschos und Skinheads als geistige Autorität. Einige junge Neonazis aus Nordhausen/Thüringen stehen in engem Kontakt, besuchen häufig das Haus in Mackenrode und beliefern Polacek ihrerseits mit Material: Auf seinem Tisch liegen Bücher aus der Ex-DDR wie «Bilder zur Geschichte des deutschen Volkes», «Unter der blauen Fahne», ein Lesebuch über die FDJ, und «Marxismus-Leninismus für die Jugend». Polacek ist unbelehrbar. Ich spreche ihn auf seine «Kameraden» an: ob es für seine politische Überzeugung glaubwürdig sei, Umgang im wesentlichen mit Schlägern, entwurzelten Jugendlichen und sogar Kriminellen zu pflegen? «Man muß mit dem kämpfen, was man hat», antwortet er. Er ist darauf gefaßt, wenn er verurteilt wird, eine hohe Strafe zu zahlen, was ihn in den Augen seiner Anhänger um so mehr zum Märtyrer machen wird.

Im August wird Karl Polacek wegen «gefährlicher Körperverletzung» zu acht Monaten Gefängnis auf Bewährung und einer Geldbuße verurteilt. «Zwar steht fest», schrieb eine Tageszeitung zum «Skandalurteil», wie es Prozeßbeobachter nannten, «daß Polacek einer Studentin mit einem Beil eine Verletzung an der Stirn zugefügt habe, doch – so der Vorsitzende Richter Friedrich Zoller – ‹ein gezielter Schlag war nicht nachzuweisen›. Sicher sei nur, daß der Angeklagte ‹das Beil zielgerichtet nach vorn bewegte› ... Völlig unberücksichtigt ließ das Duderstädter Gericht Polaceks führende Rolle in der norddeutschen Neonazi-Szene ... In einer Computerdatei hat der mehrfach vorbestrafte Polacek Daten und Fotos von ‹Feinden des deutschen Volkes› gesammelt, die Grundlage für eine ‹spätere Abrechnung› sein sollen. Auch Richter Zoller wurde die Aufnahme in die Liste angedroht.»[6]

Im Oktober 1991 hat die Ausländerbehörde des Landkreises Göttingen Karl Polacek aufgefordert, Deutschland binnen eines Monats zu verlassen. Er habe – so die Begründung nach dem Gerichtsurteil –, nicht nur Gewalt gepredigt, sondern auch ausgeübt. Polacek ficht das

6 «Die Tageszeitung» v. 21.8.91

nicht an. Er will sein Haus der FAP weiterhin als «Ausbildungsstätte» zur Verfügung stellen. Der niedersächsische Innenminister Gerhard Glogowski hat sich vorgenommen, hart zu bleiben. «Wir hatten schon mal einen Österreicher zu viel», sagt er.

Ein paar Wochen später erntet Karl Polacek das, was er selbst gesät hat: «Unbekannte», wie es im Polizeibericht heißt, greifen seinen Wohnsitz an und bewerfen ihn und seine Anhänger mit Steinen und Wegplatten. Es gibt eine wüste Schlägerei und mehrere, zum Teil schwer Verletzte. Vielleicht hätte das Gerichtsurteil von Duderstadt eine vorbeugende und für alle Beteiligten größeren Schaden verhütende Wirkung gehabt, wenn es so ausgefallen wäre wie – in einem vergleichbaren Fall – im Sommer in San Diego/Kalifornien. Ein Richter verdonnerte den Anführer einer rassistischen Vereinigung dazu, sein Haus zu verkaufen und einen Teil der Verkaufssumme den Angehörigen eines von Skinheads ermordeten Äthiopiers zu übergeben. Nach Auffassung des Gerichtes haben die rassistischen Aufrufe der «Weißen Arischen Widerstandsbewegung» (WAR) die Skinheads zu der Bluttat angestiftet, die sich im November 1988 in Portland/Oregon ereignet hatte. Der geschätzte Wert des Hauses des Verurteilten Tom Metzger beläuft sich auf knapp 242000 Mark, von denen der Richter der äthiopischen Familie ca. 80000 Mark zusprach.

Karl Polacek (rechts), Landesvorsitzender der FAP in Niedersachsen, mit jugendlichen Anhängern aus Göttingen und Nordhausen (Thüringen) (April 1991)

Ein Nachwuchs-Untertan

Eichmann: «Solange das menschliche Zusammenleben noch keiner globalen Lösung entgegengeführt wird, solange bleibt Befehl und Gehorsam die Grundlage jeder staatlichen Ordnung.»

Heinar Kipphardt: Bruder Eichmann

Sollen Neonazis Gelegenheit bekommen, ihre Weltanschauung im Originalton in der Presse verbreiten zu können? Eine Frage, die nicht einfach zu beantworten ist: Normalerweise kann man davon ausgehen, daß die meisten Menschen, werden sie mit neofaschistischem

Gedankengut konfrontiert, sich kopfschüttelnd abwenden oder entsetzt sind. Viele Presseveröffentlichungen bauen auf diesen Effekt: da die militanten Neonazis ohnehin nur eine verschwindend geringe Minderheit sind, könne es nicht schaden, wenn man sie zu Wort kommen läßt. Meistens sind ihre Äußerungen so unausgegoren, daß sie ohnehin kaum jemand ernst nehmen kann.

Kaum jemand, aber es kann auch anders sein: Bernd, der Button-Träger in Polaceks Haus, der seinen wahren Namen nicht nennen will, weil er befürchtet, mit Göttinger Antifaschisten und -innen erheblichen Ärger zu bekommen, kam zu Polacek durch eine Fernsehsendung.

Dort konnte der alte Herr aus Mackenrode ein paar seiner Kernsätze verbreiten, in martialischer Pose, mit Fahne und Sense, natürlich nicht unkommentiert. Bernd, der zufällig den Fernseher eingeschaltet hatte, war begeistert: Polacek dachte genau wie er. Deshalb besuchte er dessen Haus in Mackenrode und geht inzwischen dort ein und aus.

Bernd scheint, solange man ihn nicht nach seiner politischen Meinung fragt, relativ normal zu sein: wohlerzogen, höflich, er gibt bereitwillig Auskunft und bietet dem Fotografen an, in jeder gewünschten Haltung zu posieren. Er besteht insbesondere auf einem Foto mit «Fahnengruß». Auf die Frage, was das sei, zeigt er den Hitler-Gruß. Er ist 19 Jahre alt und gibt als Berufswunsch «Verkäufer» an. Sein Vater lebt nicht mehr. Er wohnt in der Wohnung seiner Mutter, die als Putzfrau arbeitet. Er hat drei ältere Brüder, von denen einer seine Meinung teilt, aber nicht politisch aktiv ist, ein anderer sei strikt dagegen: «Er ist auch mit einer Linken zusammen.»

«Wir sind eine sehr militärische Familie», sagt er und zählt die soldatischen Titel seiner männlichen Vorfahren auf: der Großvater sei im Krieg gewesen, «der Vater meiner Urgroßmutter hat im Krieg 1870/71 bei Sedan mitgekämpft. Der Bruder meiner Urgroßmutter hat das goldene ‹Pour le mérite› gekriegt, 1914, in der Marneschlacht. Mein Urgroßvater hat bei Verdun mitgekämpft in der deutschen Vierten Armee. Der Bruder meiner Urgroßmutter war in der Zweiten Armee unter Bülow. Mein Onkel war im Zweiten Weltkrieg in Rommels Afrika-Korps. Mein Großvater war im Osten Soldat, gegen Rußland.» Auch seine Urgroßmutter sei «etwas in der Wehrmacht geworden». Auf meine etwas erstaunte Nachfrage: «Sie hat die Leitung über 60 Putzfrauen gehabt und sogar Hermann Göring persönlich gekannt.»

Im Gespräch stellen sich zwei Dinge heraus: Bernd wurde fast ausschließlich von seinen Großeltern erzogen, die ihm offenbar das «Dritte Reich» nur in den allerschönsten Farben geschildert haben. «Besonders meine Urgroßmutter hat mir das haarklein berichtet. Die ist zur Kaiserzeit großgeworden. Da habe ich von klein auf alles mitgekriegt.» Und: Bernds Vater war für ihn nie ein Vorbild, weil er ihn kaum gesehen hat – über die Gründe möchte oder kann er nichts sagen. Die Erziehung durch seine Großmutter zum Beispiel beschreibt er mit den Worten: «Ich wurde früh von ihr aufgeklärt, wie das damals war. Da wird ja viel von geredet. Deshalb habe ich von vorne herein eine rechte Einstellung.»

Diese Einstellung erschöpft sich in wenigen Platitüden, deren eigentlicher Inhalt deutlicher wird, wenn man «Deutsches Reich» durch «meine Familie» ersetzt. «Das Deutsche Reich muß wieder in seinen Grenzen entstehen, wie es damals war, weil das die Grenzen sind, die für das Deutsche Reich normal sind. Wenn das Reich immer mehr zerstückelt wird, geht es mit der Zeit unter. Es wird immer weniger. Es ist dann kein Zusammenhalt mehr da. Du mußt wieder den anderen Mächten zeigen, daß man wer ist. Das ist das Wichtige.»

Bernd behauptet von sich, er sei «schon mit sechzehn überzeugter Nationalsozialist» gewesen. Durch das, was er in Polaceks Haus hört und sieht, verfestigt sich diese Einstellung so, daß er nichts mehr zur Kenntnis nimmt, was seine Meinung ins Wanken bringen könnte. «Ich habe ‹Mein Kampf› gelesen. Was ich sehr gut finde, ist Hermann Göring: ‹Werk und Mensch›. Dann das Buch von Alfred Rosenberg: ‹Mythos des 20. Jahrhunderts›.» Auf die Frage, was er außer Propaganda- und Schulungsmaterial noch lese: «Nur Goethe, Schiller und eben diese Bücher.» Spontan fällt ihm kein Titel ein. Gerade liest er das Machwerk des Alt-Nazis Otto Ernst Remer aus Polaceks Bibliothek: «Verschwörung und Verrat gegen Hitler», «eines der besten Bücher, was den 20. Juli darstellt, wie er wirklich war». Sein musikalischer Geschmack, ich bin nicht weiter überrascht: «Ich höre natürlich am liebsten Marschmusik. Mein Lieblingsmarsch ist der ‹Badenweiler›. Dann die Kampflieder, ‹Hakenkreuzfahnen›, ‹Bomben auf England›, ‹Die Fahne hoch›.

Alle Leute, die nicht so sind wie er, hält Bernd für «Verführte»:

«Die sind durch die Medien zu einer Meinung gebracht worden, die nicht der Wahrheit entspricht.» Ich frage ihn, ob er ein völlig widerspruchsfreier Mensch sei: man habe den Eindruck, er sage alles, um dem Klischee vom Neonazi zu entsprechen. «Nein», antwortet er im Brustton seiner jugendlichen Überzeugung, «das ist seit Jahren mein Weg, daß ich nur dieses wahrnehme. Ich gucke auch nur Filme aus der Zeit vor 1945. Sonst suche ich mir die Sendungen aus. Ich sehe nur die, von denen ich von vorne herein sagen kann, daß sie für mich wichtig sind.»

«Du bist jetzt noch nicht einmal zwanzig. Kannst du dir vorstellen, in ein paar Jahren ganz anders zu denken?» frage ich. «Nein, ich bin da von klein auf gefestigt. Im Gegenteil, es hat sich mit den Jahren immer mehr ausgeprägt. Die Lehrer haben behauptet, das würde sich legen. Hat es aber nicht.»

Von seinen «Gegnern», der linken Jugend-Szene in Göttingen, meint er, klare Vorstellungen zu haben: die «kiffen», «hängen rum», bezögen nur Sozialhilfe, in deren Jugendzentrum herrschten «chaotische Zustände», Waffen seien «hinter den Wänden versteckt», und überhaupt traue sich die Polizei da nicht hinein. Mit dem provokativ gemeinten Slogan «Deutschland verrecke» kann er nichts anfangen: «Das ist doch keine Art.»

Bernd verhält sich, wie er sich selbst beschreibt, «normal»: «Ich versuche zu arbeiten, etwas zu leisten.» Auf meinen Vorhalt, es seien doch keine «normalen» Verhaltensweisen, wenn seine Freunde, Skinheads aus Polaceks Gruppe, andere Menschen mit Messern und Fäusten traktierten, reagiert er ausweichend: Er sei noch nicht so lange mit denen zusammen, er könne das nicht beurteilen. «Von mir persönlich braucht sich niemand bedroht fühlen. Wenn mich die Leute in Ruhe lassen, können die ruhig in ihrem Outfit herumlaufen, ich denke mir meinen Teil.» Er hat aber Angst davor, «daß die Linken mich erwischen, daß die mich abstechen. Wenn ich auf der Jacke die Reichskriegsflagge habe, muß ich damit rechnen, daß acht Leute mit einem Messer kommen und sagen, daß ich das abmachen soll.» Wie Polacek: ungeachtet der Realität lauert hinter jedem Busch ein «Linker», der die Rechten abstechen will, überhaupt ist ständig die Gefahr, umstellt zu werden. Deshalb gilt: prophylaktischer Gegenangriff.

«Kannst du dir vorstellen, jemanden zu töten, wenn es dir jemand befiehlt?»

«Das kommt drauf an. Wenn es mein Feind ist, wenn Krieg ist... ohne weiteres. Wenn Krieg ist, da darf man nicht fragen, da hat man an die Waffe zu gehen.»

«Und wenn kein Krieg ist?»

Das weiß ich nicht, aber wenn Krieg wäre, würde ich es sofort machen.»

«Wenn dir ein Anführer der FAP einen Befehl geben würde, mit dem du Gewissenskonflikte hättest...»

«Ich müßte den Befehl ausführen, weil es ja ein Befehl ist. Wenn mir ein Verbrecher gegenübersteht, würde ich keine Gewissenskonflikte haben.»

«Und wenn du den Eindruck hast, daß es kein Verbrecher ist?»

«Man darf aber in dieser Situation nicht fragen, wenn man Soldat ist. Das haben andere zu entscheiden, der Kaiser oder der Führer. Das hat man selber nicht zu verantworten. Wenn man den Befehl kriegt, jemanden zu erschießen, ist man von der Verantwortung befreit.»

«Hältst du es für erstrebenswert, daß in einer Partei, in der du dich betätigst, dieses Prinzip des Gehorsams herrscht?»

«Ja. Weil ohne Gehorsam nichts läuft. Ich bin aber noch nicht in die Partei eingetreten. Ich will erst meine Lehre machen, damit ich dann den Rücken frei habe. Dann werde ich eintreten. Dann muß man das durchsetzen. Solche Leute, die sich nicht beugen wollen, muß man dazu bringen, daß sie sich beugen.»

Beim Thema «Frauen» taucht wieder Bernds braune Urgroßmutter auf. Seine Zukünftige sollte «vor allem Deutsche» sein. «Da gibt es doch Möglichkeiten, den Stammbaum auf mehrere Generationen nachzuprüfen. Das mußte meine Urgroßmutter auch, als sie zur Wehrmacht ging.» Warum sei das so wichtig für ihn? «Weil wir aus einer rein arischen Familie sind, wir haben den Ariernachweis, vor allem von meiner Urgroßmutter her, für fünf Generationen her.»

«Wenn sich herausstellte, daß deine spätere Frau ausländische Vorfahren hatte und du ein Kind mit ihr hast, was würdest du tun?»

«Dann gäbe es nur den Entschluß, sich scheiden zu lassen. Die Kinder würden dann der Frau zugesprochen. Ich hätte keine Probleme. Ich bin da konsequent. Die muß rein deutsch, das heißt arisch sein. Da gehört Österreich dazu, der oberste Teil von Holland, unten ist ja mehr französisch, die sind ja nicht mit uns verwandt. Und die nordischen Staaten. Das ist eine arische Rasse.»

Je mehr ich zu diesen rassistischen Phrasen nachfrage, um so hanebüchener, aber auch um so eindeutiger werden die Antworten. Ausländer dürften keine «Arier», wer auch immer das sein mag, heiraten, wenn es nach Bernd ginge. Schon geschlossene Ehen mit Schwarzen müßten «für ungültig erklärt werden».

«Dürften deiner Meinung nach Schwarze zum Beispiel Inder heiraten?»

«Ja, sie sind ja beide keine Arier.»

«Zufällig haben aber gerade die Nazis von der «Indogermanischen Rasse» gesprochen..?»

«Ich meine jetzt vom germanischen Standpunkt her. Ich meine die Menschen, die in unserer Region leben wie zum Beispiel Österreicher und Schweden, die auch unsere Hautfarbe haben.»

«Weiße Inder, die «Arier» sind, dürften Deutsche nicht heiraten, wenn es nach den Neonazis ginge?»

«Nein, weil sie aus einem ganz anderen Kulturkreis kommen.»

«Dann ist nicht die «Rasse» das Entscheidende, sondern daß sie aus einer anderen Kultur stammen?»

«Die unterscheiden sich doch von ihrem äußeren Wesen her von den Ariern, die in Nordeuropa leben.»

«Also dürfen nur Leute einander heiraten, die ähnlich aussehen?»

«Ja, also, nur die, die aus Deutschland sind, dürften... ja, die Inder sind doch ein anderer Lebenskreis...»

«Unbestritten sind die Deutschen selbst eine Mischung aus vielen verschiedenen Völkern..?»

«Daraus hat sich aber eine Rasse entwickelt, die so hochstehend ist wie früher die Ägypter.»

«Die Deutschen» sind besser als alle anderen – eine gefährliche und abstoßende Behauptung, die aber nicht nur bei den Neonazis, sondern auch an vielen Stammtischen umläuft.

«Preußische Disziplin, die es so nur einmal auf der Welt gibt. Der Gehorsam, der ist einmalig. Es gibt natürlich auch Ausnahmen. Pflichterfüllung. Der deutsche Soldat ist auch der beste, da gibt es keinen Zweifel. Der deutsche Soldat kennt nur ein Ziel: unbedingten Gehorsam.»

Selbst wenn – bei einem kaum noch vertretbaren Maß an Verständnis und gutem Willen – man annimmt, hier handele es sich um einen nicht besonders intelligenten und zudem noch verhetzten Jugendlichen, wird eins klar: Die zentralen Koordinaten der rechtsradikalen Einstellung werden sich nicht ändern. Was werden junge Menschen, die durch die Schule Karl Polaceks gegangen sind, in zwanzig Jahren denken, und welche Partei werden sie wählen?

Auch die übliche antisemitische Hetze fehlt nicht: «Die Juden» hätten sehr großen Einfluß. «Überall ist es von Juden durchtränkt. Das ist aber schon immer gewesen. Das war schon zu Kaisers Zeiten kritisch, und jetzt wird es immer kritischer. Persönlich kenne ich keine Juden. Ich weiß das nur von meiner Urgroßmutter, die 1928 in die Partei eingetreten ist. Die war Verwalterin eines Wohnblocks und mußte da für Ordnung sorgen.»

Was mit denen geschehen sei? «Das weiß meine Urgroßmutter nicht.» Was sagt er, wenn ihn jemand «Neonazi» nennt? «Das können sie ruhig sagen.»

Überall dabeisein ist alles!

Die Geschichte der deutschen Rechtsradikalen ist eine Geschichte von Sammlungsbewegungen. Kleine Gruppen von zum Teil weniger als einem Dutzend Personen finden sich zusammen, knüpfen Kontakte zu Gleichgesinnten, zerstreiten sich nach einiger Zeit auf Grund persönlicher Rivalitäten, lösen sich auf und tauchen unter neuem Namen und mit etwas veränderter Mitgliederstruktur wieder auf. Die Partei«programme» oder kurzfristigen Ziele der Organisationen sind relativ unwichtig. Die Essentials aller neonazistischen und rechtsradikalen Gruppen lassen sich an einer Hand abzählen: Rassismus und mehr oder weniger offen ausgesprochener Antisemitismus, Bagatellisierung der Nazi-Verbrechen und des Holocaust («Auschwitzlüge») und Geschichtsrevisionismus – die Verantwortung Deutschlands für den Ausbruch der Weltkriege wird geleugnet oder heruntergespielt.

Eine antifaschistische Recherche, die sich bemüht, die informelle «Struktur» der militanten Szene zu entschlüsseln und sich dabei von der Unzahl der Gruppen mit mehr oder weniger phantasievollen Namen blenden läßt, muß zwangsläufig ins Leere laufen. Die politische Arbeit der rechten «Szene» in den alten Bundesländern lebt von einigen Hundert Aktivisten, die zum Teil seit Jahrzehnten immer wieder neue Mitglieder sammeln, die durch informelle Kontakte untereinander verbunden sind und die ausnahmslos versuchen, sich selbst zum jeweiligen «Führer» der Bewegung hochzustilisieren.

Das gilt schon für die Zeit vor 1945. «Diese Sammlerwut», schreibt Kurt Hirsch, «zieht sich wie ein brauner Faden von den Alldeutschen vor 1918 über die Weimarer Republik bis zur NSDAP-Gründung 1920/21 und in die Gegenwart. Sie sammeln und spalten sich solange, bis es einem Mann gelingt, auf Grund seiner politischen Potenz und nicht zuletzt der finanziellen Unterstützung durch interessierte Kreise der Wirtschaft und der Industrie die verschiedenen Personen und

Gruppen auf einen gemeinsamen Nenner zu bringen.»[1] Dies sei eine «wesentliche Voraussetzung» für den Erfolg Hitlers gewesen, dessen NSDAP im Lauf der Zeit eine Unzahl kleiner und kleinster Organisationen aufsog und ihre Mitglieder integrierte. Darunter sind Gruppen, deren Namen heutigen Vereinigungen ähneln, wie «Deutsche Arbeiterpartei» (DAP), «Thule-Gesellschaft», «Deutschsozialistische Partei», «Bund Oberland», «Bund Wiking». Dazu stießen Dutzende von Kampfgruppen, die man etwa mit den «Wehrsportgruppen» heutiger Neonazis vergleichen kann, und Freikorps, deren politische Ziele diffus waren und die mehr durch terroristische Aktionen auf sich aufmerksam machten.

Es sei auch für Kenner des rechten Spektrums unmöglich, resümiert Hirsch, «authentische Mitgliedszahlen anzugeben, denn der Kreis spannt sich von Tischgesellschaften bis zu Veranstaltern von Massenkundgebungen. Desweiteren ist in den meisten Fällen die Dauer der Aktivitäten ebensowenig bekannt wie ihre oftmaligen Selbstauflösungen und Spaltungen sowie Doppelmitgliedschaften.»[2]

Beispiele aus jüngster Zeit für die soziologische Struktur der militanten Rechten sind die neonazistischen Parteien NSDAP/AO («Aufbauorganisation»), FAP und «Nationale Offensive» (NO).

Hilfe aus den USA

Die NSDAP/AO ist nicht offiziell registriert, sondern versteht sich als illegale «Kader»-Partei. Sie propagiert offen die Errichtung einer «nationalsozialistischen Ordnung» zunächst auf deutschem Boden und dann, selbstverständlich, in der ganzen Welt. Diese 1973 als Nachfolgeorganisation einer vom Staatsschutz zerschlagenen «Kampfgruppe Großdeutschland» gegründete Organisation hat sich durch konspiratives Getue in Antifa-Kreisen den Ruf verschafft, eine streng illegal arbeitende Kadertruppe von disziplinierten «Nationalsozialisten» zu sein, die hinter vielen der neonazistischen Aktionen stecke. Michael Kühnen tönte: «Die NSDAP/AO und ihr Leiter Gerd Lauck

1 K. Hirsch, S. 13. Hirsch zählt mehr als 80 Organisationen auf.
2 ebd., S. 15f.

haben nicht zu überschätzende Verdienste um den Neuaufbau einer richtigen und einheitlichen NS-Bewegung in Deutschland.»[3]

Wer steckt hinter dieser ominösen Organisation? Selbsternannter Chef ist der US-Amerikaner Gary (Gerhard) Rex Lauck, geboren 1953 in Lincoln/Nebraska. Von dort aus betreibt Lauck einen schwunghaften Handel mit NS-Devotionalien und mit vor Antisemitismen strotzenden Flugschriften, sowie «Gaskammersongs» und Brettspielen, zum Beispiel mit dem Titel «Jude ärgere dich nicht». Eine Zeile des sogenannten «Judensongs», nach der Melodie eines bekannten Kinderliedes: «In Auschwitz ist die Stimmung toll, die Öfen sind bald wieder voll» – Refrain: «Fiderallalla». In den USA ist die Verbreitung nationalsozialistischer Propaganda nicht gesetzeswidrig.

Zu dem erlauchten Bekanntenkreis Laucks gehören: Russel Veh, der Vorsteher der okkultistisch-rassistischen «Church of Satan» und Anführer der neonazistischen US-Schwulenorganisation «The American Mobilizers»; Frank Collins, der mehrfach wegen Kinderschändung vor Gericht stand und der in Chicago das «National-Socialist Headquarter» betreibt; George P. Dietz, dessen «National Socialist Party of America» – ebenfalls in Chicago – eine eigene Radiostation besitzt, die über eine Million Hörer erreichen kann. Dietz' Zeitschriften «Liberty Bell» und «White Power Report» sowie Buchveröffentlichungen ähnlichen Niveaus gelangten bis zu den interessierten Kreisen in die Bundesrepublik. Dort ist Arnulf-Winfried Priem, der Anführer der Berliner Nazi-Rocker-Gang «Wotans Volk», eine der Kontaktpersonen für die NSDAP/AO.

Die Nazi-Bewegung in den USA ist ein Sammelsurium von Sekten und sektenähnlichen Gruppierungen, deren Anhängerzahl verschwindend gering ist. In ihrer Hochzeit hatte sie nie mehr als 1000 Mitglieder. Weitaus größeren Einfluß hat der berüchtigte rassistische Geheimbund Ku-Klux-Klan, dessen ehemaliger «Grand Wizard» (Großer Zauberer) David Duke, ein fanatischer Hitler-Verehrer, sich nicht ohne Erfolgsaussichten für den Gouverneursposten des Bundesstaates Lousiana bewarb.

Vorläuferin der heute aktiven «Parteien» war die «American Nazi Party», deren Gründer George Lincoln Rockwell von einem abtrün-

3 Zit. n. G. Christians, S. 139

nigen Anhänger erschossen wurde.[4] Schon in den sechziger Jahren bestanden Kontakte zu versprengten Alt-Nazis in Südamerika und zu Einzelpersonen nach Europa. Nach Rockwells Tod – die Gruppe war mittlerweile in «National Socialist White People's Party» umbenannt worden – galt Matthias Koehl als der Chef. Koehl steht gleichzeitig der «World Union Of National Socialists» vor. «Das Programm dieser Gruppe», schreibt Jochen Maes, «ist vorbildhaft für Neonazis in anderen Teilen der Welt.»[5] Gefordert wird unter anderem die «Eliminierung der tödlichen Rassenmischung durch eine totale geografische Trennung der Nicht-Arier von unseren Menschen in jedem arischen Land.» Für die deutschen Neonazis ist vor allem die Zeitschrift «White Power» interessant, die über Nazi-Aktionen weltweit berichtet und deren deutschsprachige Beilage, der «Schulungsbrief», Propaganda-Material der hiesigen Neofaschisten widerkäut.

Lauck gilt, zusammen mit Dietz, als der größte «Exporteur von nationalsozialistischen Büchern, Zeitschriften, Zeitungen, Propagandamaterial und anderweitigen Verschenkartikeln wie Fahnen, Schallplatten, Aufnähern, Dolchen, Ringen etc. in die BRD»[6].

Lauck ist mehrfach in der alten Bundesrepublik aufgetreten. 1974 referiert er als Gast der neonazistischen «Deutschen Bürgerinitiative» und der «Bürger- und Bauerninitiative» des Thies Christophersen zum Thema «Warum Hitler in Amerika noch immer populär ist». Auch bei der «Deutschen Bürger-Initiative» des später zu einer langjährigen Haftstrafe verurteilten Rechts-Terroristen Manfred Roeder taucht er auf.

Lauck wird ausgewiesen und erhält Einreiseverbot für die Bundesrepublik. 1976 wird er in Mainz wegen illegaler Einreise und Verbreitung von Kennzeichen verfassungswidriger Organisationen festgenommen: Er hat 20000 Hakenkreuzaufkleber im Reisegepäck. Aufschriften: «Kauft nicht bei Juden» und «NS-Verbot aufheben». Im selben Jahr bereist Roeder die USA und trifft sich mit pseudo-religiösen rassistischen Gruppen wie der «New Christian Crusade Church», die lehrt, daß nicht die Juden, sondern die Weißen das «auserwählte

4 Vgl. Jochen Maes: Eine Internationale der Nazis, in: Spandauer Volksblatt v. 22.10.91, S. 3
5 ebd.
6 G. Christians, S. 141

Volk Gottes» seien. 1978 floh Roeder vor einem Haftaufenthalt zunächst nach Südamerika, dann in die USA. Dort meldete er sich über eine Postfachadresse in New York. Den Versand seiner Rundschreiben an die «Kameraden in der Heimat» besorgte Dietz.

Über die USA-Nazi-Connection werden auch die Machwerke des Deutsch-Kanadiers Ernst Zündel vertrieben. Zündel lebt in Toronto/Kanada, besitzt dort einen Verlag, «Samisdat Publishers Ltd.», und beliefert deutsche Neonazis mit indizierten Büchern und Schriften, unter anderem dem berüchtigten «Leuchter-Report» und Tonbandkassetten mit Reden der NS-Funktionäre aus der Hitler-Zeit. Zündel erarbeitete zusammen mit Roeder terroristische Pläne wie die Bildung von konspirativen Zellen oder die «Eliminierung» von «Fremdarbeitern». Ein «Schulungsbrief des Reichsorganisationsleiters der NSDAP» kündigte an, «nachdem gewisse Sicherheitsmaßnahmen getroffen wurden», bald über das informieren zu können, was Roeder «im Röhrchen» habe. In der nächsten Ausgabe war ein Zeitungsbericht über einen Bombenanschlag in Süddeutschland abgedruckt.

1979 taucht der NSDAP/AO-Chef Lauck wieder in Deutschland auf. Unter Zusicherung freien Geleites sagt er in einem Prozeß in Bückeburg als Entlastungszeuge für Michael Kühnen aus. In einer zweistündigen primitiven Hetztirade kann er die «Errungenschaften des Nationalsozialismus» preisen. Im Juli 1990 reist er über den Flughafen Schönefeld, trotz vorliegenden Haftbefehles, nach Deutschland ein, läßt sich mit Michael Kühnen vor der Fassade des Flughafens fotografieren und nächtigt unbehelligt bei einer Bekannten Arnulf-Winfried Priems. Zuvor hatte er sich mit Kühnen in Dänemark getroffen, wo beide im Kreise mehrere Neonazis über die «lebendige Idee» des Nationalsozialismus referierten und die Gründung eines «Vierten Reiches» forderten.

Ein Nazi-Experte, der unter dem Pseudonym Georg Christians ein Buch über die FAP herausgegeben hat: «Aus einem sorgfältig ausgearbeiteten Dossier des ‹American Jewish Committee› (AJC) über die Aktivitäten des NSDAP/AO-Führers geht hervor, daß Lauck zusammen mit dem Deutsch-Amerikaner Matthias Koehl breit angelegte Einigungsversuche zwischen den verschiedenen US-Nazi-Gruppen in Gang setzte und mit seiner forcierten Propagandaarbeit und seinem expandierenden Vertriebsnetz sogar Nationalsozialisten in Südamerika, in Südafrika und Australien mit Material erreichte. Zusätzlich fungiert Lauck als Herausgeber der stark NS-apologetischen Hetzschriften ‹N-S-Report› und ‹The New Order›.»[7]

Zweifellos ist Lauck ein fanatisierter Spinner, dessen krudes antisemitisches Weltbild nur unter seinesgleichen Beachtung findet. Von ähnlichem geistigen Niveau waren aber auch viele der alten Nazi-Führer, die im «Dritten Reich» zu Amt und Würden gelangten. Laucks reale Bedeutung besteht weniger in der politischen Arbeit als in seiner Handelstätigkeit, die es vielen deutschen Neonazis erleichtert, an Propaganda-Material heranzukommen. Flüchtige Neonazis wie Roeder erhielten logistische Hilfe, Aktionen in Deutschland wurden mit US-amerikanischer Hilfe vorbereitet. Lauck zehrt ferner von seinem Nimbus, den ihm sein widerwärtiger offener Antisemitismus bei denjenigen verschafft, die seine Ideen nur zu denken, nicht aber auszusprechen wagen. Das trifft für viele junge Rechte in den neuen Bundesländern zu, die kurz nach der Öffnung der Mauer begierig nach allem Ausschau hielten, was in dem Geruch des Verbotenen stand.

Mir liegt ein Brief an den ehemaligen Parteivorsitzenden der Ost-Berliner «Nationalen Alternative»[8], Frank Lutz, vor, in dem ihm die Postanschrift der NSDAP/AO mitgeteilt wird. Verfasser des Briefes – Juni 1990 – ist ein Joachim Kuhne. Unterschrift: «Sieg Heil». Kuhne gilt bei Ost-Berliner Neonazis als Stasi-Mann und Polizeispitzel. Nachdem ihm der Boden in Berlin zu heiß geworden war, tauchte er in Konstanz als Chef einer «Wehrsportgruppe» wieder auf.

Ein Verfassungsschutzbericht spricht von ungefähr gut dreißig Unterstützergruppen der NSDAP/AO in der alten Bundesrepublik. Man kann aber davon ausgehen, daß fast alle Mitglieder dieser Gruppen gleichzeitig einer anderen neonazistischen Partei angehören, vor allem der FAP. Seit Sommer 1991 verschiebt sich der ideologische Schwerpunkt innerhalb der militanten Szene. Die NSDAP/AO hat immer betont, daß sie von der «Richtigkeit und absoluten Unersetzlichkeit des Nationalsozialismus» und des Führer-Prinzips Hitlers überzeugt sei.

Vor allem durch den Einfluß junger Rechtsradikaler aus der ehemaligen DDR bekommt jetzt der «strasseristische» Flügel mehr Gewicht. Otto Strasser war 1930 aus der NSDAP ausgetreten und hatte

7 ebd., S. 140

8 Vgl. das Kapitel: «Aufstieg und Fall der ‹Nationalen Alternative›

die «Kampfgemeinschaft revolutionärer Nationalsozialisten» gegründet. Strasser wurde von den Nazis ausgebürgert und bekämpfte sie – von Prag aus – mit einem Schwarzsender und seiner Postille «Schwarze Front». 1956, nach seiner Rückkehr aus der kanadischen Emigration, war er einer der Gründer der «Deutsch-Sozialen Union» (DSU) und versuchte, «eine Synthese nationaler und sozialer Wertvorstellungen» zu finden. Laut Hirsch könne er als «Verfechter eines antifaschistischen Nationalsozialismus gelten»[9], was auch immer das sein mag.

Die informelle Gruppe «Neue Front» oder auch – großspurig – die «Bewegung» Michael Kühnens stand eher in der Mitte: vereinzelt wurde Kritik an der bedingungslosen Hitler-Verehrung Kühnens geübt. Der aber beschwor – ohne sich theoretisch groß hervorzuwagen – den Geist Ernst Röhms, der ja – unbestritten selbst in Neonazi-Kreisen – von Hitlers Schergen ermordet wurde. Röhm wollte der «nationalen Revolution» eine «sozialistische» folgen lassen, was insbesondere bei den proletarischen Mitgliedern seiner SA – es gab eine erhebliche Fluktuation von Mitgliedern zwischen der KPD und der NSDAP – Gehör gefunden haben wird. Er dürfte sich für die Gruppe um Kühnen deshalb als Identifikationsfigur geeignet haben, weil er schwul war. Sowohl die NSDAP/AO als auch die Position des verstorbenen Kühnen und seiner Epigonen werden in nächster Zeit – vor allem von den Neonazis in den neuen Bundesländern – nicht mehr allzu ernst genommen werden. Wenn die Szene sich so weit etabliert hat, daß sie Leute hervorbringt, die in der Lage sind, politische Theorien zu entwickeln, könnte sich eine wirklich «neue» Nazi-Ideologie herausbilden, die faschistisch und nationalistisch ist, sich aber gleichzeitig auf das «moderne» Erbe des «Realen Sozialismus» beruft.

Zur Zeit – Ende 1991 – ist in den neuen Bundesländern die Akzeptanz der rassistischen Gewalt auch bei der «normalen» Bevölkerung so groß, daß die militanten Rechten sich bestätigt fühlen können. Die Ausschreitungen gegen Asylantenheime etwa in Sachsen – in Hoyerswerda wurde ein Wohnheim tagelang regelrecht belagert, unter zustimmender «Anteilnahme» vieler Schaulustiger –, wirken als Motor für die versprengten Gruppen im Westen; nach den sächsi-

9 K. Hirsch, S. 451

Demonstration von Neonazis zum Todestag von Rudolf Heß in Bayreuth (17.8.91)

schen und brandenburgischen Terror-Szenen wurden auch die Neonazis in Freiburg und Niedersachsen, dann in ganz Deutschland aktiv.

Sammelbecken für Rechts-Chaoten

Eine der ältesten und zeitweilig mitgliederstärksten neonazistischen Parteien in Deutschland ist die FAP, die jedoch Mühe hat, in den neuen Bundesländern Fuß zu fassen. Einige ihrer Vertreter lernte ich bei einem Treffen aller rechtsextremistischen Kleinstparteien im fränkischen Bayreuth kennen. Dem FAP-Block voran marschierte eine Gruppe von Fahnenträgern unter dem Kommando von Siegfried Borchardt. «SS-Siggi», der ehemalige Leiter des Fußballfanclubs «Borussenfront» in Dortmund und FAP-Chef in Nordrhein-Westfalen, saß schon mehrfach wegen Körperverletzung im Knast und sieht auch so aus. Ein antifaschistisches Flugblatt in Dortmund warnend: «Alles, was Sie über Siggi Borchardt wissen, ihn aber besser nicht persönlich fragen sollten.»

Borchardt, wie immer kurzgeschoren und mit Knobelbechern, wie aus einer Fan-Zeitschrift für Stiernackige entsprungen, brüllt ins Megaphon und bemüht sich, ungefähr die Stimmlage eines Pitbull-Terriers zu treffen: «Fahnenträger marsch», «vor», «links schwenkt». Er läßt die Gruppe von zum Teil halbwüchsigen Neonazis, die sich an die Fahnenstangen klammern, in einem Block auf dem Bürgersteig auftreten. Unter ihnen der Bonner Dirk Wilbertz, zweimal wegen schwerer Körperverletzung ohne Bewährung verurteilt, 1991 zu fast zwei Jahren.

Der Demonstrationszug setzt sich jedoch genau in die entgegengesetzte Richtung in Bewegung. Borchardt, im Rücken der gut zwei Dutzend Vorzeige-Rechtsradikalen, bellt: «Fahnenträger kehrt.» Die denken gar nicht daran, nur die letzten kehren auf dem Absatz um. Schnell entsteht ein heilloses Wirrwarr, Fahnen verheddern sich, Stiefel treten auf Stiefel, niemand blickt mehr durch.

Der Parteivorsitzende Friedhelm Busse, bis kurz vor der Veranstaltung noch in kurzen Hosen wie der deutsche Tourist an sich in einer Verfilmung von und mit Gerhard Polt, hält eine neurotisch kläffende Promenadenmischung an der Leine. Busse, geboren 1929, spielt die Rolle des unschuldigen Opas, der von der bösen Polizei immerzu belästigt wird, obwohl er doch niemandem etwas zuleide tue. Schon in den fünfziger Jahren wurde er wegen «Beihilfe zur Freiheitsberaubung» zu einer Bewährungsstrafe verurteilt, 1963 – Busse ist damals Mitglied der rechtsradikalen «Deutschen Reichspartei» – folgt eine Strafe wegen Vergehens gegen das Sprengstoffgesetz. Ende der sechziger Jahre bringt Busse es bis zum Bundestagskandidaten der NPD, beteiligt sich an militanten Aktionen der «Deutsch-Sozialen Aktion», einer NPD-Absplitterung, der diese als zu wenig radikal erschien. Nach Busses Ausschluß aus der NPD 1971 arbeitet er in mehreren rechtsextremistischen Mini-Parteien mit. 1975 wird er Vorsitzender der «Volkssozialistischen Bewegung Deutschlands/Partei der Arbeit» (VSBD/PdA). Auf einer Veranstaltung 1978 erklärt er den

9. November 1938 zum «Schicksalstag» deutscher Geschichte und die Pogrome der sogenannten «Reichskristallnacht» zur «Explosion des deutschen Volkes gegen die jüdische, antideutsche Hetze, gegen die jüdisch-bolschewistische Propaganda»[10].

Busse gelingt es Anfang der achtziger Jahre, mehrere neonazistische Organisationen vor seinen Karren zu spannen. Auch die NSDAP/AO solidarisiert sich mit seinen Zielen. In einem Aufruf dieser illegalen «Kader»-Partei heißt es: «Jeder nationalsozialistische Aktivist wird aufgerufen, die VSBD ideell und finanziell zu unterstützen. Jeder Aktivist der NSDAP/AO, der auch zu legaler Arbeit bereit ist, hat die Verpflichtung, Mitglied der VSBD oder ihrer Jugendorganisation Junge Front zu werden.»[11]

In Hessen ist 1980 Walther Kexel stellvertretender Vorsitzender. Kexel wird 1984, zusammen mit dem Terroristen Odfried Hepp und drei weiteren Rechtsextremisten, angeklagt. Die Gruppe wird beschuldigt, fünf bewaffnete Raubüberfälle mit einer Gesamtbeute von circa 630000 Mark und drei Mordanschläge auf Angehörige der US-amerikanischen Streitkräfte im Raum Frankfurt begangen zu haben. Der ehemalige VSBD-Funktionär wird zu 14 Jahren Gefängnis verurteilt und begeht kurz darauf Selbstmord.

1982 wird die VSBD wegen «gegen die freiheitliche demokratische Grundordnung gerichteter Tätigkeit» verboten. Ein Jahr später landet Busse wegen eines «unpolitischen» Deliktes vor Gericht: Er wird wegen Verstoßes gegen das Waffengesetz und Begünstigung von Bankräubern zu drei Jahren und neun Monaten Freiheitsstrafe verurteilt. Nach der Verbüßung der Haftstrafe sucht er sich offenbar schnell eine neue Partei als politische Heimat. 1987 spricht er vor Anhängern des Kühnen-Konkurrenten Jürgen Mosler, einem lokalen FAP-Anführer, in Dortmund. Ein Jahr später löst er schon den bisherigen Vorsitzenden der FAP, Martin Pape, ab, übernimmt selbst das Ruder und kandidiert für die Europa-Wahlen.

Ende der achtziger Jahre waren mehrere Landesverbände der FAP von den Anhängern Kühnens unterwandert. Nach dem Verbot der zunächst legalen Kühnen-Truppe «Aktionsfront Nationaler Sozialisten/Nationale Aktivisten» (ANS/NA) 1983 durch den damaligen

10 ebd., S. 360
11 ebd.

Innenminister Zimmermann, mußten sich die Neonazis eine neue Partei als legales Aushängeschild suchen, um an Wahlen teilnehmen und ihre Hetze unbehelligt unter das Volk bringen zu können. Die FAP war dazu geeignet. Schon unter dem Vorsitzenden Martin Pape, der in Neonazi-Kreisen nur durch seine Wahnideen auffiel war, die Jesuiten als Speerspitze einer katholischen Weltverschwörung seien an allem schuld, gab es Kontakte ins militante Lager. Die Zeitschrift der 1979 gegründeten FAP, der «Deutsche Standpunkt» (DS), veröffentlichte regelmäßig «verniedlichende und sympathisierende Berichte über neonazistische, militant-terroristische Organisationen»[12]. Pape selbst hatte enge Kontakte zu dem Alt-Nazi Generalmajor Otto Ernst Remer, einem engen Freund Michael Kühnens, und war dessen Verein «Der Bismarck-Deutsche» beigetreten. Seit der Verbindung zwischen Pape und Remer waren die Kassen der FAP so gefüllt, daß ihr Blättchen DS wieder regelmäßig erscheinen konnte.

Nach dem Eintritt der Kühnen-Anhänger in die FAP wurden fast im ganzen alten Bundesgebiet Ortsgruppen gegründet, «die größtenteils ehemalige ANS/NA-Untergliederungen waren. Die FAP wurde schlagartig bekannt, und allerorten traten junge Neofaschisten medienwirksam mit gewaltverherrlichenden und rassistischen Parolen auf.»[13] Verfassungsschützer sprachen von einer «Sogwirkung», die die FAP auf die militanten Rechtsextremisten ausübte.

Ein Beispiel für den Charakter und die Aktionen von FAP-Mitgliedern ist der damals gut zwanzigjährige Markus Mössle, ein ehemaliger ANS-«Kameradschaftsführer». Aus dem SPD-Pressedienst «Blick nach rechts»: «Markus Mössle aus Ulm hat am 24. Januar 1985 eine Sparkassenfiliale in Hungen (Kreis Gießen) mit einer geladenen Maschinenpistole überfallen und 30000 DM erbeutet. Mössle hat inzwischen gestanden, auch auf Geldinstitute in Ortenberg (Oberhessen) und Oberderdingen (Baden-Württemberg) Überfälle verübt zu haben. Dabei raubte er 20000 beziehungsweise 50000 DM, die bisher noch nicht sichergestellt werden konnten.»[14] Das Gericht sah es als erwiesen an, daß durch die geraubten Gelder das Nazi-Hauptquartier Ernst Tags in Weidenthal gekauft und der Unterhalt finanziert wor-

12 G. Christians, S. 22
13 ebd., S. 35
14 Blick nach rechts v. 28. 4. 86

den war. Tag spielte Mitte der achtziger Jahre in Weidenthal eine ähnliche Rolle wie Karl Polacak heute in Mackenrode bei Göttingen. FAP-Chef Pape hielt Mössle für «äußerst wertvoll» und bescheinigte ihm «viel Talent».

Ein anderes «Talent»: Norbert Weidner aus Bonn, bei fast allen Aufmärschen dabei, unter anderem auch bei der «Wiking-Jugend» und bei den «Republikanern» gesichtet. Weidner stand mehrfach vor Gericht. 1989 schlugen er und seine Gruppe grundlos einen Farbigen in einer Bonner Straßenbahn zusammen, das Opfer wurde schwer verletzt, die Täter nur wegen «Körperverletzung», nicht aber wegen versuchten Totschlages verurteilt. Das Gericht sah merkwürdigerweise trotz der einschlägigen Vergangenheit Weidners und seiner Verbindungen zur FAP keine rassistischen Motive für die Tat. Die Gruppe habe ja auch Deutsche mißhandelt und die Skinheads ausgesagt, sie hätten aus einem «undefinierbaren Wutgefühl» heraus gehandelt.

Ein Zentrum der FAP-Aktionen war Frankfurt/Main. Dort existiert eine relativ große Gruppe von Neonazis um Heinz Reisz und den Alt-Nazi Otto Riehs, der bei jeder Gelegenheit damit prahlt, für den Abschuß mehrerer Panzer im Zweiten Weltkrieg das Ritterkreuz erhalten zu haben. Riehs, ein Taxifahrer und enger Freund Kühnens und Papes, kandidierte für die FAP zur Frankfurter Kommunalwahl.

In Niedersachsen, dessen Landesverband 1985 gegründet worden war, galt Volker Heidel, der schon in Busses VSBD aktiv war, als Anführer der diversen «Kameradschaften». Da Heidel wegen terroristischer Aktionen schon mehrfach Haftstrafen verbüßen mußte, ist er – wohl aus organisatorischen Gründen – durch Karl Polacek abgelöst worden.

1988, zwei Jahre bevor Busse den Parteivorsitz übernahm, zerbröselte der Konsens innerhalb der militanten Neonazi-Szene: Anläßlich einer Zusammenkunft der selbsternannten Führer der «Bewegung» auf dem Anwesen des Nazi-Ehepaares Ursula und Curt Müller in Mainz-Gonsenheim wurde ein Vertrauter Kühnens in Frankreich, Michel Caignet, wegen dessen Homosexualität hinausgeworfen. Caignet vertrieb neben einer Auslandszeitung der ANS die französische rechtsradikale Schwulenzeitung «Gaie France». Damit war Kühnen, der sich hinter Caignet stellte, von seinem Hauptkonkurrenten Mosler vorerst ausgebootet worden. Christians berichtet: «Das ‹Gautreffen der Bewegung› mit ungefähr 200 anwesenden Aktivisten aus der Bundesrepublik und Österreich wurde für Mosler ein voller Erfolg. Die von den schwulenfeindlichen Vorträgen der Redner aufgeputschten Aktivisten schwenkten mit lautem Gegröle um auf die von Mosler geforderte und von Kühnen abgelehnte Anti-Homosexuellen-Linie.»[15]

Der gegenwärtige Parteivorsitzende Busse warf noch 1990 vor laufender Pressekamera Kühnen dessen angebliche Homosexualität vor, was dieser zum Anlaß nahm, seinen Widersacher wegen «Beleidigung und übler Nachrede» zu verklagen. Originalton der Strafanzeige Kühnens: Die Behauptung Busses, er – Kühnen – bekenne sich zur Homosexualität, sei «ehrenrührig» und eine «Verleumdung zum Nachteil einer Person des öffentlichen Lebens». Pointe am Rande: In der Anzeige gibt Kühnen als seine Adresse die des Neonazis Michael Kratz in Paderborn an, der aber angeblich nichts davon wußte, daß der selbsternannte «Führer der Bewegung» bei ihm hausen sollte.

Die nach der – mit widerwärtigen Parolen geführte – Homosexualitäts-«Debatte» in zwei annähernd gleich große Lager gespaltene Neonazi-Szene beginnt sich erst nach dem Tode Kühnens wieder anzunähern. Politisch hat sich der Mosler- und später der Busse-Flügel der FAP nicht von der «Gesinnungsgemeinschaft Neue Front» – so nannte Kühnen sein Sympathisanten-Umfeld – unterschieden. Die Differenzen lagen ausschließlich in persönlichen Animositäten und Ambitionen.

Das gilt auch für die FAP-Abspaltung «Nationale Offensive», die vom ehemaligen FAP-Pressesprecher Michael Swierczek aus München 1990 initiiert wurde. Angeblich, so die Behauptung von Mitgliedern der NO vor der Presse, seien die Gründungsmitglieder vorwiegend Übersiedler aus der DDR. In Wirklichkeit waren es fast ausschließlich Gefolgsleute Swierczeks aus Bayern. Der Freiburger Neonazi Josef Rösch, vor seinem Eintritt in die NO Landesvorsitzender der FAP in Baden-Württemberg, versuchte, die zerfallenden Reste der Ost-Berliner «Nationalen Alternative» für seine Zwecke einzuspannen. Einziges Ergebnis: ein gemeinsames Flugblatt der NO und der NA mit den üblichen Parolen. Und: ein Aktivist der NO, Michael Draeger, arbeitet seit 1990 bei den Berliner Neonazis mit.

15 G. Christians, S. 117

Draeger ist ehemaliger Funktionär der «Jungen Nationaldemokraten» und Herausgeber deren Zeitung «Widerhaken». In Grevenbroich war er 1987 verantwortlich für die Gründung der «Grevenbroicher Heimatinitiative gegen Überfremdung und Kommunismus». Bei der Europa-Wahl kandidierte er noch für die FAP. Interessant für die informellen Querverbindungen der Szene: Draegers Anschrift diente vor einigen Jahren als Kontaktadresse eines «Förderkreises Junges Deutschland» in Bielefeld und Gütersloh, einer Vorläuferorganisation der Mosler-FAP. Zu diesem ominösen Förderkreis gehörte auch der heutige «Generalsekretär» der «Nationalistischen Front», Meinolf Schönborn. Draeger nahm 1990 an den meisten der Pressekonferenzen der NA in dem ehemals von Ost-Berliner Neonazis bewohnten Haus in der Lichtenberger Weitlingstraße teil.

Die NO ist zur Zeit eine der kleinsten Neonazi-Gruppen. Ihre Mitglieder konzentrieren sich fast alle in Augsburg. Immerhin gibt sie eine «Zeitung» heraus, den «Deutschen Beobachter», mit einer winzigen Auflage, für die ein Thomas Ruetz aus Stadtbergen verantwortlich zeichnet. Während des Prozesses gegen den SS-Oberscharführer Schwammberger in Stuttgart verteilten NO-Mitglieder Flugblätter, in denen sie dessen Freilassung forderten. Im Gerichtssaal mußte sich Simon Wiesenthal Pöbeleien gefallen lassen. Einer der Anführer: Axel Heinzmann aus Tübingen. Wenigstens für ihn gilt, was von der NO über die Gründungsmitglieder behauptet wurde. Er stammt aus der DDR und wurde als politischer Häftling von der Bundesregierung freigekauft. In den siebziger Jahren prügelte er, zusammen mit «Wehrsportgruppenführer» Karl-Heinz Hoffmann aus Nürnberg, auf antifaschistische Demonstranten ein.

Was von der NO, dem «Auffangbecken für enttäuschte FAP- und Kühnen-Anhänger» zu halten ist, zeigt ihre Mitgliederliste, die sich in dem Nachlaß Kühnens fand und die mir vorliegt: Fast alle Aktivisten der «Nationalen Alternative» und der «Deutschen Alternative» sind aufgeführt – nach dem Motto: Jeder sollte überall Mitglied sein. Die Szene hat sich daher durch die Neugründung der NO nicht quantitativ oder gar qualitativ verändert. Nur daß jetzt offenbar auch Michael Swierczek beabsichtigt, sich in naher Zukunft den Titel «Führer der Bewegung» zuzulegen.

Aufstieg und Fall der «Nationalen Alternative»

Am 27. April 1990 stürmt ein bis an die Zähne bewaffnetes Spezialkommando der Polizei ein vergammeltes Haus in der Berlin-Lichtenberger Weitlingstraße, etwa gleich weit entfernt vom Bahnhof Lichtenberg und dem Wohnheim für ausländische Arbeiter in der Hans-Loch-Straße. Vorausgegangen war ein in Deutschland bisher einmaliges Ereignis: Die städtische Kommunale Wohnungs-Verwaltung (KWV) hatte mit jugendlichen Rechtsradikalen, die sich in einer Pseudo-Bürgerinitiative mit dem sinnigen Namen WOSAN («Wohnraumsanierung») zusammengefunden hatten, einen Mietvertrag abgeschlossen. Darin wird vereinbart, «daß die neun Einraum-Wohnungen in der Weitlingstraße 122 durch die Bürgerinitiative ausgebaut werden können». Nur wenige Tage vor der Polizeiaktion war mir aus Neonazi-Kreisen eine Kopie des Mietvertrages zugespielt worden. Das Datum der Unterzeichnung hätte aufhorchen lassen können: 20. April, der Geburtstag Adolf Hitlers.

Dem Polizeikommando fällt ein ganzes Waffenarsenal in die Hände. Dieses Arsenal – Fotos, die während der Durchsuchung gemacht wurden, kann ich wenig später einsehen – besteht aus Knüppeln, Totschlägern, Messern, aber auch aus Motorradhelmen und Schnürstiefeln. Zusätzlich entdecken die Beamten einen Karteikasten mit Adressenlisten von Journalisten und Persönlichkeiten des öffentlichen Lebens, die politisch links stehen.

Vier Personen werden verhaftet: Frank Lutz, Arbeiter in der Druckkerei der ehemaligen FDJ-Zeitung «Junge Welt» und Parteivorsitzender der am 1. Februar gegründeten Partei «Nationale Alternative», Ingo Hasselbach, einer der Unterzeichner des Mietvertrages, sowie Franko Meyer und Mario Neumann.

Zwei der vier Verhafteten packen während der Vernehmungen aus. Die Gesprächsprotokolle, die mir vorliegen, sind aufschlußreich. Offensichtlich hat die Polizei in ein neonazistisches Wespennest gestochen – mit Querverbindungen nach ganz Deutschland, bis hin zu den Niederlanden, nach Spanien und nach Österreich.

Zur «Nationalen Alternative»: Satzung und Statut seien wörtlich von denen der Hamburger Neonazi-Kleinst-Partei «Nationale Liste» übernommen worden, deren Mitglieder Christian Worch und Thomas Wulff – Spitzname: «Steiner» – die Parteipapiere ausgearbeitet hätten. Die «Nationale Alternative» habe, obwohl erst wenige Wochen alt, Zweigstellen in Dresden, Cottbus, Rostock, Bitterfeld und Königs Wusterhausen. Über den Langener Neonazi Gerald Hess bestünden Kontakte in die Niederlande, zur spanischen faschistischen «Falange» über Vermittlung der beiden österreichischen Nazis Gottfried Küssel aus Wien und Günther Reinthaler aus Salzburg. Reinthaler habe auch den Kontakt mit einem Alt-Nazi und ehemaligen Mitglied der SS-Division «Das Reich» vermittelt, zu Fritz Rebhandel, der «schärfster Verfechter der bewaffneten Revolution» sei. Rebhandel wiederum habe Adressen von West-Berliner Neonazis herausgerückt, zu denen sie Kontakt aufnehmen sollten. Er sei mit dem Rechts-Terroristen Eckehard Weil gut befreundet. Schriftkontakt zur NSDAP/AO in den USA würde vermittelt über Frank Spisak, einen Funktionär der «Hilfsorganisation für nationale politische Gefangene und deren Angehörige» (HNG)[1].

Einer der Verhafteten belastet auch den Hamburger Anwalt Jürgen Rieger: Der habe vor, seine Arbeit als Verteidiger der rechtsextremistischen Szene auf das Gebiet der DDR auszudehnen, er sei Ehrenmitglied der HNG und habe Thomas Wulff beauftragt, in der DDR «alte Militärfahrzeuge aufzukaufen». Er wolle Grundstücke oder Bauernhöfe für Wehrsportlager erwerben.

Über Christian Worch plaudert einer der aussagebereiten Jung-Rechten eindeutige Details aus. Der habe versucht, die «Kameraden aus der DDR» auf den «richtigen Weg» zu führen. Er habe ihm

1 Gegründet 1979. Chefin ist die Kühnen-Vertraute Christa Goerth, zeitweilig hatte der FAP-Funktionär Volker Heidel die Schriftleitung. Die HNG betreut inhaftierte Neonazis und hat Kontakte zu einer Vielzahl von rechtsextremistischen Organisationen des In- und Auslandes. In den «HNG-Nachrichten» wurden wenig später auch die Verhaftungen der vier Ost-Berliner Rechtsradikalen vermerkt. In Berlin ist Uwe Noack Kontaktmann, ein Mitglied der NSDAP/AO.

«durch die Blume» zu verstehen gegeben, «was wir an Aktionen machen sollten: Schändung von jüdischen Friedhöfen, Aktionen gegen die Sorben, Propaganda gegen die Oder-Neiße-Grenze, Vorgehen gegen Polen, Zigeuner, Russen, alles, was in der DDR Fuß fassen will.»

Während einer von Worch organisierten und finanzierten Veranstaltung im Hamburger Randgebiet habe er auch den «Historiker» David Irving kennengelernt, der, zusammen mit Ernst Zündel, einen «Experten-Bericht über die Millionen-Lüge von Auschwitz» angefertigt habe. «Er wollte uns sogar erzählen, daß Hitler davon nichts gewußt hätte», so das handschriftliche Protokoll im Originalton.

Ein weiteres Treffen hätte auch mit dem ehemaligen «Republikaner»-Funktionär Joachim Siegerist in Hamburg stattgefunden. Siegerist wollte über einen Freund «Steiners» junge Leute kennenlernen, «die eine rechte Gesinnung haben». Er habe ihnen die Bücher geschenkt: «Mein Vater Rudolf Heß», «Mord an Rudolf Heß» und «Deutsche und andere Verbrecher».

Einer der beiden Ost-Berliner Neonazis gibt auch Details über die Finanzierung der «Nationalen Alternative» preis: «Die NA finanzierte sich ausschließlich aus Geldern, die durch den Verkauf von Militaria reinkamen. Dazu gehörten: Orden, Uniformen, alte Fahrzeugteile, Granatsplitter, MFS- und NVA-Unterlagen, altes Kriegsgeschirr, Waffen.» Um die Beschaffung dieser Dinge hätten sich die NA-Mitglieder Bendix Wendt und der spätere Partei-Pressesprecher André Riechert gekümmert. «Die Geschäfte» würden über Hamburg abgewickelt. Es existierten angeblich auch drei Ausweise für Mitarbeiter des MfS, die im Keller des Hauses in der Weitlingstraße versteckt worden wären. Mit diesen Ausweisen, das habe Bendix Wendt erzählt, hätte man in die Objekte Normannen- und Kowalkestraße gelangen können.

In einer Nacht-und-Nebelaktion hätten einige Mitglieder der NA einige Wochen vorher bei Bruchmühle in der Nähe von Oranienburg das Grundstück einer ehemaligen «Ordensschmiede» abgesucht. Die Lebensgefährtin des West-Berliner Nazi-Anführers Arnulf-Winfried Priem, Claudia Knauthe, habe dabei mit einem Funkgerät «Schmiere gestanden». Etliche Orden seien gefunden worden und nach West-Berlin zu Priem und einem Christian Wrobel gelangt.

Franko Meyer hätte sogar kurz zuvor, zusammen mit einem «Kameraden», eine «Kleiderkammer der Zivilverteidigung ausgeräumt». Dabei seien ihnen 100 Gasmasken, «komplett mit Taschen», und 60 Kampfanzüge in die Hände gefallen.

Während der Aktion der Polizei gegen die Weitlingstraße seien Bendix Wendt und der West-Berliner Neonazi Oliver Schweigert mit einem Ford Granada unterwegs gewesen, in dem vermutlich «Waffen gelagert» wären.

Die Razzia der Polizei lenkt die Aufmerksamkeit der Medien auf das Haus. Rechte Hausbesetzer hatte es noch nie gegeben. Eine Parallele zur Hamburger Hafenstraße sei, so tönte Christian Worch in der Presse, durchaus gegeben. Monatelang halten sich die beiden österreichischen Nazis Gottfried Küssel aus Wien und Günther Reinthaler aus Salzburg in der Weitlingstraße auf, begleiten die Ost-Berliner Jung-Rechten bei Besuchen des Konzentrationslagers Sachsenhausen, wo sie vor Journalisten posieren, geben detaillierte Schulungs-Anweisungen und greifen bei internen Streits im Sinne Kühnens und seiner Paladine Priem und Schweigert ein. Häufiger Gast ist auch der Terrorist Eckehard Weil, der, nach Aussage von Informanten, als Kurier zwischen West-Berliner «Republikanern» und der «Nationalen Alternative» fungiert.

Journalisten aus aller Herren Länder geben sich die Türklinke bei den wöchentlich anberaumten Pressekonferenzen der NA in die Hand, die vor allem vom zwanzigjährigen André Riechert, einem Maschinen- und Anlagemonteur, mehr oder minder moderiert werden. Riechert war schon 1987 beim Überfall von rechten Schlägern auf die Besucher einer Veranstaltung in der Zionskirche dabei. Sein Vater war Major des Ministeriums für Staatssicherheit und für das Thema Rechtsextremismus zuständig. Riechert ist einer der wenigen, der nie eine Skinhead-Phase durchlaufen hat, sondern Wert darauf legt, immer «ordentlich und sauber» gewesen zu sein. Innerhalb der NA ist er umstritten und muß sogar ein «Parteiordnungsverfahren» über sich ergehen lassen. Nach außen gelingt es ihm aber, Funktionäre der «Republikaner» als Gesprächspartner zu gewinnen, die dann später sogar an den Pressekonferenzen der NA teilnehmen.

In der Umgebung des Bahnhofs Lichtenberg, der schon vor der Wende als Treffpunkt von Skinheads gilt, klebt die NA in den folgenden Wochen und Monaten Plakate mit eindeutigem rassistischen Inhalt. Titel: «Arbeiter wehrt euch!» Flugblätter werden verteilt, die

«Volksgemeinschaft statt Klassenkampf» propagieren. «Der deutschen Jugend eine Zukunft» heißt es unter dem Motto «Deutschland den Deutschen».

Überfälle auf Ausländer und Menschen anderer Hautfarbe häufen sich. Patrouillen von jugendlichen Rechtsradikalen streifen in der Nacht durch die Straßen von Lichtenberg, belästigen Passanten und prügeln sich mit linken Hausbesetzern aus dem angrenzenden Stadtbezirk Friedrichshain. Mehrere Male stürmen bis zu 100 Sympathisanten der NA in die Mainzer Straße, in der eine Reihe von Häusern von zumeist West-Berliner Angehörigen der sogenannten Autonomen, darunter auch Schwule und Lesben, bewohnt werden.

Umgekehrt kommt es zu einer regelrechten Straßenschlacht am 23. Juni, als die Polizei im Anschluß an eine friedlich verlaufende antifaschistische Demonstration von mehreren tausend Menschen versucht, einige hundert militante Autonome daran zu hindern, zu dem Haus in der Weitlingstraße vorzudringen. Die NA hatte vor der Demonstration öffentlich erklärt, sie habe ihr Parteibüro an einen anderen Ort verlegt, um den Antifaschisten und -innen «den Wind aus den Segeln zu nehmen». In den Räumen der Weitlingstraße haben sich aber knapp hundert Neonazis jeglicher Couleur aus Ost und West verschanzt. Steine sind angehäuft, mehrere Dutzend Molotow-Cocktails präpariert. Das Kommando führt der aus Hamburg angereiste Thomas Wulff. Unter dem Gejohle der Rechten, die auf dem Dach des Hauses Aufstellung genommen haben und die Szenerie filmen, fliegen Steine und Brandsätze aus dem Autonomen-Block auf die Einsatzfahrzeuge der Polizei, die kurz vor einer militärischen Niederlage steht. Einige der Wagen stehen in Flammen, Passanten und Bewohner der umliegenden Häuser flüchten sich in Hauseingänge und starren fassungslos auf dichte Rauchschwaden, einige martialisch aufgemachte Neonazis, die stolzgeschwellt, mit Baseballschlägern in der Hand, nach der Schlacht vor dem Haus auf- und abstolzieren, und auf verletzte Polizisten, die ambulant versorgt werden.

Im Laufe des Jahres bin ich häufig in der Weitlingstraße. Dabei stellt sich heraus, daß dort ein sehr unterschiedliches Publikum verkehrt: Neben den Neonazis aus West und Ost, von denen aber nur wenige im Haus wohnen, kommen vor allem Jugendliche, aus Marzahn etwa, darunter dreizehn- und vierzehnjährige, die von den Älteren als «Baby-Skins» bezeichnet werden. Die knapp ein Dutzend re-

Anhänger der rechtsextremen «Nationalen Alternative» auf dem Dach des von Neonazis bewohnten Hauses in der Weitlingstraße in Lichtenberg / Ost-Berlin halten Ausschau nach «linken Horden». Links: Ingo Hasselbach, mit Walkie-Talkie Henry Jahn

gulären Bewohner der Weitlingstraße versuchen sie, vor allem an Wochenenden, mit Reinigungs- und Renovierungsarbeiten zu beschäftigen. Dann ältere Skinheads und Hooligans, die die Räumlichkeiten nutzen, um zu trinken, Feten zu feiern und von dort aus zu Aktionen aufzubrechen. Sie stammen vorwiegend aus Ost-Berlin und kennen sich zum Teil seit Jahren. Einige von ihnen, darunter die beiden als Schläger bekannten Skinheads Oliver Czichos und «Skinny» Henry Jahn, kommen direkt nach ihrer Haftentlassung – sie waren seit Ende der achtziger Jahre wegen «Rowdytums» und anderer Delikte eingesperrt – in die Weitlingstraße.

Eine der wichtigsten Personen ist «Hausführer» Ingo Hasselbach, dessen Vater Intendant des Senders «Stimme der DDR »war. Hasselbach spielte auch schon vor der Wende eine Rolle: Er war einer der Initiatoren der informellen Rechtsradikalen-Gruppen «Bewegung 30. Januar» und «Lichtenberger Front», die enge Kontakte zu West-Berliner Skinheads hielt.

Über diese Verbindungen gerät auch der gut zwanzigjährige Oliver Schweigert aus Berlin-Lichterfelde in die Ost-Berliner Szene. Schweigert ist keine große geistige Leuchte, hat aber langjährige Kontakte und ist deshalb in Neonazi-Kreisen kein unbeschriebenes Blatt. Schon 1987 taucht er im Umkreis eines «Völkischen Freundeskreises» in Berlin-Rudow auf, der vom heutigen Berliner FAP-Pressesprecher Christian Wendt initiiert worden war. Der ominöse «Freundeskreis» galt als inoffizieller Landesverband der damals in Berlin noch verbotenen FAP. Eine der Veranstaltungen wird von der Polizei gesprengt, die über 100 Personen festnimmt. Wenig später wird Schweigert zum «Kameradschaftsführer» gewählt, obgleich er nicht Mitglied der neonazistischen Partei FAP ist. Kontakte dieser Gruppe bestehen zu einer anderen rechtsradikalen Vereinigung, der «Wannseefront», und zur «Aktion Oberland», einer rechten Jugendbande, die im Rudower Wäldchen Wehrsportübungen abhält. Schweigert wird häufig in Gesellschaft von Christian Wrobel und Mario Dombrowski gesehen, der später in der «Donnerstagsrunde» der «Republikaner» für das rechte Gedankengut sorgt. (Diese informelle Gesprächsrunde wurde laut Wendt von Bernhard Andres, dem ehemaligen REP-Landesvorsitzenden, aufgelöst, offiziell wegen neonazistischer Tendenzen, in Wirklichkeit aber, um seinem Gegenspieler Pagel eins auszuwischen.)

Als Michael Kühnen nach dem Fall der Mauer das von jugendlichen Neonazis besetzte Haus in der Lichtenberger Türrschmidtstraße aufsucht, hat Schweigert über seine Kontakte zu Ost-Berliner Skinheads den weltanschaulichen Boden bereitet. Von Priem und Kühnen instruiert, hält er sich, nachdem die Besetzer in die Weitlingstraße eingezogen sind, vorwiegend dort auf, organisiert das Parteibüro und tritt häufig als Versammlungsleiter auf.

Auf dem 2. Parteitag der NA am 26. 9. 1990 – ungefähr 50 Personen sind anwesend – wird Ingo Hasselbach zum neuen Parteivorsitzenden gewählt, Schweigert zu dessen Stellvertreter. Im Dezember 1990 nominieren ihn die Parteimitglieder, zusammen mit Riechert, Lutz, Andreas Hackmann, Henry Jahn und Andreas Dännicke zu Kandidaten für die Wahlen zum Berliner Senat. Die NA hatte im Sommer knapp 500 Mitglieder, vorwiegend zwischen 18 und 30 Jahren. Nach erheblichen Streitigkeiten, in denen es um die «Parteidisziplin» und den Eindruck in der Öffentlichkeit ging, reduzierten sie sich auf ungefähr 200, Tendenz fallend. Parteiintern empfiehlt Ingo Hasselbach, die REPs zu wählen.

Nachdem die Kommunale Wohnungsverwaltung Ende Dezember 1990 die «Bürgerinitiative» WOSAN aufgefordert hat, die Weitlingstraße wegen «nicht bestimmungs- und vertragsgemäßer Nutzung» zu verlassen, ist das Neonazi-Projekt gescheitert. Nur noch eine kleine Gruppe wurschtelt unter dem Namen «Nationale Alternative» vor sich hin. Schließlich verschwindet auch der Computer auf Nimmerwiedersehen, den, laut Aussage eines Informanten, Christian Worch spendiert haben soll, und Sven Ruda, dem die Überwachung der Daten oblag, wird beschäftigungslos.

Einige der NA-Aktivisten setzen sich nach Dresden ab, andere begeben sich unter die Fittiche des Sozialdiakons Michael Heinisch. Heinisch, der erste und einzige «Streetworker» in Lichtenberg, hat ein Projekt und ABM-Stellen für rechte Jugendliche in der Pfarrstraße initiiert: Skinheads, aber auch einige ehemalige Führungskader der NA, darunter Lutz, Hasselbach und Baumert, renovieren das Haus Nr. 111.

Ziel des Projekts ist es, sozial gefährdeten und arbeitslosen Jugendlichen für zwei Jahre einen Job und eventuell später auch eine Wohnung zu verschaffen. Hausbesetzer aus der linken Szene, die ausgerechnet genau gegenüber dem Heinisch-Projekt eingezogen sind, argwöhnen, die NA-Mitglieder würden nur die Gelegenheit beim Schopfe ergreifen, die anderen Jugendlichen für ihre neonazistischen Ideen zu agitieren. Es kommt ständig zu Auseinandersetzungen. Selbst Bärbel Bohley schaltet sich schlichtend, aber erfolglos ein.

Michael Heinisch meint, da Feindbilder statt Perspektiven die einzig greifbare Orientierung vieler verunsicherter Jugendlicher seien, müsse man ihnen eine andere Perspektive geben – Argumenten und verbaler Auseinandersetzung seien sie nicht zugänglich. «Ich meine, daß man die meisten aus diesem Kreis der Gewalt herausholen kann, versuche deshalb mit ihnen positive Identifikationen zu entwickeln, kulturelle Ausdrucksformen, Feste, Spiele, Arbeit, die ihnen gerecht werden und in irgendeiner Weise in die Gesellschaft passen. Das heißt keineswegs, daß sie mit ihr konform gehen müssen.»

Sozialarbeit mit rechten Jugendlichen kann durchaus erfolgreich sein. Dem West-Berliner Streetworker Thomas Mücke ist es gelungen, in Konkurrenz zu Agitatoren der in Nord-Berlin operierenden «Nationalistischen Front» Sympathisanten der Neonazis «zurückzuholen» und an seine Projekte zu binden. Die Frage ist nur, ob sich dieser Erfolg auch bei denen einstellen könnte, die schon jahrelang in der Szene stecken und ein relativ gefestigtes, rechtsextremistisches Weltbild haben.

Fast ein Jahr später, in einer Novembernacht, brennt es dort. Eine Etage wird Raub der Flammen, das Treppenhaus ist angekokelt, die Balken einer Wohnung sind zerstört. Ursache des Brandes: Ein Anschlag einer «antifaschistischen Gruppe», die verhindern will, daß hier «eine neue Kommando-Zentrale der Nazis» entstehe, wie es in einem Bekennerschreiben heißt.

Am nächsten Tag eine wilde Schlägerei, die in einer regelrechten Straßenschlacht eskaliert. Auf der einen Seite Hausbesetzer aus den Häusern, die der Nummer 111 gegenüberliegen, auf der anderen die rechten Jugendlichen aus Heinisch' Pilotprojekt. Hasselbach und Lutz sind in die Prügelei verwickelt und werden verletzt. Kurz darauf bekommen sie die Kündigung. Sie hätten gegen die Bedingungen des Projekts verstoßen. Politik müsse außen vor bleiben, so war die Voraussetzung, und niemand dürfe sich an Gewalttaten beteiligen.

Ein knappes Dutzend der Führungsmitglieder der NA treten wenig später der «Nationalistischen Front» bei, ist aus gut unterrichteten Kreisen zu hören. Beim alljährlichen Neonazi-Aufmarsch am Volkstrauertag im November auf dem Soldatenfriedhof in Halbe bei Berlin sind wieder fast alle beisammen: Oliver Schweigert als Anführer eines Blocks von schwarz gekleideten Ordnern, eine ungefähr 50 Personen umfassende Gruppe von Neonazis, die mit NF-Fahnen herumlaufen, André Riechert und Michael Draeger, eine Abordnung der Berliner FAP unter ihrem Landesvorsitzenden Lars Burmeister und dem Pressesprecher Christian Wendt, Arnulf-Winfried Priem und seine Rokker-Gang «Wotans Volk» sowie die Ost-Berliner Entsprechung «Die Vandalen», zu denen das ehemalige NA-Führungsmitglied Alexander Dietze gestoßen ist. Das Neonazi-Spektrum von Berlin wird komplettiert durch Reinhard Golibersuch, der schon in mehreren Gruppen wie der ANS und der FAP gesichtet wurde, durch das Ehepaar Peter und Sophia Boche, die den «Republikaner»-Kreisverband Treptow anführten und für die Kontakte zur «Nationalen Alternative» sorgten und durch Dr. Ursula Schaffer von der das Treffen anmeldenden rechtsextremistischen «Deutschen Kulturgemeinschaft Berlin» (DKG). Den größten Teil der Menge – ungefähr 500 Personen sind bei der schaurigen Veranstaltung anwesend – bilden Kontingente der ältesten deutschen Neonazi-Vereinigung, der «Wiking-Jugend» unter ihrem Anführer Wolfgang Nahrath. Sogar ein Mädchen-Chor in dunkelblauen Phantasie-Uniformen wimmert, und Fanfaren blasen im Schein von Fackeln schräg zum Angedenken. Viele sehr junge und einige alte «Kameraden» zelebrieren wieder mal den deutschen Soldaten an sich. Das konnte die Bundeswehr besser. Die war aber schon zwei Stunden vorher wieder abgerückt, nachdem sie musikalisch «Ich hatt' einen Kameraden» zum besten gegeben hatte.

In der Gruppe bist du stark

Während des gesamten Jahres 1991 drehten zwei Berliner Filmemacherinnen einen Videofilm über Jugendliche in Berlin-Marzahn, einer gigantischen Ansammlung von Betonplatten-Hochhäusern. Ihr besonderes Augenmerk galt Jugend-Cliquen, die sich selbst als rechtsradikal einstufen. Die folgenden Interview-Ausschnitte stammen aus dem Film «Von Gewalt halte ich nicht viel – nur mit Gewalt erreichst Du 'ne Menge». Sie spiegeln das Lebensgefühl eines Teiles der ostdeutschen Jugend im vereinigten Deutschland wider.

Kalle

«Wir sind Neonazis», sagt Kalle. Kalle ist achtzehn. Er trägt eine grüne Bomberjacke, ist blond, streng gescheitelt und gilt im Sommer 1991 zeitweilig als Anführer einer der zahlreichen Jugend-Gangs und Cliquen in Berlin-Marzahn. Kalle gibt sich «cool». Das muß er, denn er ist zwei Jahre älter als die meisten seiner Gang. Sich als rechtsradikal zu bezeichnen, gehört für die Mehrheit der Halbwüchsigen in den trostlosen Trabantenstädten rund um die alte und neue «Hauptstadt» zum «guten» Ton.

«Mit den Ausländern ist es total verschärft: Wir, die Neonazis, wollen es dann wieder so KZ-mäßig, daß die Leute da reinkommen, ab an die Wand und weg, erledigt, so wollen wir das. Ein Skinhead ist anders, der hat auch 'nen Ausländerhaß, will sie aber ins Land zurückschicken, da sagen wir, das ist sinnlos, weil sie dann wieder herkommen.» Wenn er einen Ausländer auf der Straße sähe, fügt er hinzu, «dann kommen Ausdrücke, ‹Türkensau› und für Neger ‹abgebrannte Kohle›».

Kalles soziales Umfeld besteht aus einer Gruppe von zwei Dutzend

Jugendlichen. Alle sind zwischen vierzehn und achtzehn und sehen sich selbst als Rechtsradikale. Das ist die Voraussetzung, um Mitglied der Clique zu werden. Kalle trug eine Zeitlang «absolute Glatze» und genoß Respekt, weil er Kontakte in die Weitlingstraße hatte. Er redet ungeschminkt über das, was er in den letzten Jahren erlebt hat.

«Damals, 1988, bin ich rausgekommen aus dem Werkhof[1], dann war ich in Lichtenberg in 'ner Clique, cirka 100 Mann, mein Bruder auch. Aggressiv war es gewesen, wir sind abends durch die Straßen gezogen, Randale gemacht. Wir haben nur getrunken, uns unterhalten, Pläne gemacht, stimmungsmäßig und Böhse Onkelz, die Musik, wo wir laut mitgesungen haben, war gut gewesen. Abends durch die Straßen ziehen, das war das einzige gewesen, andere Leute anpflaumen und beiseitescheiben. Randale, Kriminalität, war alles verbunden. Leute ärgern, so hieß es damals, wenn man irgendwo alleine hinkommt, wird man doch hinterm Rücken vollgequatscht, da ist ein Nazi, und dann geht es weiter, das Getuschel, und da haben wir gesagt, die sollen erst gar nicht die Klappe aufmachen. Gut, wir wissen nicht, wie es damals war, 45 oder davor, dann ging es los mit Jüngeren, mit Älteren und auch Kristallnacht, da haben wir auch Scherben fallen lassen, ab in die Schaufenster rein, fanden wir gut. Da sind normale Leute gewesen, wir haben angefangen, wir sind vorbeigelaufen, drei Mann, in der nächsten Ecke sind die anderen gestanden, wir drei haben den Typen vollgewichst, hat er irgendwas gesagt, hat er Backensohle gekriegt, also Schläge, dann lag er auf dem Rücken, kamen die anderen dazu, dann sah er danach dementsprechend aus. Augen waren verkleistert, also dick, Unterkieferbruch, Rippenbrüche.

Heute sage ich, ist nicht mehr, fällt aus, das sind auch ganz normale Menschen wie wir alle. Damals habe ich gesagt, was wollen sie denn, wir wollten's echt beweisen, also rechts und so. Adolf und seine Zeit wollten wir erneuern, bloß ohne Kriege, außer Kriegen mit Ausländern, das wäre der einzige Krieg gewesen. Das fing allmählich schon vor der Wende richtig an, da konnten wir wenigstens noch beweisen, was wir waren. Aber heute interessiert sich keiner mehr dafür, die lachen uns bloß aus, ich werde ja auch ausgelacht, hinterm Rücken, weil ich ein Scheitelträger bin, aber nicht mehr lange, dann sind die Haare wieder länger, mein Lebensziel ist jetzt wieder ganz normal.»

1 Geschlossene Institution der Jugendhilfe/Heimerziehung der DDR

«Früher, zu DDR-Zeiten, war Skinsein verboten», sagt Kalle. «Man wurde gleich mitgenommen, und wenn du heute durch die Straßen läufst, die meisten machen 'nen großen Bogen um uns. Früher im Osten ist man auf einen einzelnen raufgegangen, das befürchten sie jetzt wieder. Es gab die ganzen Punks, das wollten wir abschaffen, dann haben wir noch ein paar Braune gesehen, die sollten auch raus. Da fing es an mit dem Ausländerhaß, mit dem Linkenhaß, das wollten wir alles beseitigen. Man muß das alles im Kopf haben, nicht nur haaremäßig, nicht immer nur schneiden, schneiden, nicht äußerlich zeigen, Skinhead oder so, Glatze oder Scheitel, sieht man welche, erst mal mit denen reden, ist das nichts, wieder ran, brutal, Schlägerei.»

Heute, sagt Kalle, sei die Situation unübersichtlich. Skinheads, Faschos und Hooligans: «Heute sieht keiner mehr klar, meine Kumpels aus Hellersdorf sagen, was willst du heute noch machen, die Hools jagen uns, wir die Hools, dann andersrum. Skinheads sind noch mit Hools verbunden, die jagen uns aber genauso, wir Scheitelträger kriegen mächtig die Fresse voll. Faschos sind die, die werden betitelt mit Nazis, Neonazis, die wollen es so aufbauen wie bei Hitler. Ein Skinhead war ein Rechtsradikaler, aber der war ruhiger gewesen, der hat zwar nicht die Einstellung gehabt wie ein Fascho, für den war es nur gewesen, rechts sein, wir Scheitelträger sind wieder mehr drin, wir beweisen das und wollen auch so handeln, mit Hools weiß ich nichts, außer daß die Haß haben auf Neonazis, das ist alles.»

Kalle ist «durch einen Kumpel» in die Weitlingstraße gekommen. «So viele habe ich noch nie gesehen, Glatzen, Scheitelträger, ich erst mal: Mann, ist das 'ne Organisation, und ein Wahlprogramm hab ich nicht gekriegt. Kampfziele habe ich nicht so richtig gehabt. Klar, da war Macht im Spiel. Die wollten alles nachmachen und aufbauen, daß wir wieder mit braunen Klamotten rumlaufen. Gut, hört sich gut an, und dann hab ich nur eine einzige Straße gekriegt. Es fing an, abends einen Treff vorzubereiten, mit den Skins und Scheitelträgern und Faschos, alles zusammenholen, wenn du einen Auftrag gemacht hast, hast du den nächsten gekriegt, wo was sein sollte, säubern, das waren die einzigen Aufträge. Da stand dann drin, Kameraden, ihr kriegt die und die Straße, geht mal gucken. Mal haben wir welche getroffen, die wir niedergemetzelt haben, manchmal haben wir keine getroffen, haben wir gesagt, das sind ganz Normale, die lassen wir laufen, gehen wir lieber in die Kneipe und saufen und sagen, es hat sich erledigt.

Die Älteren, die schon länger dabei waren, die haben mehr Aufträge gekriegt als wir Frischlinge. Parteisitzungsmäßig wurde sich auch nur unterhalten, was und wie wir verändern sollten, mit Parolen und so. Viel erfahren habe ich nicht, weil es geheim war. Unser Führer ist in den Knast gegangen, daß er Fehler gemacht hat, haben wir auch gemerkt, der wollte uns auf die Palme bringen, daß wir noch mehr Haß haben, er war zwar unser Führer, aber wir haben ihn kein einziges Mal gesehen, daß er sich an Menschen vergriffen hat, haben wir gesagt, ist doch ein Spinner.»

Kalle begründet, warum er sich als rechtsradikal versteht. «Durch meinen Opa, ich hab damals in den Schrank geschaut, durch Zufall, neugierig gewesen, der hat so 'nen braunen Anzug gehabt und ein paar Bilder, die hab ich mir angeschaut, da kam er an: Willst du das mal richtig durchlesen? Da kam ich auf die Einsicht. Er hatte noch Kriegszeitbilder aus dem KZ, da fand ich noch Tagebücher, was er alles gemacht hat, hab ich gesagt: Nicht übel. Er war Aufsicht gewesen in so einem Arbeitslager, appellmäßig, seine Schrift konnte ich nicht lesen, da hat er alles so erzählt, mit Hund und Waffe und allem Drum und Dran. Dann ist er an die Front gegangen, ein Glück, daß er es überlebt hat.

Adolf hatte er auch gehabt, im Schrank, Anzug mit Binde und allem Drum und Dran und alte Waffen, das war der Anreiz gewesen, der hat mir dann alles beigebracht, nicht direkt, aber ich habe die Bücher gelesen, lernst erst mal, wirst gut in Geschichte, beweist es mal. Da fing's an, daß die ersten mit Glatze rumliefen, da wurdest du betitelt mit Skinhead, da fing es an, Aggressivität, lernst von deinen Kumpels dazu, man hat's noch selber dringehabt von seinem Vater, vom Großvater, da hab ich gesagt, in Ordnung, aber heute: nein.

Das Schlagen hab ich gekriegt durch meinen Vater, weil ich auch öfters mal Schläge gekriegt habe. Da hast du gesagt, verteilst du es eines Tages mal wieder an ihn, hab ich Wut, Racheakt gekriegt. So hab ich dann gelernt, was Rache ist, dann kam es noch mit den Kumpels zusammen. Wut hatte ich gehabt auf meinen Vater, das war das einzige, und dann auf die, die über dich gesprochen haben, hast du gesagt, den knöpfe ich mir vor.

Richtig angefangen hat es durch meine Kumpels, erst mit zugucken und so. Lag da ein Typ auf dem Boden, hast du noch 'nen Faustschwinger reingegeben. Kommt drauf an, was dann passiert ist, entweder Zahn raus oder Unterkiefer weg gewesen. Aber als kleiner Strippi habe ich keine Kraft gehabt dafür, da standest du neben den Großen. Dann wird man älter, hast gesehen, bei den Kumpels, hast du vorne mitgemacht. Perfekt gelernt habe ich das bei den Kumpels, Schlagkraft von meinem Vater. Ich habe mir die Schläge gemerkt, wie hart die sind, habe ich gesagt, eines Tages hast du auch mal so 'nen Schwung drauf.»

Kalle hat die Schläge seinem Vater nicht heimgezahlt. «Nee, ich laß ihn in Frieden, den armen alten Mann. Ich geh ihn öfter mal besuchen, unterhalte mich mit ihm im ruhigen, über das, was vorgefallen ist, er sieht seine Fehler ein, ich meine. Meine Eltern lesen so viel über Skins und Hools. Damals fingen sie an, auf mir rumzuhacken. Ich habe gesagt, ich mache doch gar nichts, obwohl ich da mitgemacht habe. Dann bin ich nicht mehr wiedergekommen. Haben sie bloß einen Brief gekriegt. Sie kamen mich mal besuchen und fragten: Siehst du deine Fehler ein? Das war 'ne Zeit, als ich noch richtig aggressiv war, auch gegenüber meinen Eltern.

Wenn sie das jetzt lesen, fragen sie: Warst du auch wieder dabei? Man liest über Dresden, die Faschos da. Sie haben gemeint, so was müßte man an die Wand stellen. Sag ich, sind doch auch nur Menschen, die bloß was beweisen wollen wie wir. Und dann fragen sie mich, wie ich jetzt denke, da sag ich mir, mir geht's am Arsch vorbei. Da fing ich an, mich zu verändern. Einsicht ist jetzt dran, ganz normaler Bürger jetzt wieder, da freut sich der Mensch.

Wenn ich jetzt nach Hause komme, holen mich meine Kumpels ab. Dann fragen sie, was wollen wir machen? Da heißt es bei mir, ich weiß es nicht. Entweder sitzen wir im Club oder gammeln rum oder ziehen umher und machen Stimmung. Ist auch langsam öde. Oder wir sitzen in einer Gaststätte, trinken einen, da ist auch der Tag wieder vorbei, in der Woche ist gar nichts, sitzen wir bloß im Club. Ist nicht mehr so wie damals, da fielen uns wenigstens noch Ideen ein. Jetzt ist nichts mehr. Eines Tages möchte ich mal ein Auto haben, ist das einzige jetzt, wie es üblich ist hier, daß jeder ein Auto fahren möchte, mal sehen, wie es klappt. Die Politik interessiert mich nicht mehr.»

Klaus

Klaus ist achtzehn. Die schwarze Fliegerjacke und die Doc-Martens-Stiefel läßt er jetzt zu Hause. «Wo wir damit hinkommen, werden wir angepfiffen. Ist Scheiße, war noch nie so.» Klaus gehörte von Anfang an zu der Clique. «Unsere Clique hat keinen Namen. Da sind so viele Kinder drin, wir können uns einen Namen nicht leisten. Dann müßten wir uns auch einen verschaffen. Das geht nicht. Wir können nicht riskieren, daß wir jemanden reinziehen, der dann Probleme zu Hause hat. Die sind alle viel zu jung.

In der Clique gibt es keine Regeln. Du mußt nur rechts sein und rechts denken. Sofern du links bist, kriegst du von unseren Leuten ein Ding in die Fresse. Die Rechten kämpfen für Arbeit. Bei den Linken ist es so, die quatschen nur dämlich. Die wollen immer das und das verbessern. Es passiert nichts. Ein Rechter darf nicht drogensüchtig sein, muß clean sein, muß für seine Sache kämpfen, darf keinen Rückzieher machen.

Vor zwei Jahren fing das mit uns an. Alles, was hier wohnt, ist mit Fahrrädern unterwegs gewesen. Wir kennen uns elf Jahre, waren zusammen im Buddelkasten. Haben dann die Turnhalle so ein bißchen beschmiert. Wir wollten eigentlich eine Clique von Gleichaltrigen machen.

Was wir hier zusammen machen: Wir ziehen an irgendeinem Tag los, erst mal anständig saufen, und dann gehen wir klatschen. Irgendeinen Typen, der hier vorbeikommt. Zusammenschlagen, auseinandernehmen.

Mein Opa war Offizier. Davon gibt es sogar noch Bilder. Aber meine Mutter hat die verschlossen. Ich habe sie einmal gesehen. Der ist 1945 in Warschau gefallen. Wir durften auch nicht nach Polen fahren. Ich find das gut: Ein Deutscher gehört in die deutsche Armee, die müssen standhalten. Ich würde es auch nicht verstehen, wenn jetzt Ausländer zur Bundeswehr gehen würden, da würde ich freiwillig verweigern.

Meine Mutter steht mir ziemlich bei. Frauen sind besser, die können besser denken. Sie ist total cool: Wenn ich ankomme und sage, ich habe Scheiße gebaut, nimmt sie es lässig. Mein Alter wollte mich schon mehrmals anzeigen, nur weil ich schwarzgefahren bin und er mich dabei erwischt hat. Der ist total fertig mit den Nerven, den haben sie so was von fertiggemacht, im Betrieb, zu Hause, wir machen hier jeden fertig, jeder ist hier dran. Wir keifen uns gegenseitig an, kloppen uns, außer meinen Eltern. Die kloppen sich nicht. Aber wir. Ich kann meine Geschwister nicht leiden, die äffen immer alles nach. Meine Schwester kriegt alles in den Arsch gesteckt, aber wir Brüder müssen uns alles erkämpfen.

Ich würde es aber als Verrat ansehen, wenn Mädchen mit zum Schlachten [Prügeln, B. S.] kommen würden. Die gestehen viel früher, als wenn ein Junge festgenommen wird. Das habe ich schon oft miterlebt, wenn sie Mädchen verhaften aus irgendeiner Clique. Die Polizisten machen den Mädchen angst, und dann fangen die an zu quatschen, einer von uns, der lacht drüber, wir verarschen die Bullen, und die verarschen uns. Von Gewalt halte ich nicht viel, nur erreichst du damit eine ganze Menge. Du kannst Leute unterdrücken, die früher 'ne große Schnauze hatten. Ich bin in der achten Klasse abgegangen und hab 'ne Lehre als Koch gemacht.

Ich konnte das ganze Gequatsche nicht mehr hören, wie sie immer gebrüllt haben: ‹Freundschaft› und ‹Erich Honecker›. Der war ja sowieso an der Macht. Da habe ich im Kulturpark einen Kumpel getroffen, der ist mir mit dem Autoscooter immer hinten reingefahren. Da habe ich ein kleines black out gehabt und ihn angemacht. Dann habe ich erst mitgekriegt, daß er 'ne Glatze war. Hinten standen auch 'ne Menge von denen herum. Am nächsten Tag traf ich ihn in der Berufsschule, da sagt er: Haben wir uns nicht mal schon gesehen? Dann sind wir zusammen mal nach Lichtenberg gefahren. Das hat mir gefallen. Da gab es die NA und die FAP.

In Lichtenberg haben wir uns immer im Foyer vom Bahnhof getroffen. Da saßen die Skins. Du bist einfach hingekommen, sie haben mit ‹Sieg Heil› gegrüßt. Du darfst nicht normal hinkommen. Ich hatte mir schon Turnhose geholt, Glatze schneiden lassen, Springerstiefel habe ich angehabt, Nazi-T-Shirt, Baseballkeule oder Messer. Bist du da hingekommen, haben alle schon die rechte Hand gehoben. Jetzt sind die alle verschwunden, sind zum größten Teil in Dresden, alle bekannten Gesichter.

Dann kam ein Kumpel, der ist in der FAP, und meinte, wir sollten mal mitkommen. Da war der ehemalige Führer Kühnen und so. Da sind wir auch nicht hingegangen: Partei ist sowieso Scheiße, und wenn du einen Kumpel triffst und der weiß, du bist in 'ner Partei drin, dann bist du sowieso gleich dran gewesen. Immer schön Außenseiter, keine Partei.

Für mich war Hitler das größte Arschloch, was er gemacht hat. Konzentrationslager würde ich nicht bauen, aber ich bin der Meinung, Ausländer sollten in ihrem Land bleiben und dort selbst aufbauen. Unsere Omis mußten ja auch aufbauen. Wir müssen jetzt für die Ausländer mitkämpfen. Das sehe ich nicht ein, und so war das auch im Dritten Reich. Nur daß Hitler die Leute vergast und verbrannt hat, find ich nicht richtig, in Polen Kinder in die Gaskammer geschickt und so, würd ich nicht machen. Polen hätte ich sowieso nicht überfallen. Sein größter Fehler war ja, Rußland zu überfallen, war viel zu schnell. Den einzigen, den ich mag aus dem Dritten Reich, ist Goebbels, der war ein guter Redner. Da haben sie mal einen Bericht im Fernsehen gebracht, da war eine, die hat Goebbels richtig gekannt, das hat sie erzählt. Es heißt auch, daß die SS brutal war, das stimmt auch nicht, hat die gesagt, nicht direkt menschenfreundlich zu den Feinden, aber zu den Deutschen.

Den Kalle haben wir durch ein Mädchen kennengelernt, die bei uns in der Clique war. Die hat sich an den rangeschmissen. Ich hab zu ihm gesagt: Kommst du zu uns? Wir brauchen noch 'ne Glatze. Mußten wir ein bißchen angeben. Dann kam er auch. Zuerst hat er gesagt, er würde sich das überlegen. Wir hatten erst auch Schiß, weil der und noch einer aus dem Knast kamen.

Kalle kümmert sich jetzt um 'nen Job, ist nicht mehr so auf Schläge aus. Vielleicht fühlt er sich dafür zu alt. Ich hab das auch schon mitgekriegt. Ich habe die Bomberjacke von einem ehemaligen Neonazi gekauft, der hat auch gesagt, seine Zeit wäre vorbei. Der ist verheiratet. Die Zeit ist irgendwann auch bei mir vorbei. Dann laufe ich auch nicht rum wie ein Neonazi oder Hooligan. Dann beginnt das normale Leben, vernünftiger, ruhiger.

Kalle läuft jetzt als Scheitelträger, ich als Hool. Er ist mein bester Kumpel, deswegen stört mich das nicht. Der steht ja auch hauptsächlich zu den Hooligans, gut, manchmal hat der auch Angst vor den Hools, die sind total brutal. Die haben was dagegen, wenn man mit Bomberjacke rumläuft, oder wenn du 'ne Glatze hast, oder wenn du ein Amulett trägst, oder wenn du ein Heavy bist. Solange ich mit Kalle zusammen bin, braucht er keine Angst haben, das sagen die anderen auch. Nur die anderen Neonazis sind dran. Die würden sofort dran sein bei den Hools. Die meisten im Club gehören ja auch zu den Hooligans, und Kalle kennt die.

Außer bei Kai, da ist das ein bißchen schwer. Da darfst du nicht angeben, ich kenne den. Wenn ich dem Bescheid sage, dann haut er dich zusammen. Wenn du den kennst, ist alles in Ordnung. Dann gibt es noch einen Oberhool, der ist dreißig oder so.[2]

Meine Keule habe ich verkauft, ich übe hauptsächlich mit 'nem Messer und 'nem Tschako. Kampfsport ist gut. Wenn du das kannst, kannst du dich verteidigen. Ich hole mir jetzt eine größere Keule, für 85 Mark. Damit hau ich auf den Schädel oder in die Fresse, damit er gleich liegenbleibt. Ich habe schon mal jemanden zusammengeschlagen, der ist wieder aufgestanden und hat mir eins ins Kreuz gehauen. Ich weiß, wo ich hinhaue. Verletzen würde ich ihn, aber nicht umbringen. Das haben wir sogar in der Schule gelernt, wie du Menschen ohnmächtig machst. Wir hatten Pause, standen wir vorne am Eingang, hat sich der eine hingekniet, vorne voll reingefaßt, da war der weg, drei Minuten. Wenn jemand ohnmächtig liegt, den lassen wir liegen und hauen ab. Ich habe mich schon mehrmals verletzt, aber wegen jedem bißchen renne ich nicht zum Arzt. Davor darf man keine Angst haben.

Wenn man so Ältere hört, die im Verein sind, die sind total cool, die Leute, lässig und fröhlich. Wenn man einen Linken ansieht, der steht da und zittert und quatscht sich dämlich. Die haben Angst vor uns. Das ist das Schönste, was es geben kann, daß sie zittern, daß sie Angst vor uns haben.

Das erste Mal, als ich dabei war, hätte ich mich beinahe in die Hosen geschissen, aber wenn du mitkriegst, wie brutal die anderen zu dir sind, dann mußt du auch brutal zu deinen Feinden sein, eiskalt, wie bei der Armee, wenn jemand [Deutschland, B. S.] ein Land überfällt oder im Irak-Krieg, wenn die Deutschen da hinkämen. Du kannst ja nicht zu dem Iraker gehen und sagen, ich will dich nicht erschießen, du mußt kaltbleiben und mußt ihn abschießen.

Was alles hier auf der Straße passiert, die Gruppierungen hier, das ist schlimm geworden. Früher hatten wir unsere Ruhe. Da haben wir auch nicht an Hools gedacht, jetzt sind die hier.

Vielleicht sind die Leute auch so aggressiv, weil sie Angst haben vor

2 Vgl. das Kapitel «Zersetzung nach Plan», S. 233.

Jugendliche Neonazis in Cottbus

dem, was jetzt alles hier passiert. Früher war es so: Wer nicht in der FDJ pariert hat, der hat auch ein Ding in die Fresse gekriegt, der wurde von ein paar Leuten aufgeschlagen, bis er es kapiert hat. Früher wurde vom Zusammenschlagen nicht gesprochen, von Gewalt überhaupt nicht, das wurde immer schön unterdrückt.

Die ehemaligen Leute, die ich kenne, sind fast alle Nazis geblieben, Scheitelträger. Wir haben jetzt zwei Tage durchgemacht, Fidschis[3] gejagt in Ahrensfelde. Da ist ein großes Viertel von denen. Wir wollten erst mal Zigaretten erbeuten, hätten wir beinahe gehabt. Wir sind ganz schöne Anfänger. Die Neonazis, die sind brutaler, die gehen

3 In der DDR allgemein verbreiteter, abfälliger Ausdruck für Vietnamesen

gleich ran, «He, Alter, Zigaretten raus und Geld her», die haben schon 150 Mark erbeutet, die machen sich keinen Kopf.

Bei uns wird das jetzt auch schon ziemlich hart. Am Samstag, da saufen wir erst, dann feten wir, dann gehen wir erst mal hier schlachten. Dann die Fidschis. Die sind ja total freundlich. Eigentlich habe ich gegen die nichts. Das nimmt aber jetzt überhand. An der Kaufhalle sind jetzt neue. An irgendeinem Tag müssen die jetzt mal darunter leiden. Vier von denen sind schon immer da gewesen, die lassen wir in Ruhe. Neue können wir nicht abhaben. Von den alten Fidschis kriegen wir Zigaretten zugesteckt, oder fünf Mark in Pfennigstücken, konntest du dir was kaufen. Oder wir kriegen Zigaretten. Ist genauso wie in Amerika, da bestechen sie jemanden, entweder ich krieg von dir Kohle oder du kriegst von mir Schläge. So ist es bei uns auch. Was sollst du den ganzen Tag machen? Im Club sitzen, das Geschrei der anderen angehören, rauchen? Bringt dich ja selber um. Langweilig ist es sowieso. Also muß was passieren.»

Klaus ist von der Armee fasziniert. «Wenn ich jetzt so anfange: Früher war die Regel: Deutschland muß sauber bleiben, das war nicht so wie die Rechtsradikalen, aber das sind deutsche Sitten gewesen früher. Du mußtest vernünftig rumlaufen, bei der Armee sowieso. Du durftest keine langen Haare haben, die mußtest du abschneiden, Glatze nicht, aber 'nen schönen Schnitt. In den Arsch treten – das war immer so, auch als ich bei der vormilitärischen Ausbildung war. Da gibt es immer einen Offzier, der einen höheren Dienstgrad hat und 'ne große Schnauze und der einen haßt. So was hatten wir auch und haben es dann abgekriegt. Für mich war das total bescheuert. Deswegen haßte ich die Leute auch. Ich möchte niemanden haben, der mich kommandiert, der mir was sagt und ich müßte es tun. Aber irgendwie brauche ich das, so ein Scheiß, aber es müßten ordentliche Befehle sein. Zum Beispiel, wenn jemand sagt: Geh aufs Klo und mache die Scheiße weg! Das würde ich nicht tun, da kann er mich, aber so was war früher ziemlich oft der Fall.

Ich will es zum Offizier bringen. Ich muß sowieso noch mal die Schule machen. Wollte ja zur Luftwaffe, weil Fliegen doch Spaß macht. Ich bin froh, daß ich meine Bundeswehrpapiere gekriegt habe, da geh ich hin, halt ich 'ne ganze Menge von, die Armee ist einmalig. Die kriegen 'ne superharte, knallharte Ausbildung, sie bringen dir Disziplin bei, du mußt mit schwierigen Sachen fertig werden. Ich schieße gerne. Pistole ist das Schönste. Ich kann gut schießen, mein Alter kann gut schießen, die ganze Familie kann gut schießen. Ich warte auf Antwort vom BGS, da habe ich auch hingeschrieben.

Was soll ich sonst machen? Für mich ist die Wende totale Scheiße. Jetzt hab ich außerdem meinen Job verloren. Früher, da hat jeder Jugendliche einen Job gekriegt, ohne zu fragen, bist du blöde oder bist du nicht blöde. Heute, wenn du einen Job haben willst, mußt du anständig aussehen, mußt du gepflegt aussehen. Na gut, das mußten wir früher auch, aber wir konnten mit normalen Klamotten hingehen. Wenn du jetzt zu so einem Bonzen hingehst, mußt du so einen scheiß Sakko anhaben und was nicht noch alles, mußt gepflegt um die Haare aussehen, du mußt gute Noten haben.

Alles hier, was die hier machen, kotzt mich an: Die ganze Politik, Umwelt, jeder stellt sich hier hin mit Freßwagen. Das war früher gar nicht so, da war schön sauber alles, jetzt liegt hier überall Dreck, total schmutzig ist es hier, und dann die ganzen Autos hier, das ist Scheiße. Vielleicht ist es auch so, daß wir heutzutage auf uns selbst gestellt sind. Das ist schlecht. Früher hat uns der Staat das abgenommen, den ganzen Papierkram.

Heute geht's mir besonders beschissen. Ich hab 'ne Türkenbude überfallen in der Nacht, und dann haben sie uns festgenommen. 12 Stunden im Knast. Sie haben uns vernommen. Natürlich Aussage verweigert. Die haben uns aufgeklärt, daß es sechs Monate geben könnte oder 1500 Mark Strafe. Haben wir nur aus Langeweile gemacht. Da sitzen Türken drin. Wir sind alle besoffen gewesen, und dann war's sowieso langweilig. Wir hatten noch 'ne Fete oben, haben sowieso alle Video geguckt. Dann haben wir gesagt: Gehen wir runter, plündern wir den Schuppen. Der war sowieso schon halb angeknackt, Fensterscheiben kaputt und so. Haben wir die Holzbretter eingetreten, bin ich mit 'nem Kumpel reingestiegen, haben alles ausgeräumt, bis dann die Bullen kamen.

Ich hör jetzt den ganzen Tag Musik, warte, bis es drei Uhr ist, dann geh ich runter, quatsche, saufe, oder wir suchen uns ein paar Leute, die uns nicht gefallen. Die kriegen dann Dresche. Einfach mithalten mußt du, wenn die Leute was machen, mußt du mitgehen und mithalten.»

Anette und Heike

Anette: «Ich bin dreizehn und bin in meiner Freizeit immer im Club. Wir machen dienstags, freitags und samstags 'ne Disco. Mittwochs und donnerstags gucken wir Video. Manchmal gehen wir auf die Straße, hängen rum oder gehen in eine andere Disco. Mit der Clique bin ich besondern gern zusammen. Mit denen kann man sich wenigstens unterhalten und Scheiße bauen. Wir sind vor zweieinhalb Jahren eine Clique geworden, haben an der Turnhalle gesessen und viel erzählt. Dann kamen immer mehr, wir haben viele Freunde gehabt, manchmal waren wir sogar über vierzig. Mindestens zehn Mädchen, die sind alle ein bißchen jünger, aber wir verstehen uns mit den Typen einwandfrei. In Marzahn kenne ich nur noch die ‹Aidel Clique›.

Bei uns darf man auf keinen Fall einen schlechten Charakter haben, bei uns müssen auch ein paar Jungen sein, mit denen man sich unterhalten kann. Die anderen Cliquen hören eben mehr linke Musik, oder die ‹New Kids›, gegen Folter und Terror und so. Wir hören eben andere Musik. Wir müssen akzeptieren, was die hören, die müssen akzeptieren, was wir hören.»

Heike: «Wir sind überwiegend Rechtsradikale. Wenn ich mich zum Beispiel nehmen würde: Manchmal frag ich mich, was ich überhaupt davon habe, wenn ich rechtsradikal bin. Rechts ist, wenn man nicht so rumrennt wie die Linken mit diesen Tüchern. Die Linken haben so Zeckenschuhe[4] an, die nennt man «Linkenschuhe», weil vorne Gummi ist, schwarz oder andere Farben, mit Kappen. Die Rechten denken eher nicht an die Politik, die interessieren sich nicht dafür, für Kriege schon, aber nicht so für Einzelheiten, mit den Wahlen und so, die Linken vielleicht eher.

Ich bin im Prinzip in der Mitte, ich bin nicht links und nicht direkt rechts. Im Prinzip mach ich das bloß, um mitzuhalten bei der Clique, damit ich Umgang habe.»

Anette: «Wir hören ‹Böhse Onkelz›, ‹Front›, ‹Sisters› und eben auch Rap. Wir haben früher ein Türkenlied gehört, das ist ganz stark gegen die. Na ja: Wenn wir 'nen Türken sehen, juckt einem der Fuß, tret ihn in die Fresse und so, und wenn du in der Bahn bist und dich macht ein Türke an, ziehst du dein Messer und stichst siebzehnmal

4 «Zecke»: bei rechten Jugendlichen Schimpfwort für «Linker»

hinein, und im Kino, wenn ein Türke vor dir sitzt, packst ihn an den Haaren und verprügelst ihn und schmeißt ihn auf die Straße oder schick ihn ins KZ oder schlepp ihn auf die Folterbank und mach ihn wieder schlank oder häng ihn auf deine Eiche im Garten. Ist zwar schon ein bißchen gemein, ja, oder wenn du einen Türken mit 'ner deutschen Frau siehst, das ist Rassenschande, schneid ihm den Schwanz ab, heißt es in dem Lied. Ich find das selber ein bißchen grausam, aber ich hab grundsätzlich was gegen Türken. In Kreuzberg liegen die ja auf der Straße, da ist ja kaum noch was ganz. Wenn wir Pech haben, kommen hier auch bald 'ne Menge hin. Mit Ausländern habe ich schon zu tun gehabt, aber mit Türken noch nicht. Man erzählt hier so rum, wie die sind. Dann habe ich das auch mal wo gelesen, daß die total gemein sind. In der Zeitung steht schon wieder, daß einer von den Türken verprügelt worden ist. Der Bruder vom Klaus ist mal mit 'ner Bomberjacke die Straße langgelaufen, und dann sind zehn Türken auf ihn losgegangen.

Ist ein bißchen gemein, was die mit den Ausländern machen, überfallen und so. Solange die nichts tun, können die Rechtsradikalen denen auch nichts tun, das dürfen sie nicht machen.»

Heike: «Mit den Fidschis, die hier unten stehen, verstehen wir uns einwandfrei. Ich hab nur was gegen Türken. Letztlich kamen welche, Hools oder Skins, und haben unten die Fidschis angemacht. Find ich nicht gut. Sind sogar welche von uns runtergegangen und wollten den Fidschis helfen. Wär ja auch affig gewesen, dann hätten sie die vielleicht auch noch angemacht, und dann wär hier 'ne große Schlägerei gewesen. Manchmal ist es ja ganz lustig zuzugucken, wenn ein Fidschi mit einem Hool kämpft. Mußten wir lachen: Standen wir oben, haben zugeguckt. Der Fidschi ist vor dem rumgetänzelt und hat mit Steinen um sich geworfen. Die Ausländer können sich auch nicht anders wehren, als was Hartes zu nehmen und denen weh zu tun, damit die sich verziehen. Aber wenn ein Ausländer einen Hool töten würde, dann müßten die damit rechnen, daß es einen riesigen Aufschwung gegen die Ausländer gibt.»

Anette: «Wenn zum Beispiel ein paar Linke auf dich zugehen und fragen dich, was du bist, links oder rechts, und du siehst genau, daß das Linke sind, dann würde ich natürlich sagen, ich bin links, und wenn ich sehe, daß es Rechte sind, würde ich sagen, ich bin rechts. Ich bin mal das, mal das, ich höre alles gern, mal linke Musik, mal rechtsradikale Musik, auch Rap. Unsere Clique ist aber mehr rechts. Wir unterhalten uns eben mit Hools und Skinheads. Uns ist es eigentlich egal, wenn die sich untereinander bekriegen. Hools und Skins sind o. k., wenn man die wirklich kennt.

Wir haben das mal in Gesellschaftskunde behandelt. Rechts sind mehr die Leute, die für Sauberkeit sind. Vielleicht auch ein bißchen für Schläge. Aber grundsätzlich für Sauberkeit, und daß nicht so viel Penner auf der Straße herumhängen. Die Linken sind eben Penner und hängen mehr rum. Deshalb haben wir grundsätzlich was gegen die. Die Rechten passen mehr auf, daß nichts ist. Ja, in Gesellschaftskunde nehmen wir das durch. Am liebsten würde ich mir wünschen, daß es mal ein bißchen sauberer hier aussieht. Man sollte die Leute nicht gleich schlagen, die Penner können ja nichts dafür. Aber die Linken könnten schon was aus sich machen, die haben Mutter und Vater, können oben in der Wohnung sitzen. Die Linken sollen ja auch was gegen den Staat haben, daß da was schiefläuft. Die müßten nur sauberer werden.

Ich war mal mit einem linken Jungen zusammen, der war nicht direkt dreckig. Mit dem habe ich mich auch einwandfrei verstanden. Er wohnte auch in einem Besetzerhaus. Dreckig waren die nicht, aber wenn ich da in das Haus reingegangen wäre, er wollte mich ja gern mitnehmen, aber ich hätte da nicht reingekonnt, schon weil das da was weiß ich wie aussieht.

Über rechte Parteien weiß ich nichts. Über das Dritte Reich auch nicht, in Geschichte paß ich nicht auf. Ich habe keinen Bock, Geschichte mitzumachen, ich find's langweilig. Wir haben so eine blöde Lehrerin.

Bevor Kalle der Anführer der Clique geworden ist, da haben wir an der Turnhalle gestanden und uns 'nen schönen Tag gemacht. Durch ihn kamen dann aber die ganz harten Leute rein, die sich groß gefühlt haben. Dann ging's los. Wir konnten uns mit keinem Jungen mehr unterhalten. Die haben immer nur Scheiß gebaut. Unsere Jungs sind abgehauen. Wir haben keine Zeit gehabt, zu quatschen. Die sind bloß noch schlagen gegangen. Dann war es zu schlimm, der Kalle hat nur noch rumgestänkert. Dann ist er freiwillig gegangen, weil er auch keine Lust mehr hatte, mit unserer Clique rumzuhängen. Jetzt kommt er ab und zu vorbei.

Unsere Jungs haben wir durch den Club wieder ein bißchen unter

Kontrolle gekriegt. Wir sind jetzt eben mehr zu den Hools oder neutral rübergegangen. Wir sind neutral bis Mitte rechts, Mitte links, BFC-Hools, Rowdies, mehr Rechtsradikale, total gemischt. Wenn der eine sagt, wir machen das, dann wird das ausdiskutiert, abgestimmt, der wer nicht will, bleibt hier.

Wir haben auch kaum Bock, so hart zu sein und einem Jungen, den wir absolut nicht abkönnen, der uns belästigt, eine rüberzuhauen. Von Kalle haben unsere Jungs mächtig viel Scheiße gelernt, eben Jungs verprügeln, auf die Kacke zu hauen, uns Mädchen Schläge beizufügen. Wir haben immer blaue Flecken gehabt.

Früher, vor der Wende, haben wir auch die Hand gehoben, ‹Sieg Heil› haben wir geschrien. Das ist aber nach 'ner Zeit affig geworden. So rechte Gedanken hatten wir auch nicht. Wenn man sieht, was der Adolf früher gemacht hat, das sieht man nach 'ner Weile ein, daß der geistig weg war. Daß er die Juden einkassiert hat. Wer braune Haare und braune Augen hat, ist ein Jude und so, das stimmt gar nicht. Die mußten einen Judenstern tragen und ab in die Gaskammer, Seife in die Hand, so, nun geht euch mal waschen. Ist nicht ganz sauber so was, und dann erschießt er noch, der ihm über'n Weg läuft. Das ist ekelhaft, wenn so was wieder kommt, könnte ich nie auf der Seite stehen, da würde ich auf der anderen Seite stehen, aber nicht bei denen.»

Drei Monate später: Anette, Heike, Ulrike

Die Clique hat sich zerstritten. Kalle, der ehemalige Anführer, läßt sich nicht mehr sehen. Er hat die Freundin eines Skinheads, der ihm körperlich weit überlegen ist, angemacht und traut sich nicht auf die Straße, weil er Racheaktionen fürchtet. Die Mädchen geben Auskunft über das, was geschehen ist.

«Die Clique existiert nicht mehr. Die meisten sind rausgegangen. Jetzt ist das Problem mit der Arbeitslosigkeit. Die meisten saufen nur noch. Ich weiß nicht, wie es angefangen hat. Ich weiß nur noch, daß sie an einem Abend innerhalb der Clique einen zusammengeschlagen haben. Dann ging es auseinander, dann kamen ein paar aus der Disko dazu, dann noch neue, dann haben die noch welche mitgebracht, das hat dann die alten von uns vergrault. Wir treffen uns kaum noch, wenn wir hier im Club sind, sagen wir kurz Guten Tag.»

«Wenn die Leute da auf dem Platz ihre Scheiße bauen und so ein Ding drehen, was weiß ich, Autos knacken oder so, da sind wir nicht dran beteiligt. Als wir die alte Clique noch hatten, da haben wir abgestimmt, wer rein durfte. Jetzt ist es so, daß jeder kommen konnte, bloß waren das die schärfsten Chaoten, die manche anstiften, irgendwelche Scheiße zu bauen. Ich will ja keine Namen nennen, aber auf solche Ideen sind wir früher nicht gekommen. Die Gewalt hat total zugenommen. Das kam auch dadurch, daß die meisten ihre Jobs verloren haben und praktisch nicht mehr wissen, wohin mit ihrer Zeit. Und zweitens durch zuviel Alkohol.»

«Ich trinke auch ab und zu ganz gern, aber nicht täglich und nicht so, daß ich um zwei runterkomme, gleich in die Kaufhalle gehe, sechs, sieben Bier reinziehe und dann losgehe: Jetzt schnappen wir uns einen. Wie auf dem Zeltplatz neulich. Die kamen Freitag an, hatten schon das Bier in der Hand gehabt, manche hatten schon ein Ding in der Krone, haben bis abends durchgesoffen, und dann haben sie sich welche gekascht und die zusammengeschlagen.»

«Das waren noch Leute, mit denen wir uns befreundet hatten. Wir fanden das in Ordnung, daß wir wenigstens welche kannten und uns mit denen unterhalten konnten. Kaum waren die anderen angekommen, wollten die sich mit denen prügeln. Einen Tag später sind sie zusammen in die Disko, am nächsten Tag haben sie sich wieder gegenseitig zusammengeschlagen.»

«Die gehen auch los, um andere zu klatschen, aber was dabei rauskommt... die erzählen viel. Die wollten einen Fidschi aus dem Porsche ziehen, das haben sie gemacht. Ich meine, was soll denn das? Die kaufen bei den Fidschis Zigaretten, und wenn sie ein paar Tage mal kein Geld haben oder so oder sich keine Zigaretten kaufen können, dann müssen sie sie ausrauben. Das sind so nette Leute. Die können sich meistens nicht wehren. Der eine lenkt die Aufmerksamkeit auf sich, der andere nimmt die Stangen oder die Tüten. Wenn das nicht klappt, ruft einer die Bullen, dann lassen sie die Tüten stehen, und die anderen rennen, und dann nehmen eben die anderen die Tüten weg.»

«Es gibt Leute, die Probleme haben. Bloß die sehen das so, daß man Probleme nur mit Gewalt lösen kann und dann eben losziehen und welche ausklatschen. Dabei machen sie die Probleme damit nur noch größer. Wenn sie jemanden aufklatschen oder der macht 'ne Anzeige, kriegt er die Anzeige aufgebrettert und dann immer mehr Ärger und Probleme. Das finde ich total falsch. Das habe ich zum Beispiel meinem Vater gesagt, wenn ich jetzt mal später hochkomme oder so, ich sehe ein, daß ich dadurch Ärger kriegen würde, und er löst das mit Gewalt, das finde ich total nicht in Ordnung, weil dadurch löse ich zu meinem Vater das Vertrauen, und dadurch kann er es nicht lösen, habe ich ihm mal ins Gesicht gesagt. Das sieht er jetzt langsam ein.»

«Die Stimmung hier in Marzahn ist richtig gespannt. Man braucht nur ein falsches Wort zu sagen, dann kommen sie alle auf einen zu. Die sind alle ziemlich frustriert, auch die Erwachsenen. Wenn du manche von denen anquatschst, die wollen gar nichts mehr von dir wissen, weil sie ihre eigenen Probleme haben und von deinen nichts mehr wissen wollen. Das seh ich auch an meinen Eltern. Wenn ich denen etwas von der Schule erzähle, das wollen die meistens nicht hören. Früher konntest du es noch so machen, wenn dir einer eine raufhauen wollte, hast du mit ihm geredet, und dann war das geklärt. Aber jetzt nicht mehr, jetzt kriegst du gleich eine drauf und kannst nicht mehr reden.» – «Die Mädchen schlagen sich nicht, aber wenn die Clique zusammenhält und man als einzelne vor der Mannschaft steht, die schlagen zwar nicht zu, aber mit Worten und mit manchen Gerüchten können sie einen ganz schön fertigmachen. Das habe ich wirklich selber zu spüren gekriegt, die machen einen dermaßen fertig, du hast mit dem geschlafen, mit dem und dem, die kennst du meistens gar nicht, die machen dich psychisch fertig. Bei den Jungs wird es handgreiflich, bei uns eben so.»

«Im Prinzip sind wir für die Jungs Außenseiter. Bei denen geht es nur um die Bierlage, also wer die schmeißt, der ist an dem Tag der beste Kumpel, und am nächsten Tag ist er der Arsch. Dann kommt der nächste dran. Und wenn keiner mal 'ne Lage schmeißt, dann verstehen sie sich trotzdem untereinander. Wir Mädchen sind Außenseiter, weil wir das nicht einsehen. Ich seh keinen Sinn, wenn ich jetzt Geld mitbringe und den Jungs die Biere spendieren soll, ich meine, was habe ich davon? Die saufen sich die Birne voll, dann ziehen sie los, und du stehst dann wieder hier alleine rum und weißt nicht, was du tun sollst.»

«Nehmen wir mal die Fidschis. Wenn unsere Jungs jetzt zum Beispiel Probleme haben und hier in der Clique vielleicht und mit der Freundin auch noch, das ist ja riesengroß. Sind Probleme, die man nicht lösen kann, dann gehen die dann los. Das spricht sich dann in der Clique rum, meistens ziehen die noch mit, die noch Bock haben an dem Tag, wenn sie keinen kriegen, keinen Deutschen oder so, der ihnen irgendwie unsympathisch oder so vorkommt, dann gehen sie meistens auf die Ausländer.»

«Wir Mädchen fassen Ausländer nicht an. Wenn wir Bock haben, belegen wir uns gegenseitig. Am Anfang der Wiedervereinigung haben wir vielleicht gesagt: Ausländer sind Scheiße, müssen wir verjagen, müssen wir wegklatschen, alles so was. Aber mittlerweile kriegst du mit, daß die Ausländer in Ordnung sind. Wenn du jetzt mitkriegst, daß die Jungen die Ausländer wegklatschen, dann können die einem richtig leid tun. Als zum Beispiel welche hier waren, die wollten nur Rache nehmen, weil der eine einen Bruder von denen geklatscht hat. Da kamen jedenfalls drei Glatzen und ein paar Heavys dazu. Jedenfalls hatten die tierischen Frust, dann mußten sie erst mal die Fidschis überfallen. Die haben die regelrecht ausgeraubt, die Tüten geklaut, die blutig geschlagen, dann sind sie losgezogen, haben das Zeug geteilt, dann waren sie auf einmal weg, nicht mehr hier. Also so hatten sie im Prinzip ihren Frust ausgelassen. Waren zufrieden und wieder ruhig.»

«Ich sehe das auch so: Wenn sie ihre Probleme immer nur mit Gewalt lösen, dann werden die immer größer. Die haben jetzt schon fast alle Anzeigen laufen und wenn sie sich dadurch immer mehr Probleme einhandeln, immer mehr Gewalt auslösen, landen die wirklich mal im Knast, bis sie es endlich bereuen und damit aufhören. Ich kann mir nicht vorstellen, daß das im nächsten Jahr besser wird. Es wird immer schlimmer, bis sie dann wirklich mal 'ne Strafe absitzen müssen, bis sie das dann endlich mal kapiert haben und damit aufhören und sich bessern.»

Die Sprache der Gewalt

Product placement: «Nationalistische Front»

Gesetzt den Fall, liebe Leserin und geneigter Leser, Sie interessierten sich für Möglichkeiten, ihr eventuell vorhandenes überschüssiges Geld lukrativ anzulegen! Nehmen wir an, Ihnen fiele eine interessant aufgemachte Broschüre zum Thema in die Hände, ediert von einer Ihnen unbekannten Organisation. Darin fänden Sie fünf oder sechs solide Tips, Ihre Barschaft zu vermehren, daneben aber mindestens ein Dutzend Beiträge von Kreditbetrügern, Finanzhaien, windigen Anlageberatern oder Ihnen durch Presseveröffentlichungen bekannten Hochstaplern und anderen dubiosen Gestalten: Was hielten Sie von dieser Broschüre, und welches Licht würfe die obskure Nachbarschaft auf die fünf, sechs ernstzunehmenden Hinweise?

Im Sommer 1991 brachte der «Arun»-Verlag – Motto des Verlagsprospektes: «Neues Denken, neue Wege» – ein Buch mit dem Titel «Multikultopia» heraus. Untertitel: «Gedanken zur multikulturellen Gesellschaft». Im Verlagsprogramm stehen außerdem ein Buch über Rupert Sheldrake, der einer der «umstrittensten Wissenschaftler unserer Zeit» sein soll und der «Telepathie und Gedankenübertragung» für «erklärbar und ganz natürlich» hält, ein Werk über «Kult und Ritus der heidnischen Gemeinschaft» – «Heidentum ist das große Ja des Lebens!», im Programm wirbt die rechtsradikale Zeitschrift «Junge Freiheit» um neue Leser. Ein vierseitiger Verlagsprospekt findet sich im November auch als Beilage im «Zeit»-Magazin, darin, als Kommentar zur Buchwerbung für «Multikultopia», der Kommentar: «Vor dem Erscheinen bereits ein Skandal».

In dem unauffällig aufgemachten Band «Multikultopia» sind Beiträge des ehemaligen CDU-Generalsekretärs Heiner Geißler abgedruckt: «Zugluft – die Multikulturelle Gesellschaft», ferner von Dr. Irene Runge, Mitglied des Sprecherrats des Jüdischen Kulturvereins Berlin, zur jüdischen Einwanderung nach Deutschland, und ein Gespräch mit Dr. Anke Martiny, Mitglied des Parteivorstandes der SPD und ehemalige Senatorin für kulturelle Angelegenheiten in Berlin. Beate Winkler aus dem Stab der Beauftragten der Bundesregierung für Ausländerfragen und Achmad von Denffer, Pressesprecher des islamischen Zentrums München, ergänzen das Spektrum.

Damit aber nicht genug. Man findet einen Artikel des Franzosen Alain de Benoist, des verstorbenen Vordenkers der «Neuen Rechten». Der «Nationalrevolutionär» und Kölner Abgeordnete der «Republikaner», Marcus Bauer, der auch als Redakteur der rechtsradikalen Zeitschriften «Europa Vorn» und «Wir selbst» fungiert, schreibt über «Vielfalt gestalten».

Der Ingenieur und Verleger Stefan Ulbrich, der sich selbst als «Freier Schriftsteller und Aktionskünstler» vorstellt und sich in eben demselben Arun-Verlag «Gedanken zu Großdeutschland» gemacht hat, taucht als Autor der Zusammenfassung auf. Ulbrich ist ehemaliger Funktionär der neonazistischen «Wiking-Jugend» in Bayern. Den Schwenk der Organisation, vor allem nach dem Tod Kühnens, in Richtung FAP vollzog er nicht, sondern begab sich in die weltanschauliche Nähe der «neurechten» Denker wie zum Beispiel Pierre Krebs, dem Leiter des «Thule-Seminars».

Der Brüsseler Robert Steuckers hat einen Beitrag verfaßt: Steuckers ist Mitarbeiter der Zeitschrift «Elemente – für die europäische Wiedergeburt», die auch schon einmal die Hakenkreuzrune abdruckt, und Leiter der belgischen Abteilung von GRECE, einem rechtsintellektuellen Netzwerk – vormals unter der Anleitung von de Benoist –, das das «Judeo-Christentum» bekämpft und propagiert, daß Selektion und «Rassenhygiene» berechtigte Maßnahmen seien. Steuckers ist ferner Herausgeber der Zeitschriften «Orientations» und «Vouloir» und Dauerreferent bei diversen rechtsextremistischen Gruppen, auch des militanten Flügels, in ganz Westeuropa.

Dr. Rolf Kosiek, Lektor des Grabert-Verlages, läßt sich über «wissenschaftliche Erkenntnisse zum Volksbegriff» aus. Im Grabert-Verlag erschienen die Publikationen des rechtsradikalen «Thule-Seminars» des rechten Vordenkers Prof. Bernhard Willms. Mehrere andere Publikationen wurden indiziert. Kosiek ist ein Rasse-Propagandist, war Mitglied im NPD-Bundesvorstand und Autor des vom baden-württembergischen Kultusministerium als «verfassungsfeindlich» bezeichneten Buches «Das Volk in seiner Wirklichkeit». Ferner ist er Mitglied der extrem rassistischen «Gesellschaft für Biologische Anthropologie, Eugenik und Verhaltensforschung e. V.».

Erster Vorsitzender dieser obskursen Gesellschaft ist der Hamburger Rechtsanwalt Jürgen Rieger, der in dem Buch «Multikultopia» als Vertreter der Neonazi-Partei «Nationalistische Front» auftritt, zusammen mit deren «Generalsekretär» Meinolf Schönborn. Abgedruckt ist ein Gespräch zwischen Rieger und Schönborn auf der einen Seite und zwei Mitgliedern der Frankfurter antirassistischen Bürgerinitiative «SOS Rassismus», Gregorio Roper und Jose del Pozo, auf der anderen. Das Nachrichten-Magazin «Der Spiegel» hatte, das wird in mißbilligendem Ton vermerkt, das Manuskript des Gesprächs mit der Begründung abgelehnt, eine «so extensive Ausbreitung rechtsextremen Gedankenguts» könne «nicht verantwortet werden».

Eine erlauchte Gesellschaft, in der sich Heiner Geißler, Irene Runge und Anke Martiny befinden! Daß sie aus Naivität oder aus Unkenntnis in die Gesellschaft von eingefleischten Rassisten und Neonazis geraten sind, liegt aber am Konzept des Verlages und der Vertreter der sogenannten «Neuen Rechten». «Neu» insofern, als jede ideologische Kehrt- und sonstige Wendung der rechten Möchtegern-Vordenker als «modern» verkauft wird. Und: «Neu» als Abgrenzung zu dem militanten «Neo»-Nazi-Pöbel: Die braucht man, um sich der Öffentlichkeit als ernstzunehmender Diskussionspartner zu verkaufen. «Neu» sind aber nicht die Inhalte, sondern nur die Verpackung.

Der Verlagsinhaber Stefan Ulbrich hatte sich sogar in einem Brief an das Magazin «Konkret» darüber beschwert, daß dort sein Arun-Verlag korrekt als rechtsradikal eingestuft worden war.[1] Er schrieb: «Zum Schluß sei erlaubt, darauf hinzuweisen, daß sich die Linke (und als Teil davon versteht sich auch der Verlag!) keinen guten Dienst erweist, in diesen Zeiten der ‹fallenden Mauern› sich auf derart billige Weise aus dem Diskurs davonzustehlen.»

Es ist kein Zufall, daß Vertreter der «Nationalistischen Front» sich im Kielwasser «neurechter» Theoretiker zu Ansprechpartnern für den politischen «Diskurs» hochstilisieren. Die NF hat schon seit ihrer Gründung versucht, mit pseudo-linken Phrasen vor allem unter

1 Blick nach rechts, 3.6.91, S.2

proletarischen Jugendlichen zu agitieren. Gegründet 1985 von Bernhard Pauli und Mitgliedern der 1982 verbotenen «Volkssozialistischen Bewegung Deutschlands/Partei der Arbeit» (VSBD/PdA), war sie ursprünglich als Ersatz- und Tarnorganisation für die FAP gegründet worden, um für den Fall, daß die auch verboten worden wäre, eine legale Ersatzorganisation zu haben.

Führendes Mitglied und heutiger Generalsekretär ist Meinolf Schönborn, ehemaliger NPD-Funktionär und Mit-Besitzer des NF-eigenen Schulungszentrums in Detmold-Pivitsheide, einem ehemaligen Gasthof. Über den Verlag «Klartext», der eine gleichnamige, unregelmäßig erscheinende Zeitschrift publiziert, verkauft die NF T-Shirts für rechtsradikale Zielgruppen, unter anderem mit Aufschriften wie «Rotfront verrecke» und «Hooligans Deutschland/Gewalt beim Fußball».

1987 deckten Presseveröffentlichungen auf, daß ein Kontaktmann aus der «Klartext»-Gruppe dem Verfassungsschutz regelmäßig – gegen gute Bezahlung – Informationen geliefert hatte. Die Pointe: Der VS erhielt nur solches Material, das bereits an anderer Stelle öffentlich gemacht worden war. «Es ist deshalb wohl keine Spekulation anzunehmen, daß der Verfassungsschutz auf diesem Wege den ‹Klartext› mitfinanziert hat.»[2]

Das Programm der NF propagierte die «antiimperialistische nationale Befreiung von fremder Macht und ihren deutschen Handlangern», gleichzeitig, neben dem scheinbar «linken» Antikapitalismus aber die «Bewahrung der Volksidentität, der Lebenswerte und der Wesensart der Deutschen Nation», und die «Förderung und Sicherung der deutschen Familie und des eigenen Volksnachwuchses».

Der Unterschied der NF zu anderen Neonazi-Gruppierungen liegt in drei Tendenzen: die NF propagierte fast von Anfang an, anders etwa als die FAP, das Konzept einer Kaderorganisation. Man möchte einen «Stamm von geschulten, disziplinierten, einsatz- und opferbereiten Kadern» haben, damit der «erfolgreiche und revolutionäre Kampf» vorangetrieben werden kann. Die NF bezeichnet sich als die einzige «nationalistische Partei», «die trotz politischem Terror von seiten des Staates konsequent den Weg einer Kaderorganisation erfolgreich gegangen ist». In der Realität ist es damit nicht weit her. Die

2 S. Jäger, S. 203

«Kaderorganisation» trägt mehr die Züge einer Politsekte mit einem rund 300 Personen umfassenden Umfeld. Der Verfassungsschutzbericht 1990 spricht von etwa 80 Mitgliedern. Im «Aufbruch», einem «Mitteilungsblatt», das «ausschließlich dem internen Gebrauch dient», behauptet «Bereichsleiter Nord» Steffen Hupka, die NF habe nach einer Phase der Stagnation ihre Mitgliederzahl verdoppeln können. Die finanzielle Lage der Partei sei gut.

Das liegt wahrscheinlich daran, daß die NF ihren Mitgliedern fünf Prozent des Bruttoeinkommens als Beitrag abknöpft. «Diese Finanzierung», heißt es im Aufnahmeantrag, «sei ein erster Auslesefaktor.» Die Hälfte des Beitrages erhalten Einzelmitglieder in Form von Gutscheinen zurück, die «gegen Propagandamaterial beim Klartext-Verlag eingetauscht werden» können. Der Antrag fragt penibel alle möglichen «Qualifikationen» ab, «elektrotechnische Fähigkeiten», EDV-Kenntnisse, körperliche Belastbarkeit, «politische Auslandskontakte», Fotoausrüstung, «graphische Fähigkeiten» und die «politische Biographie».

Die NF kokettiert auch damit, keine Interviews zu geben und lehnt provokatorisches Auftreten, um in die Medien zu gelangen – im Stile Michael Kühnens – ab. «Ich verpflichte mich zum absoluten Stillschweigen gegenüber Unbekannten, den Medien, dem Verfassungsschutz und sonstigen Geheimdiensten», heißt es im Aufnahmeantrag. Wie ich aus eigener Erfahrung weiß, wird diese Anordnung natürlich häufig nicht befolgt.

Die NF versucht ferner, in ihrer Wortwahl nicht nur Rechte, sondern auch Jugendliche anzusprechen, die ökologisch interessiert sind, aber «nicht sofort positiv auf uns reagieren». Sie würden «oft nur mit Teilen der angebotenen Interpretationsmuster übereinstimmen» und seien sich «der untergejubelten Theorien oft gar nicht bewußt, versuchen vielmehr, eigene Wünsche in die Publikationen hineinzulegen». Die NF propagierte den Kampf gegen die Startbahn West in Frankfurt und gegen das Atomkraftwerk in Brokdorf. Führende Vertreter reihten sich zum Beispiel in eine von alternativen Kräften dominierte Initiative gegen ein britisches Kampfdorf in der Nähe von Bielefeld ein.

Jedes Mitglied verpflichtet sich per Unterschrift beim Eintritt, «kriminelle Aktionen zu unterlassen und den Weisungen der Organisationsleitung (OL) sowie ihrer Beauftragten Folge zu leisten». Was es damit auf sich hat, zeigt eine Dokumentation, die die «Antifaschistische Koordination» Bielefeld zur «Nationalistischen Front» vorgelegt hat. Einige Beispiele von Aktionen der «disziplinierten Kaderorganisation»: Im März 1987 findet ein Ausbildungszeltlager der NF in Hessen statt. Nach zahlreichen Schmierereien im Umkreis durchsucht die Polizei das Lager und stellt zahlreiche Waffen und andere Gegenstände sicher. Wenig später beteiligen sich die Teilnehmer des Lagers an der Erstürmung des Friedhofs von Wunsiedel, 43 Personen, darunter der berüchtigte Schläger Meinhard Elbing, werden festgenommen. Im September 87: Mehrere Überfälle auf Passanten in Bielefeld, ein Türke wird beleidigt und zusammengeschlagen. Die NF hält ihren Bundesparteitag trotz behördlicher Versiegelung in ihrem Haus in der Bleichstraße ab (das mittlerweile verkauft worden ist). Anläßlich einer antifaschistischen Demonstration nimmt die Polizei mit Steinen und Flaschen bewaffnete NF-Aktivisten fest.

1988 vor dem Bielefelder Landgericht: Ein Prozeß gegen Schönborn und andere wegen Meineides. Schönborn wird später zu einer Bewährungsstrafe verurteilt. Im Verlauf des Prozesses gehen zwei Bombendrohungen gegen das Gericht ein. Am 18.3.1988: Überfall von 20 Neonazis auf ein Herforder Jugendzentrum, es gibt mehrere Verletzte, das Mobiliar wird vollständig zertrümmert. Michael Kühnen besucht seine Bielefelder Gesinnungsgenossen, es wird eine Aktionseinheit zwischen der verbotenen ANS und der NF beschlossen. Im April erscheint die NF-Zeitschrift «Nachrichten aus der Szene», in der dazu aufgerufen wird, «...Namen und Adressen von Volksfeinden mit entsprechenden Informationen» zu benennen. Ebenfalls im April wird die Kneipe «Hammer Mühle» in Bielefeld von Neonazis überfallen.

Im Juni 1988 referiert der rechte Theoretiker Pierre Krebs vor ca. 80 Neonazis über die «Zukunft Europas». Ort der Veranstaltung: die Bielefelder NF-Zentrale. Kühnen trifft sich in der Folge mehrfach mit seinem «Bereichsleiter» Thomas Haincke in Bielefeld. Im Juli wird das Haus einer jüdischen Familie mit antisemitischen Sprüchen und Hakenkreuzen beschmiert. Im August führt die NF wieder ein Ausbildungslager in der Lüneburger Heide durch. Im selben Monat sticht Meinhard Elbing in Lübbecke einen Punker nieder. Wegen Verdachts auf versuchten Totschlag sitzt er zwei Tage in Untersuchungshaft. Im August stellt die Polizei bei Hausdurchsuchungen Propaganda-Material der NF sowie eine «Abschußliste» politischer Gegner sicher.

Im Oktober Neonazi-Aufmarsch vor dem Haus der NF: Skinheads und Sympathisanten der Nazis greifen Jugendliche vor zwei Diskotheken an. Zwei Festnahmen. Am 2.10.88 wird das Jugendzentrum «kamp» mit Parolen wie «Türken erschießen», «Kanakenschweine töten, niedermachen, zerstückeln, verbrennen» sowie mit Keltenkreuzen beschmiert. Ein achtzehnjähriger Schüler wird zusammengeschlagen und liegt einige Wochen im Koma. Der Täter wird später zu zehn Monaten ohne Bewährung verurteilt. Ebenfalls im Oktober geht gegen das Theaterstück «Neo» – Thema: Neonazis – eine Bombendrohung ein.

Im November 1988 wird Meinhard Elbing vom Vorwurf freigesprochen, er habe einen Polizisten bedroht und Widerstand geleistet. Elbing war im März 1987 mit einer Machete aus dem NF-Zentrum gestürmt, um «die Linken» – nicht die Polizei! – zu bedrohen. Im November mehrere Brandanschläge auf eine Flüchtlingsunterkunft. Am Tatort werden NF-Aufkleber gefunden.

Im April 1989 finden im NF-Zentrum Schulungen statt, zu denen Mitglieder aus dem gesamten Bundesgebiet anreisen. Führende Kader, darunter Meinolf Schönborn, kaufen die Kneipe «Tanneneck» in Detmold-Pivitsheide. Als Mitbesitzer fungieren, laut der Bielefelder Dokumentation: Andreas Pohl aus Berlin, die Nr. 2 der NF und seit über zehn Jahren in Neonazi-Kreisen aktiv. Pohl war Gründer der Skinhead-Band «Kraft durch Froide», Schlagzeuger und Schreiber der faschistischen Texte und, zusammen mit anderen «Größen» der braunen Szene in Berlin wie Arnulf-Winfried Priem und Oliver Schweigert, Kandidat der Parteien-Eintagsfliege «Freiheitspartei».

Ferner der Architekturstudent und ehemalige Mitarbeiter des Pressereferats des Detmolder AStA, Steffen Hupka aus Detmold: Hupka war Mitarbeiter der österreichischen Nazi-Zeitschrift «Sieg» und ist presserechtlich verantwortlich für NF-Schulungsmaterialien. Leserbriefe von Hupka finden sich in «Die Bauernschaft», einer faschistischen Zeitschrift des Uralt-Nazis und ehemaligen SS-Sonderführers für Pflanzenschutz, Thies Christophersen, der auch die Broschüre «Die Auschwitz-Lüge» verfaßt hat.

Auch Jens Lindlar soll Eigentümer des Hauses sein: Ende der achtziger Jahre ist er Beisitzer des Bundesvorstandes der NF, «Abteilung

Propaganda». Lindlar, ein ehemaliges Mitglied der Rockerbande «Reichsadler», war auch Gründungsmitglied des Kampfsportvereins «ASV Bielefeld».

Im Mai findet ein Treffen der sogenannten «Freien Gewerkschaftsbewegung», einer der Unzahl von Mini-Gruppierungen im Umkreis von Kühnens «Bewegung», in der Bleichstraße statt. Bei einer Polizeikontrolle werden vier Personen ins Polizeipräsidium gebracht. 30 Neonazis, darunter Kühnen, Thomas Brehl, Christian Worch, Thomas Haincke, versammeln sich vor dem Präsidium, wo sie, so die Dokumentation wörtlich, «von einer Gruppe Antifaschisten relativ bestimmt darauf aufmerksam gemacht werden, daß sie hier unerwünscht sind. Kühnen versteckt sich während dieser Aktion im Gebüsch.»

1989, im Prozeß gegen die Skinheads, die ein Herforder Jugendzentrum überfallen haben, wird einer der Täter zu einer Geldstrafe von 3600 DM verurteilt, im Juli zwei Neonazis aus Herford wegen gefährlicher Körperverletzung zu jeweils sechs Monaten Haft ohne Bewährung. Im August versammeln sich ca. 50 NF-Sympathisanten vor der britischen Kaserne in Detmold. Anschließend schlagen sie eine Gruppe von Punks mit Eisenstangen und Baseballschlägern zusammen. Einer von denen erleidet einen lebensgefährlichen Schädelbasisbruch. Im Oktober führt die NF wieder eine Schulung durch.

Und – jüngste Vorfälle: In der Nacht zum 4.8.91 werden Hinweisschilder an der Mahn- und Gedenkstätte des ehemaligen Konzentrationslagers Sachsenhausen mit NS-Parolen beschmiert. Neonazis bekleben das Gebäude mit Flugblättern der NF: «Schluß mit dem Holocaust». Beim Bundestreffen der NF kurz vorher im hessischen Niederaula redet Rechtsanwalt Rieger mehr als zwei Stunden über seine Vorstellungen zur Lösung des «Ausländerproblems»: Er stellt ein «Programm zur Errettung des deutschen Volkes» vor. «Mangelnder Kinderwunsch bei den Frauen», so laut eines inkognito beobachtenden Zeugen, und die «durch Umweltschäden verminderte Spermaqualität» der Männer sowie die zielgerichtete «Aufweichung» des deutschen «Volkskörpers» von innen würden dessen Fortbestand dramatisch gefährden. Nur sofortige Abschiebung, Einreisesperre, Stopp sämtlicher Sozialleistungen und psychischer Terror («Wir müssen den Ausländern den Aufenthalt so unangenehm wie möglich ma-

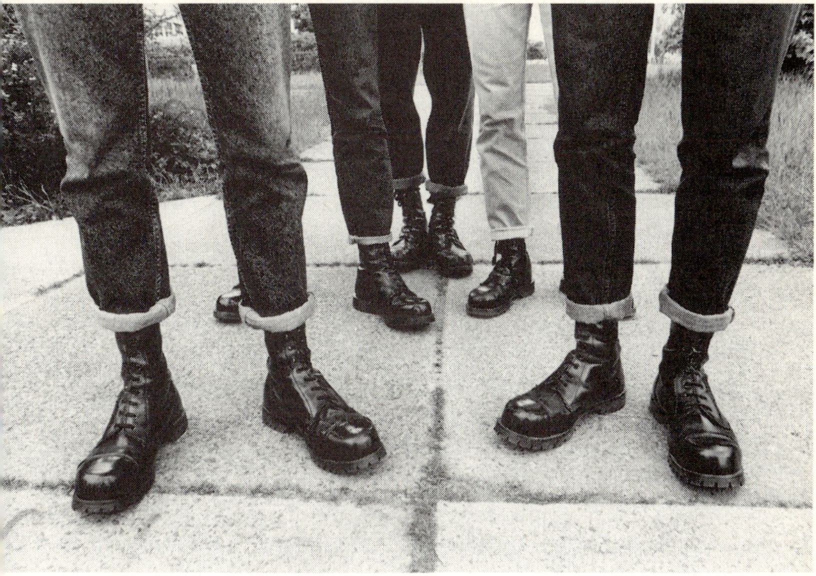

chen!») könnten laut Rieger Abhilfe schaffen. Rieger habe auch ausgeführt, so der Zeuge, was er unter «unangenehmem Aufenthalt» verstehe, zum Beispiel Brandanschläge auf Asylantenheime.

Im September behauptet ein Autor der «Zeit», daß die NF einen weiteren prominenten Sympathisanten habe: Eduard Wolken, Student der Philosophie, dessen Mutter als Direktorin eines der angesehensten deutschen Kulturinstitute im Ausland, der Künstlerakademie Villa Massimo in Rom, fungiert. Eduard Wolken, natürlich ein Hundefreund, soll mittels Aufklebern eifrig Propaganda für die NF gemacht haben, unter anderem während der Veranstaltung des Sommerfestivals RomaEuropa in der Villa Massimo.[3] Wolken äußerte sich nicht zu diesem Vorwurf, seine Mutter wiegelte ab: Wolken sei kein Sympathisant der NF, der «wahre Sachverhalt» sei ein Aufkleber am Moped ihres Sohnes «Hände weg von Deutschland». Dieser

3 Die Zeit v. 6. 9. 91, S. 65

Aufkleber ist allerdings in der militanten rechtsradikalen Szene äußerst beliebt, und wer ihn benutzt, dürfte wissen, in welche Ecke er sich selbst stellt. Die Direktorin der Villa Massimo hält diese Phase ihres Sohnes für «eine der Stationen auf dem Weg der Selbstfindung, die jungen Leuten erlaubt sein müsse»[4]. Schön gesagt: Gilt das auch für die mehr proletarischen jungen Neonazis, die Terror gegen Ausländer ausüben, womöglich mit der obigen Parole auf den Lippen – eine «Phase der Selbstfindung»?

Mit Jürgen Rieger, der sich erst seit kurzem offen zur NF bekennt, hat sie einen Vertreter gefunden, der – im Gegensatz zu der großen Mehrheit der Neonazis –, wenn er sich Mühe gibt, so eloquent ist, daß man zunächst einmal hinhört. Rieger kann sowohl die krude Propaganda der NF in die Reihen der parteipolitisch nicht festgelegten Theoretiker der «Neuen Rechten» einbringen als auch umgekehrt deren zum Teil subtileren Argumentationen der militanten Szene vorstellen. Über Bücher wie «Multikultopia» werden auch Menschen, die sich für die Probleme eines Europa jenseits der Nationalstaaten des 19. Jahrhunderts interessieren, mit den neofaschistischen Thesen der NF – im unverfänglichen Gewande – bekanntgemacht.

Um das, was Rieger und Schönborn im Gespräch mit «SOS Rassismus» von sich geben, richtig einordnen zu können, muß man sich auch die Biographie des NF-Rechts-Anwaltes vor Augen führen. Rieger, geboren 1945, gab schon 1968 rechtsextremistische Flugblätter heraus. Er war damals Aktivist der «Aktion Oder/Neiße» und 1969 Funktionär des «Bundes heimattreuer Jugend». Der BHJ ist, neben der «Wiking-Jugend», die älteste rechtsradikale Jugendorganisation Deutschlands. 1962 neu gegründet, ist eines ihrer Ziele die Wiederherstellung Deutschlands in den Grenzen von 1937. Der BHJ will «Kämpfer für die Einheit unseres Reiches in einer verworrenen Zeit»[5] erziehen. Mittel dazu sind, wie in derartigen Organisationen üblich, Lagerfeuerromantik und Kameradschaftserlebnisse.

1971 beteiligt sich Rieger an der merkwürdigen «Entführung» von Professor Berthold Rubin. Rubin, Mitarbeiter der «Deutschen National-Zeitung», täuschte 1971, vier Tage vor der Landtagswahl in

4 Die Zeit v. 26. 9. 91, S. 71
5 K. Hirsch, S. 130

Schleswig-Holstein, sein eigenes Kidnapping vor, um «den Volkszorn auf die Linken zu lenken». Wegen Vortäuschung einer Straftat wurde er zu sechs Monaten Haft verurteilt, ist aber weiterhin mit geschichtsrevisionistischen Publikationen in rechtsextremen Kreisen aktiv.

Rieger wird 1972 Vorsitzender der erwähnten «Gesellschaft für biologische Anthropologie, Eugenik und Verhaltensforschung». 1974 ist er Rechtsreferendar in Hamburg. Wegen zweimaliger Körperverletzung, begangen bei der Demonstration der «Aktion Widerstand» im Oktober 1970 in Würzburg[6], verurteilt ihn ein Gericht zu einer hohen Geldstrafe.

In eine seiner Schriften, die als jugendgefährdend indiziert ist, schreibt er: «Es kann festgestellt werden, welche Rasse für bestimmte Aufgaben besonders geeignet ist (die Weißen z. B. in Berufen, wo Intelligenz verlangt wird, die Neger im Showbusiness)...»[7]

1982 wird Anklage gegen ihn erhoben wegen Beleidigung und Verunglimpfung des Andenkens Verstorbener. «Als Rechtsanwalt des ehemaligen Polizei- und SS-Führers von Warschau, Arpad Wigand, hat er zu dessen Verteidigung erklärt, Wigand habe nicht wehrlose Menschen erschießen lassen, wie der Staatsanwalt behaupte; die Tötungen seien deshalb nicht als verbrecherische Taten zu bewerten, weil das Getto nur aus hygienischen Gründen errichtet worden sei. Dementsprechend sei es notwendig gewesen, flüchtende Juden zu erschießen, weil sonst die Ausbreitung der Seuche zu befürchten gewesen wäre.»[8] Rieger wird, in den ersten Instanzen zu einer Geldstrafe verurteilt, vom Bundesgerichtshof 1987 freigesprochen.

Rieger verteidigt viele Neonazis vor Gericht, unter anderem 1991 in Stuttgart auch den langjährigen Chef der FAP, Jürgen Mosler, und andere Angeklagte aus «der Bewegung». Wie ein Prozeßbeobachter berichtet, versuchte Rieger «in Abstimmung mit einer sympathisierenden ‹Prozeßgruppe› das Verfahren ‹als kämpferischen Teil des politisch aktiven nationalen Widerstandes› hochzupuschen». Rieger lag viel daran, den US-amerikanischen Gründer der NSDAP/AO, Gary Rex Lauck, der in Deutschland Einreiseverbot hat, als Zeugen zu laden. «Für alle Angeklagten», so der Beobachter, spielte Rieger

6 ebd., S. 430
7 ebd., S. 431
8 ebd.

«den großen Zampano, der den Prozeß beherrscht. Ehe Zeuge Generalbundesanwalt a. D. Rebmann den Sitzungssaal betritt, wird er erst einmal vom Angeklagten Busse (FAP) gefragt, ob er Mitglied der NSDAP gewesen sei. Rechtsanwalt Rieger faßt einige Minuten beim Zeugen genüßlich nach, ob er einmal ein Aufnahme-/Beitrittsformular unterzeichnet habe.»[9]

In welcher Gesellschaft sich Rieger bewegt, wird während des Prozesses in Stuttgart klar: Die Ermittlungsbehörden hatten im Vorfeld einen «Nationalen Sicherheitsdienst» enttarnt, der sich offenbar am Vorbild des SD von Himmler und Heydrich orientierte: Seit 1934 wurde «in allen Gegnerkreisen, auf allen Lebensgebieten» ausgespäht. Anläßlich einer bundesweiten Durchsuchungsaktion am 2.3.88 in über sechzig Orten in der alten Bundesrepublik fielen den Beamten über 1000 Infos, Daten und Beobachtungen des neuen SD in die Hände: von den Neonazis waren die demokratischen Parteien – von der CSU bis zu den Grünen! –, aber auch die «Republikaner» und die NPD observiert worden. Über einen SPD-Ortsvorsitzenden existierte ein Dossier inklusive Telefonnummer und Autokennzeichen, «über DGB-Veranstaltungen an der abgebrannten Synagoge wurde genauso Buch geführt wie über Info-Stände der Antifa-Gruppe», so ein Beobachter. «Selbst Podiumsdiskussionen von Lehrern und Schülern, von Arbeitskreisen, über die Erziehungsarbeit der Schule insgesamt war – oder ist? – Gegenstand des ‹Referats für Sicherheit› (RFS). Selbst eine Liste von ‹Schwulen› (‹Kameraden-Schweine›) fehlte nicht.» Die Angehörigen dieser Organisation gaben sich Tarnnamen, wie zum Beispiel «Oberst Alexander Brandt».

Im August 1991 ist Rieger, mit Kinnbart à la Karl Polacek – den er später in dessen Ausweisungsverfahren anwaltlich vertreten wird –, Hauptredner bei einer Neonazi-Demonstration in Bayreuth. Der alljährliche Aufmarsch der braunen Szene im August in der oberfränkischen Kleinstadt Wunsiedel, wo sich das Grab des ehemaligen Hitler-Stellvertreters Rudolf Heß befindet, war verboten worden. Ich frage ihn, ob er mir für ein Gespräch zur Verfügung stehe: Rieger wendet sich desinteressiert ab. Genauso desinteressiert ist er auch, als direkt neben ihm eine Reihe von jugendlichen Skinheads von der Polizei wegen nicht verbotener Ärmelaufkleber – irgend etwas mit «Ehre,

9 Blick nach rechts 7/91, S. 2

Treue und Blut» – abgeführt wird. Auf die Bitte einiger seiner Gesinnungsgenossen, etwas zu unternehmen, reagiert er ablehnend, obwohl er der einzige Anwalt auf dem Platz ist, und sagt nur, er wolle sich «nicht verzetteln». Das macht er um so mehr in seiner Rede. Die mühsam zu rhetorischen Pointen zusammengestoppelten juristischen Spitzfindigkeiten, die er zum besten gibt, überfordern das intellektuelle Niveau des Publikums. Dessen Aufmerksamkeit erlahmt bald. Man prügelt sich lieber ein wenig mit der Polizei herum.

Rieger ist immer dann aufmerksam, wenn er Prestige erwartet. Vor allem, wenn er in einem Buch neben Heiner Geißler auftauchen darf. Allerdings ist aus dem aufgezeichneten Gesprächsprotokoll mit «SOS Rassismus» nicht zu erkennen, wer von den beiden NF-Vertretern sich gerade geäußert hat, ganz im Gegensatz zu ihren Gesprächspartnern, die immer mit Namensnennung zitiert werden. Der Schluß liegt nahe, daß Jürgen Rieger, einer der intelligenten und gerade deswegen einer der übelsten Neonazis Deutschlands, einfach feige ist, denn einige der im Buch «Multikultopia» verbreiteten hanebüchenen, widerwärtigen, rassistischen und dummdreisten Phrasen – auf die wir noch kurz eingehen werden – grenzen meiner Meinung nach hart an den Straftatbestand der Volksverhetzung.

Pogrom im Kopf

Eines muß man den Pseudo-Theoretikern der militanten und der sogenannten «Neuen Rechten» lassen: Rieger und Konsorten schwimmen mit ihren Stammtisch-Slogans wie Fettaugen auf einer braunen Brühe, die im Zuge des sozialen Desasters vor allem in den neuen Bundesländern und der zynischen Diskussion um das Asylrecht aufköchelt. Die Tatsache, daß erst nach den Ausschreitungen gegen Ausländerwohnheime im Herbst 1991 Politiker aller Parteien sich veranlaßt sahen, sich über das in Deutschland noch fehlende Einwanderungsgesetz Gedanken zu machen, zeigt, daß Rechtsextremisten offenbar schon die Macht haben, politische Themen auf die Tagesordnung zu setzen, mit welchen Mitteln auch immer. Nichts anderes wollen sie.

Und ihnen gelingt es auch zu suggerieren, daß die Opfer schuld sind: In Berlin gründete sich prompt eine «Bürgerinitiative gegen Rechtsextremismus», die sich gegen die Aufnahme von Flüchtlingen wandte – mit dem Argument, ein Heim für Asylsuchende in einem gutbürgerlichen Wohngebiet zöge unweigerlich Angriffe von Neonazis nach sich. Die Juden sind wieder mal unser Unglück, nur heißen sie – noch! – «Ausländer».

Der politische Kampf geht um Begriffe, wer sie wie besetzt und definiert; die Aktionen der Neonazis und der pöbelnden braven Bürger von Hoyerswerda etwa sind nur Begleiterscheinungen einer von der verqueren öffentlichen Diskussion aufgeheizten Stimmung. Rassistische Gewalt, das zeigt die historische Erfahrung, bricht ungeachtet der realen Anzahl von «Ausländern» aus. Sie wird gefördert durch Politiker, die sich um die Lufthoheit an deutschen Stammtischen streiten, statt die verschobenen politischen Koordinaten beherzt – auch auf sprachlicher Ebene – zurechtzurücken.

Wenn Rechtsradikale und andere politische Rattenfänger die Immigranten als «Wirtschaftsflüchtlinge» bezeichnen, kolportieren sie nur die Weigerung der Verantwortlichen, die Realität zur Kenntnis zu nehmen: Deutschland ist ein Einwanderungsland, ob die Gesetzgebung das schon berücksichtigt oder nicht. Und wenn Politiker um das Asylrecht streiten, während es um ein Einwanderungsgesetz gehen sollte, lenken sie die Emotionen in eine Richtung, in der Rechtsextremisten schon auf sie warten. Der «Mißbrauch des Asylrechts», den Politiker gern im Munde führen, hat ja bekanntlich damit zu tun, daß in Deutschland das Asylrecht als Ersatz für das nicht vorhandene Einwanderungsgesetz dienen muß.

Genau in diese Kerbe haut der Bundesinnenminister Wolfgang Schäuble, der im Bundestag von sich gibt: «Wieso eigentlich wollen wir von unseren Mitbürgern verlangen, daß sie ertragen und verstehen sollen, daß Hunderttausende von Asylbewerbern mit erheblichen finanziellen Belastungen für den Steuerzahler für Jahre untergebracht und versorgt werden sollen ...» Noch kurz vor diesen Äußerungen, am 18. 8. 91, behauptet er: «Ein Großteil der rechtsextremistischen Szene in den neuen Bundesländern hat keinen politischen Hintergrund, sondern will provozieren und sich öffentlichkeitswirksam darstellen.»

Der Verband «Initiativgruppen in der Ausländerarbeit in Nordrhein-Westfalen» veranstaltete im November ein Seminar über das

Problem, inwieweit der Sprachgebrauch der Medien einen Anteil an der Zunahme der rassistischen Gewalt habe. Fast alle Zeitungen gebrauchen mittlerweile das Wort «Asylant» sowohl für die, die um politisches Asyl ersuchen als auch für Armutsflüchtlinge. «Asylant» ist assoziativ negativ besetzt wie «Querulant», «Spekulant» oder «Simulant». Er stellt eine Hierarchie zwischen Einwanderern her, die eindeutig diskriminiert: Aufgekommen sei dieses «Unwort», so die Literaturwissenschaftlerin Ute Gerhard[10], Ende der siebziger Jahre, als die größte Anzahl der Flüchtlinge nicht mehr aus Osteuropa, sondern aus der Dritten Welt, dem «Süden» kam. Ein «Spiegel»-Titel zum Thema hieß: «Flüchtlinge, Aussiedler, Asylanten» – genau in dieser eindeutig suggestiven Reihenfolge. Schon das Wort «Ausländer» ist bedenklich, nimmt es doch die verlogene Terminologie der Rechtsradikalen ernst: Es geht häufig, wie Heiner Geißler richtig feststellt, um «Inländer ohne deutschen Paß».

Metaphern aus der Wasserwirtschaft sind besonders beliebt: «Asylanten» werden «eingeschleust», Dämme müssen gebaut werden gegen die anbrandenden «Fluten», die die deutsche Idylle überschwemmen könnten. Klaus Theweleit hat schon vor über zehn Jahren in seinen «Männerphantasien» untersucht, welche Bedeutung diese Art sprachlicher Vergleiche haben. Gerade die faschistischen Freikorps, die Spitze eines ideologischen Eisbergs, die dem Nationalsozialismus mit den Weg bereiteten, gefielen sich in ihrer Propaganda und in literarischen Zeugnissen als «Dämme-Bauer» gegen die «Fluten» des Bolschewismus und des internationalen Judentums. Jeder, der sich dieser sprachlichen Tradition bedient, muß sich in genau diese Ecke stellen lassen: Das sei eine «gefährliche Normalisierung des rassistischen Diskurses», resümiert Ute Gerhard.

Auch der Begriff «Ausländerfeindlichkeit» verschleiert das Problem. Er ist so genau und korrekt wie das beschönigende «Entsorgungspark» für ein Endlager für Atommüll. Es gibt ihn nur im Deutschen für ein Phänomen, das überall in der Welt auftaucht. «Angefeindet» werden nicht die, die keinen «inländischen» Paß haben. Auch Dänen, Schweden, Niederländer und US-Amerikaner, die hier leben, sind Ausländer. Gegen die haben weder die Neonazis noch die

10 Sabine am Orde: Medien schüren rassistische Gewalt, Die Tageszeitung v. 13.11.91

brave schweigende Mehrheit etwas. Nein, es geht gegen Menschen, die anders aussehen, die eine andere Hautfarbe haben. Der richtige Begriff ist immer «Rassismus», und nicht nur bei den militanten Rechtsextremisten.

Es läßt sich nicht leugnen, daß in jeder Gesellschaft Ängste vor und Aggressionen gegen Menschen vorhanden sind, die als fremd angesehen werden: Die Angst, Privilegien hergeben zu müssen, die Angst, Macht und Einfluß zu verlieren, die Angst, von althergebrachten und liebgewordenen Gewohnheiten lassen zu müssen.

Dennoch: Gegen die Behauptung der Rechten, dem oder der «Fremden» würde zunächst überall mit Mißtrauen begegnet, die Furcht vor dem anderen sei eine anthropologische Konstante, spricht die Wirklichkeit. In kleinen und mehr oder minder geschlossenen ethnischen Gruppen gibt es häufig ein komplexes System von Regeln, wie man mit jemandem umgeht, der außerhalb der eigenen sozialen Gruppe steht. In vielen agrarischen oder nomadischen Gesellschaften ist «Gastfreundschaft» nicht nur eine diffuse Hilfsbereitschaft und Freundlichkeit gegenüber dem Fremden, sondern ein Verhalten von hohem moralischen Wert, dessen Nichtbeachtung strenge Sanktionen nach sich zieht.

Rechte jeglicher Couleur werden erwidern, bevor eine Diskussion über Rassismus überhaupt in Gang kommt, daß sie nichts gegen Menschen hätten, die sich nur zeitweilig hier aufhielten. Das ist – von wem auch immer dieser Satz geäußert wird – pure Heuchelei. Im August 1990 zum Beispiel, anläßlich eines Aufmarsches von Neonazis im fränkischen Bayreuth – an der Spitze Jürgen Rieger –, beobachtete ein dunkelhäutiger Mann vom Straßenrand aus die Demonstration. Der braune Pöbel brüllte bei seinem Anblick «Husch, husch, husch, Neger in den Busch». Der Angesprochene besaß einen deutschen Paß und ist in Deutschland geboren und aufgewachsen.

Die Anzahl der Menschen unterschiedlicher kultureller Zugehörigkeit innerhalb einer Gesellschaft ist nicht entscheidend dafür, ob latenter Chauvinismus unter der Oberfläche verborgen bleibt oder ausbricht. Deshalb ist es auch müßig, darüber zu streiten, ob die Ostdeutschen auf Grund mangelnder «Gewöhnung» an andere Kulturen nicht durch zuviel Flüchtlinge «überfordert» würden. Rassismus und Gewalt sind immer – und das gerät manchmal aus dem Blick der Kommentare – Probleme der Täter, nicht der Opfer. Wer Menschen angreift, die sich nicht schnell genug den vielgepriesenen deutschen Werten angepaßt und untergeordnet haben, sei es auch in so wichtigen Punkten wie «Zimmerlautstärke» bezüglich der Musik, Eßgewohnheiten oder der korrekten Deponierung des Mülls, handelt kriminell und verbrecherisch – ohne Wenn und Aber.

Ganz gleich, ob es zu Pogromen und Verfolgungen kleiner Minderheiten kommt, die sich nur durch ihre religiösen Riten oder durch ihre angebliche wirtschaftliche Macht vom Rest unterscheiden, oder zu einem allgemeinen Massaker, jeder gegen jeden – wie etwa im Libanon: Die aggressive Angst vor dem anderen, sei sie auch stets latent vorhanden, explodiert nur unter sozialen Bedingungen, die komplexer sind als die einfache Gleichung Inländer–Ausländer. Rassenhaß und soziale Konflikte, die sich auf symbolischer Ebene als Streit zwischen «Nationalitäten» ausgeben, brechen sowohl in totalitären als auch demokratischen Systemen aus: Kroaten gegen Serben, wobei letztere das sozialistische Erbe Titos nur aus allzu durchsichtigen Interessen für sich reklamieren, moslemische Sikhs gegen Hindus in Indien, christliche Armenier gegen islamisch geprägte Aserbeidschaner in der Sowjetunion, Schwarze gegen Juden in New York, der ANC unter Führung Nelson Mandelas auf der einen und die Zulu-«Befreiungsbewegung» Inkatha unter Gatsha Buthelezi auf der anderen, der Terror der IRA in Irland. Schon bei einem flüchtigen Blick auf das Tagesgeschehen entlarvt sich die Behauptung des Neonazis Rieger, es würden in Europa «Rassenkriege» bevorstehen, als Schwachsinn höherer Ordnung und die Verantwortlichen des Arun Verlages, die diese Phrase auch noch auf die Rückseite des Buches «Multikultopia» plaziert haben, als gleichwertige Vertreter dieses geistigen Niveaus.

«Pogrome beginnen im Kopf», meinte ganz richtig der FDP-Bundestagsabgeordnete Hirsch. Und, fügt sein SPD-Kollege Freimut Duve hinzu, die Gewaltakte wurden den Tausenden, die wegschauten, leichtgemacht, «weil die Bundesregierung intensiver über das Problem, das die Opfer darstellten, sprach als über den Skandal der Täter». Wer von den konkreten Menschen abstrahiert, konstruiert ein Kollektiv von «Ausländern», das es so nicht gibt. Das lenkt von den Flüchtlingen und Immigranten ab, unter deren Not, Verfolgung, Todesangst, aber auch bitterer Armut man sich etwas vorstellen könnte. Statt dessen werden die organisatorischen Probleme der hiesigen Behörden diskutiert, die sich um eine Beschleunigung des Verfahrens und die adäquate Gettoisierung Gedanken machen. Wo sind die Gemeinsamkeiten zwischen kroatischen Familien und politisch verfolgten Tamilen, zwischen oppositionellen Chinesen und Libanesen, die das gegenseitige Gemetzel der Warlords satt sind, zwischen Äthiopiern und Kurden?

Das Gegenteil ist aber auch eine Nachahmung: Wer jetzt und sofort die völlige Freizügigkeit – also keine gesetzlichen Regelungen für Immigranten – fordert, muß konsequent für die Abschaffung aller Grenzen und auch die der Staatsbürgerschaft eintreten. Das kann man vertreten. Nur wirft dieser politische Standpunkt eher ein Licht auf die, die sich ihn zu eigen gemacht haben, als auf die Realität. Bissiger Kommentar des Journalisten Norbert Kostede: «Alternative Mittelschicht-Philanthropen muten den deutschen Industriearbeitern und Arbeitslosen eine Konkurrenz auf dem Stellen- und Wohnungsmarkt zu, die sie für sich selbst wohl kaum akzeptieren würden.»[11]

Zu glauben, daß sich soziale Spannungen durch ein multikulturelles Straßenfest in Permanenz, flankiert von einer Anzahl wohlmeinender «Ausländer»-Beauftragten, vermeiden ließe, ist pures Wunschdenken. «...es genügt, daß die – juristischen oder moralischen – Hemmungen sich abschwächen oder daß es wieder zu wirtschaftlichen Schwierigkeiten oder internationalen Spannungen kommt», sagt Alberto Memmi provokant, «um das versteckte Tier in jedem von uns zum Vorschein zu bringen, das die gewohnten verbrecherischen Gesten erkennen läßt: gesellschaftliche Isolierung, Aussperrung, Aufrufe zum Totschlag, Strafexpeditionen und die Zerstörung symbolischer Gegenstände und Stätten. Man hat erlebt, wie in Kriegszeiten eine plötzliche Feindseligkeit selbst gegenüber Flüchtlingen des eigenen Landes aufbrach...»[12]

11 Norberto Kostede: Was heißt hier Multi-Kulti? In: Die Zeit, 8.11.91, S. 9
12 Alberto Memmi, S. 33

Was heißt hier «fremd»?

Die Leserbriefseiten diverser Zeitungen sind voll mit besorgten Äußerungen, das «Boot» Deutschland sei voll. Ein Argument: Länder wie die USA oder Kanada und deren Einwanderungsquoten könnten nicht zum Vergleich herangezogen werden, da hier die Bevölkerungsdichte größer sei. Eine jährliche Quote von etwa einer Viertelmillion Immigranten – wie in den USA – würde den Bau zweier neuer Großstädte in der Bundesrepublik bedeuten. Doch was steckt hinter diesem Einwand? Kann man die Definition, ab wann Deutschland ein Einwanderungsland ist, aus der Einwohnerzahl herleiten, womöglich hochgerechnet auf die Quadratkilometer? Oder sind die Deutschen nur noch nicht zivilisiert genug, daß sie die weitaus dichtere Bevölkerung etwa der Niederlande – von China, einer der ältesten Zivilisationen der Erde, ganz zu schweigen! – ertragen könnten, ohne sich gegenseitig aus purem Frust oder aus sozialer Klaustrophobie niederzumetzeln? Niemand würde doch eine Geburtenregelung oder Zwangssterilisation fordern, wenn sich die deutsche Bevölkerung jährlich um dieselbe Anzahl von Menschen vermehren würde! Es geht nie um «wieviel», sondern um: «wer» darf hinein und wer muß draußen bleiben.

Man jammert nur, wenn es um «Fremde» geht. Hinter jeder Behauptung, es sei «nicht genug Platz» in Deutschland – wie primitiv oder subtil sie auch formuliert sein mag –, steckt die Theorie, ein bestimmtes Territorium in Europa sollte nur für eine bestimmte Sorte Menschen zugänglich sein – jedenfalls, so die gemäßigte Variante, nicht so schnell, sonst gerieten die Ureinwohner in Panik. Der Gipfel des Zynismus ist zum Beispiel ein Leserbrief an die «Zeit», in dem ein Karlsruher Bürger die Behauptung aufstellt, da die «Asylanten nicht zu unserer Gesellschaft» gehörten, könnten sie auch nicht als die «schwächsten ihrer Mitglieder» bezeichnet werden. Klartext: Wer eine andere Hautfarbe hat, braucht gar nicht erst die Menschenrechte deklamieren oder an die vielgepriesene christliche Nächstenliebe oder gar Solidarität zu appellieren: Er gehört ja nicht dazu.

Dementsprechend «ehrlich» sehen die meisten Zahlenspielereien aus: Die Diskussion über die «Gefahr» der «Überflutung» Deutschlands nahm gerade zu dem Zeitpunkt zu, als die absolute Zahl von Einwanderern zurückging: Im Sommer 1991 ebbte der Strom von deutschstämmigen Aussiedlern ab, der von ausländischen Immigranten und Flüchtlingen nahm zu. Insgesamt versuchten 1991 aber weniger Menschen in Gesamtdeutschland eine Bleibe zu finden, als in den Jahren vorher allein in der alten Bundesrepublik.

Die «Gefahr der Überfremdung», die nicht nur die Rechten ständig im Munde führen, lebt von der – angesichts der Realität anachronistischen – Idee, die «Kultur» müsse mit der Nation bzw. dem Nationalstaat deckungsgleich sein. Eine «Kultur» kann überhaupt nicht «überfremdet» werden. Hinter diesem Begriff versteckt sich vielmehr eine bestimmte Theorie, was «Kultur» sei.

Kultur, so die Definition von Nora Räthzel, sind «Landkarten der Bedeutungen», mit der sich Gruppen von Menschen ihre gemeinsame Identität erklären. Diese Landkarten beziehen sich auf die Herkunft, religiöse Traditionen, Rituale des Alltagslebens, politische Überzeugung, Sprache und Bildung und summieren sich in Normen und Wertvorstellungen. Kultur verändert sich horizontal und vertikal: ständig dringen Einflüsse «von außen» herein, genauso differenziert sich Kultur von innen, in Subkulturen, die die Symbole der herrschenden Normen neu zusammensetzen. Beide Veränderungen können als «fremd», bedrohlich oder irritierend erfahren werden.

Horizontal: Seit zweitausend Jahren wandern ganze Völkerschaften quer über den Kontinent, Germanen, Kelten, angesiedelte römische Bauern, Mongolen, Hunnen. Kulturelle und religiöse Traditionen Mitteleuropas wurzeln im Vorderen Orient. Gut 800 Jahre gibt es ein «Heiliges römisches Reich deutscher Nation» – vom «deutsch-germanischen» Reinheitsgebot keine Spur. Die Preußenkönige sprechen französisch, zum preußischen Staatsvolk zählen französische Hugenotten, Juden, slawische Minderheiten. Heute ist zu der christlich und bis zum Holocaust auch jüdisch geprägten mitteleuropäischen Kultur ein starkes islamisches Moment hinzugekommen.

Vertikal: Jugendliche Subkulturen kommunizieren weltweit über den Transmissionsriemen Musik: Afrikanische und spanische Rhythmen schwappen über Lateinamerika und die USA auf den alten Kontinent, Jazz, Ska, Reggae, Salsa, Kalypso. In den europäischen, vor allem englischen Clubs werden sie angereichert mit dem Lebensgefühl der westeuropäischen Protestbewegung der späten sechziger Jahre. Fremd, fremder, verfremdet? Was heißt denn hier «deutsch»?

Folgt man der Theorie der «Überfremdung», müßten auch die

Frankfurt / Oder: Neonazis protestieren gegen die visafreie Einreisemöglichkeit für polnische Bürger (8.4.91)

mittlerweile rund fünf Prozent der Bevölkerung umfassenden «Alternativen» die Hüter der deutschen Einheits- und Reinheitskultur auf die Barrikaden jagen. Eine Kultur wird nicht von außen, von Fremden «überfremdet», sondern «überfremdet» sich ständig selbst. Sie bildet Subsysteme, die den traditionellen Konsens von innen experimentell unterhöhlen. Die Richtung der Entwicklung geht vom Einfachen zum Komplexen oder umgekehrt. Ökonomisch und sozial marginalisierte Gruppen schaffen sich neue, kollektive Identitäten, um sich der Entwicklung anzupassen, ob das nun gelingt oder ob man sich auf sich selbst zurückzieht, die Augen vor der Realität verschließt und in geschlossenen Denksystemen, wie religiösen oder Politsekten, dem Charme der einfachen weltanschaulichen Lösung verfällt.

Natürlich haben die Rechtsradikalen, so gebildet sie in ihren «neurechten» Publikationen – wie den Zeitschriften «Europa vorn», «Junge Freiheit» und den Publikationen des «Arun»-Verlages – auch mit bildungsbürgerlichem Zitatenschatz zu glänzen versuchen, nie die aktuellen ethnologischen oder soziologischen Diskussionen zum Thema «kulturelle Identität» zur Kenntnis genommen. Deshalb bleibt der Diskurs auch so mühselig und unfruchtbar. Die scheinbaren empirischen «Erkenntnisse» über die Eigenarten verschiedener Völker sind nur ein Mischmasch aus Stammtischweisheiten und dem mehr oder weniger gesunden Menschenverstand, den schon Albert Einstein als «die Summe der Vorurteile, die vor dem achtzehnten Lebensjahr entstanden sind», definiert hat.

«Kultur» ist mehr als die Folklore, auf die wohlmeinende Kulturdezernenten die Identität ausländischer Bürger häufig reduzieren. Kultur ist ein Prozeß, und die «multikulturelle Gesellschaft», wenn wir uns auf diesen Begriff einlassen, ist «eine Baustelle» (Claus Leggewie). «Baustelle» heißt aber auch, daß das, was wir als «kulturelle Identität» zum Beispiel der in Deutschland lebenden Türken ansehen, selbst schon wieder ein Ergebnis einer Kulturveränderung ist – als Reaktion auf die Immigration –, die zu Unrecht als Kulturform des Herkunftslandes interpretiert wird. Beide Seiten «entfremden» sich und schaffen etwas Neues. Das, was viele gutwillige Linke bei den ausländischen Mitbürgern als deren vorgebliche Identität «bewahren» wollen, würde in deren Heimatländern nicht unbedingt als erstrebenswert oder gar als authentisch gelten. Deswegen gibt es fast nie mehrere Kulturen nebeneinander, die man einer bestimmten Gruppe von Menschen eindeutig zuordnen könnte. Wenn in Brasilien Elemente des afrikanischen Voodoo mit katholischen, aus Europa stammenden Riten zu einer neuen Religion eklektizistisch zusammengeschweißt werden, die vielen Menschen eine für ihr tägliches Leben nützliche Identität verschafft: Welcher «Kultur» ist dann das Endprodukt zuzuordnen?

Rassismus in Reinkultur

Auf die Idee einer «reinen» Kultur, die angeblich «bedroht» werden kann, kann man nur kommen, wenn man die Vorstellung der «Reinheit der Rasse» im Hinterkopf hat und die kulturelle Identität letztlich auf das Blut oder die Gene zurückführt. In «Multikultopia» lesen wir von der NF folgendes: «Der ganze Norden» Deutschlands sei «in der Bronzezeit letztlich einmal eine Einheit gewesen, und dann haben sich die Sprachen etwas differenziert». Das ist selbstredend historischer Blödsinn und kann nur bei denjenigen auf Interesse stoßen, die Erich von Dänikens Elaborate für ernstzunehmende Sachbücher über die alten Kulturen Lateinamerikas und die «Fischer-Chöre» oder Heino für einen Gipfelpunkt der europäischen Musikgeschichte halten.

Es geht in diesem Stile weiter: Je größer die Entfernung zwischen den «Mentalitäten», «um so geringer die Ähnlichkeit», behaupten die NF-Vertreter: «Ein Niederländer paßt hier eher herein als ein Tscheche, und ein Tscheche paßt eher hierein als ein Spanier... Je ähnlicher die Menschen sich sind, desto eher können sie auch gut miteinander harmonieren.» Auch das ist Quatsch. Der Autor dieses Buches zum Beispiel – nur um sich einen Moment auf das Niveau einzulassen – könnte mit schwarzen Intellektuellen aus Harlem oder chinesischen Oppositionellen wesentlich besser harmonieren als mit Rassisten wie Rieger oder Bonsai-«Führern» wie Schönborn.

Immerhin: Der Arun-Verlag ist sich nicht zu schade, selbst geistige Tiefflüge abzudrucken, die die Grenzen zur persönlichen Beleidigung überschreiten: Die «Rassen» seien keine «Spielerei der Natur». Die Schwarzen seien eben schwarz, weil in ihrer Heimat die Sonneneinstrahlung größer sei. Die NF zu den beiden dunkelhäutigen «SOS Rassismus»-Vertretern: «Andererseits ist es so, daß sie hier Schwierigkeiten haben, Vitamin D zu bilden, weil ihre Haut zuviel ultraviolettes Licht wegfiltert. Das ist die große Gefahr bei Türkenkindern: schon ein Drittel der türkischen Kinder hier wird rachitisch, wenn sie nicht mit Vitamin D zusätzlich versorgt werden... Wenn die kein zusätzliches Vitamin D bekommen, dann würden sie in diesem Bereich überhaupt nicht lebensfähig sein.» Und: bei «rassengemischten Kindern» sei die Schizophrenie um ein vielfaches höher als bei anderen Kindern. Fazit: «Für verschiedene Rassen gibt es verschiedene optimal angepaßte Lebensräume.»

Mit diesem Unsinn steht die NF, das muß man ihr lassen, nicht allein. Die rassistische «Theorie» hat ihre historischen Vorläufer. Diese Vorwürfe wurden in ähnlicher Form schon Anfang des 20. Jahrhunderts an gesellschaftliche Außenseiter gerichtet, an Juden und Homosexuelle zum Beispiel. Juden und sogenannte Perverse wurden oft als hinfällig, dem Tode nahe und als Opfer frühzeitigen Alterns beschrieben. «So wurden Juden beispielsweise auf der deutschen Bühne ebenso wie in Balzacs Romanen fast immer als alte Männer dargestellt, während Schopenhauer behauptete, daß Homosexualität eine Funktion des höheren Alters sei – womit die Natur verhinderte, daß Alte noch Kinder zeugten.»[13]

Das Stereotyp des deutschen Mannes, als geltende Norm, zeigt Selbstbeherrschung – man hat seine Triebe im Griff. George L. Mosse schreibt in seinem Buch «Nationalismus und Sexualität»: «Darüber hinaus rührten in den Augen vieler Ärzte und Rassisten Normabweichungen von einer Kapitulation vor dem modernen Zeitalter her. Die eine sogenannte Krankheit führte angeblich zur nächsten – der Außenseiter mußte eben ganz und gar krank sein.»[14] Sexualwissenschaftler wie Albert Moll vertraten die Ansicht, daß Geisteskrankheit unter den Eltern und Anverwandten von Homosexuellen weitverbreitet sei. «Nervosität», sagt Mosse, «galt oft als spezifisch jüdische Krankheit, womit denn auch die Juden einen hohen Anteil an Geisteskrankheit zu verzeichnen hätten.»[15] Heute sind es – noch – nicht die Juden, sondern die von Rachitis und Schizophrenie bedrohten Türkenkinder.

Leute wie Rieger werden sich von dem Vorhalt, ihre «Argumente» seien schlicht Unsinn und jederzeit von allen möglichen wissenschaftlichen Disziplinen empirisch widerlegbar, nicht überzeugen lassen: Der Wunsch ist der Vater ihrer Gedanken, und gegen den Wunsch, etwas möge so sein, helfen nicht die brillantesten Einwände.

Der Kern ihrer Ideologie: Es gebe «reine» und «gemischte Rassen». «Der Deutsche» sei rein gesund, alle anderen minderwertig, weil sie gleich von Krankheiten bedroht seien, wenn sie deutschen

13 George L. Mosse, S. 172
14 ebd., S. 173
15 ebd., S. 174

Boden beträten. Die «reinen» sind den anderen überlegen, und, wie wir von Rieger schon gelesen haben, die hellen den dunklen. Die rassistische «Theorie» ist dazu da, die Herrschaft und die Privilegien der bestehenden Gruppen zu legitimieren: Wenn jemand besser ist, müsse er auch mehr Macht haben. An wen die Rassisten dabei denken, ist ohnehin klar.

Alberto Memmi sagt zum Begriff «Rasse» bei der Tierhaltung, der ja in der Landwirtschaft eine gewisse Bedeutung hat: «Die ‹reinen› Rassen sind vom Menschen künstlich festgelegte Linien, die bestimmte vorgegebene Aufgaben besonders gut erfüllen können; sie unterscheiden sich im Hinblick auf ihre spezifischen Leistungsfähigkeiten, aber nicht durch eine ausschließlich biologische Reinheit.» In Wirklichkeit sei der Begriff der Reinheit, abgesehen von seiner Bedeutung in der Chemie, «eine Metapher, ein Wunschgebilde oder ein Gegenstand der Phantasie, in der sich alles aus dem Streben nach Vollkommenheit ergibt»[16]. Sein Fazit, an dem sich jeder Rassist messen muß: «Es ist unmöglich, eine soziale Gruppe mit einer biologischen Konstellation zur Deckung zu bringen.»[17]

Rassistische Theorien entstehen aus der Bequemlichkeit, ein Ventil für die eigenen Aggressionen zu schaffen: Aus der Distanz wird das «Fremde» zur Stereotypie. Je weniger wir von einer Gruppe von Menschen wissen, um so verführerischer wird es, ihnen allgemeine Eigenschaften zuzuweisen, die uns die Andersartigkeit – und damit uns selbst – scheinbar erklärt. «Die Juden» sind die beste Widerlegung der rassistischen Theorie: gerade weil die jüdische Kultur seit Jahrtausenden in Konflikt zu vielen anderen stand und von genauso vielen befruchtet wurde, gibt es, sagt Memmi, «kein einziges anatomisches Merkmal, das nur den Juden eigentümlich und ihnen allen gemeinsam wäre»[18]. Deshalb gibt es auch keine jüdische «Rasse», genausowenig wie es eine deutsche oder rote oder grüne «Rasse» gibt.

Wenn sich Neonazis wie Rieger und Schönborn überhaupt auf einen Diskurs einlassen, dann entsteht deshalb bald eine heillose und wahrscheinlich bewußt einkalkulierte Begriffsverwirrung: Man redet

16 Alberto Memmi, S. 14f.
17 ebd., S. 17
18 ebd., S. 23

von «Rasse», Kultur, Nation, Mentalität und Volk, mischt einmal kräftig durch, fügt jeweils eine Prise Stammtisch und Vulgärdarwinismus hinzu, und hat dann einen geschlossenen Gedankenkreis, in dem man sich bewegen kann, ohne auf die Realität Rücksicht nehmen zu müssen.

Der Schritt zum Rassismus ist getan, wenn biologische oder auch kulturelle Merkmale einer Gruppe von Menschen für andere eine besondere Bedeutung bekommen, wenn diese interpretiert werden. Die Differenz, welcher Art auch immer sie sei, dient dazu, «die anderen», vor deren Folie man sich selbst sieht, überhaupt erst als Gruppe zu konstituieren: als Gruppe mit angeborenen und biologisch unabänderlichen Eigenschaften, eben einer «Rasse».

Von Rassismus sollte man nicht erst dann sprechen, wenn vorgebliche biologische Unterschiede mit negativen Vorzeichen besetzt werden oder man behauptet, diese würden für einen selbst negative Konsequenzen haben. Heute, nachdem die rassistische Pseudo-Theorie durch den Holocaust endgültig diskreditiert ist, müssen biologistische Begriffe keine Rolle mehr spielen. Robert Miles hat dafür den Ausdruck «institutioneller Rassismus»[19] geprägt; die ursprüngliche Bedeutung der Diskriminierung bleibt zwar erhalten, die alten Termini werden aber durch andere ersetzt, die sich unverfänglicher anhören. In Deutschland benutzen diejenigen «neuen» Rechten, die sich als ernstzunehmende Diskussionspartner andienen, gern das verschwommene Wort «Kultur» – oder gar «Ethnie».

Vergleiche zum Tierreich folgen meistens auf dem Fuß. Selbst ein Glossenschreiber in der konservativen Zeitung «Die Welt»[20] führt zum Thema Rotkehlchen und Waschbären an, die ja, wie man aus Biologie-Büchern weiß, ihr Territorium gegen fremde Eindringlinge verteidigten – wie die rechten Theoretiker und ihr militantes Fußvolk. Warum also nicht auch der Mensch?

Oder man nimmt verbale Anleihen aus unverfänglichen Disziplinen, um das eigentliche Anliegen zu verschleiern. Der Rechtsradikale Rolf Kosiek in «Multikultopia» zum Beispiel verweist auf die «instinktiven Schichten», die das Handeln der Menschen «in Familie,

19 Robert Miles, S. 113ff.

20 zit. n. Heiner Geißler: Zugluft – die multikulturelle Gesellschaft, in «Multikultopia», S. 80f.

Gruppe und Volk» bestimmten. Die uralte und mittlerweile doch recht abgestandene Rassentheorie mutiert bei den «neurechten» Theoretikern zu einem Unsinn höherer Ordnung: Statt den arischen Übermenschen zu propagieren, redet man vom «Volk als kybernetischem System». Eine der bahnbrechenden Erkenntnisse Kosieks: «In verwickelten Systemen, auch in dem vielschichtigen des Volkes, kommt es daher auf das richtige Zusammenspiel aller Elemente und auf die ungestörte Wechselwirkung aller Bestandteile auf den verschiedenen Ebenen an.»[21] Der langen Büttenrede kurzer Sinn: das Volk sei eine «organische Verbindung», die multikulturelle Gesellschaft «eine zufällige Mischung», die, so Kosiek, «eine Ordnungsstufe weit geringerer Höhe als die des Volkes»[22] darstelle. Die Neger, so könnte man folgern, sind eben – frei nach Kosiek – kybernetisch nicht ganz in Ordnung.

Genauer: Das, was eigentlich erst das Ergebnis einer rassistischen Diskriminierung ist, wird im nachhinein als deren Voraussetzung interpretiert. Unbestritten: die Kultur der indianischen Ureinwohner der USA ist weitgehend zerstört, die der Ureinwohner Hawaiis verschwunden, die der Amazonas-Indianer und der australischen Aborigines bedroht. Es wäre aber zynisch, diese Beispiele als Beleg dafür anzuführen, welche Folgen der Zusammenprall zweier Kulturen haben könnte oder gar die «Unterlegenen» dafür verantwortlich zu machen. In vielen Fällen sind rassistische Diskriminierung und kolonialistische Politik doch gerade die Ursachen dafür, daß es «bedrohte Völker» gibt, deren Kultur in Gefahr steht unterzugehen.

Im Kuba Fidel Castros sind die Mehrzahl der hohen Funktionäre des Staatsapparates Weiße, obwohl die Bevölkerung «bunt» gemischt ist. Der Grund liegt nicht in der biologisch begründeten Unfähigkeit von Mulatten oder Schwarzen, «höhere» politische Funktionen wahrzunehmen, sondern im versteckten Rassismus, der trotz gegenteiliger offizieller Doktrin die kubanische Gesellschaft prägt. Oder in Deutschland: Nicht die deprimierende soziale Situation der Immigranten aus den Ländern der Dritten Welt erregt bei vielen Rassisten Anstoß. Im Gegenteil: «Die Neger» oder «die Zigeuner» sind eben

21 Rolf Kosiek: Die Wirklichkeit des Volkes in der modernen Welt, in «Multikultopia», S. 114
22 ebd., S. 115

so, «unterentwickelt» und nicht in der Lage, sich der so hochzivilisierten deutschen Kultur anzupassen. Immerhin hat die zivilisatorische Großtaten wie zwei Weltkriege und den Holocaust mit Millionen von Toten zu verantworten.

Rasse und Nation

Rassismus ist historisch nicht denkbar ohne Nationalismus, obwohl beide Phänomene nicht austauschbar sind. Erst am Ende des 19. Jahrhunderts haben sich die Werte der kapitalistischen Industriegesellschaft in Deutschland so weit als allgemein gültige Normen durchgesetzt, daß sie als «natürliche», allgemein menschliche, dargestellt werden können. Der «Prozeß der Zivilisation», wie ihn der Soziologe Norbert Elias nennt, verläuft parallel und wird bedingt durch das, was die herrschende Produktion verlangt: Diese erzeugt ein Ensemble von Arbeitstugenden und verinnerlichten Persönlichkeitsmerkmalen. «Da es keinen Raum ohne Funktion mehr gibt, gibt es auch keine Zeit ohne Kontrolle, keine Bewegung ohne Ziel. Das gesellschaftliche Leben ist zweckgebunden; das gesamte soziale und geographische Territorium ist zu einem einzigen Ort des Bekenntnisses geworden, der zur Eingliederung in die bestehende Ordnung verpflichtet.»[23]

Andere Gesellschaften, allgemein: «die Wilden», werden zur Vorstufe der eigenen erklärt – sie verkörpern ein «niedrigeres Stadium» der menschlichen Entwicklung. Parallel zur inneren Disziplinierung werden auf die, die anders sind als das, was als «zivilisiert» gilt, negative Eigenschaften projiziert. Henning Melber weist darauf hin, daß eine Seite des mitteleuropäischen Zivilisationsprozesses die Wahrnehmung und Bewertung – an der eigenen Norm – außereuropäischer Gesellschaften gewesen sei. Erst in der Industriegesellschaft verläuft eine Scheidelinie zwischen Erwachsenen und Kindern, letztere werden einem gesonderten Erziehungsprozeß unterworfen. Frauen und

23 Henning Melber: Rassismus und eurozentristisches Zivilisationsmodell. Zur Entwicklungsgeschichte des kolonialen Blicks. In: Otger Autrata u. a., S. 35. Melber zitiert Philippe Meyer.

Wilde werden durch das charakterisiert, was ihnen im Vergleich zum Mann mangelt.[24]

Erst jetzt kann die rassistische Idee greifen: andere «Rassen» sind biologisch minderwertig, weil sie die «protestantische Arbeitsethik» noch nicht als alleinseligmachende Charaktereigenschaft akzeptiert haben. «Die Wilden», insbesondere die Afrikaner in den ehemaligen deutschen Kolonien, sind in den Augen der deutschen Herrenmenschen «faul» und «dumm».

Robert Miles faßt diese Funktion der rassistischen Theorie so zusammen: Im Prozeß der Darstellung des anderen liege eine Dialektik der Ein- und Ausgrenzung. «Diejenigen, die einer Bevölkerung bestimmte Charaktermerkmale zuschreiben, um sie als andere zu kategorisieren und zu unterscheiden, legen auch Kriterien fest, mittels derer sie selbst dargestellt werden. Indem die Europäer im achtzehnten oder neunzehnten Jahrhundert die Afrikaner als ‹schwarz› und ‹wild› definierten, stellten sie sich selbst als ‹weiß› und ‹zivilisiert› dar. Des weiteren diente ein und derselbe ‹Rassen›-Diskurs sowohl zur Ausgrenzung und Abwertung, wie auch, mit umgekehrter Bedeutung, zur Eingrenzung und Aufwertung: der Darstellung der afrikanischen Bevölkerung als einer ‹Rasse› entsprach die Darstellung der europäischen Bevölkerung als einer ‹Rasse›, allerdings einer überlegenen. Somit ist also die auf Darstellungsformen beruhende Ausgrenzung zugleich eine Eingrenzung, unabhängig davon, ob das je eigene Selbst im Diskurs explizit bezeichnet wird oder nicht.»[25]

Nicht zufällig laufen zwei Entwicklungen im wiedervereinigten Deutschland parallel: ein wiedererwachter Nationalismus und rassistische Ausschreitungen. Und nicht nur in Deutschland: Auch in Österreich schreitet der Rechtspopulist und in einigen Äußerungen eindeutig rechtsextremistische Jörg Haider, ein Vertreter der «neuen Rechten»[26], von Wahlsieg zu Wahlsieg. Die Geschichte scheint sich unter anderen Vorzeichen zu wiederholen. War der Rassismus ein ideologisches Konstrukt, das die Ausbeutung der Kolonial-

24 ebd., S. 34
25 Robert Miles, S. 53
26 Vgl. über den europaweiten Vormarsch des modernisierten Rechtsextremismus das exzellente Buch «Die Rückkehr der Führer», hg. von Martina Kirfel und Walter Oswalt.

länder und die Dominanz der weißen Herrenmenschen rechtfertigen sollte, so feiert er mit der Abschottung Europas angesichts des zunehmend brisanten Nord-Süd-Konflikts und des Zusammenbruchs des Sozialismus in Osteuropa ein Comeback. «Die Wilden» müssen nicht nur in ihren Heimatländern unterjocht werden, sondern stehen schon mit einem Fuß in der Tür! Vielleicht ist es nur noch eine Frage der Zeit, daß europäische Politiker diesen Konflikt nicht mehr nur mit administrativen Mitteln lösen. Was das heißt, kennen die Deutschen aus ihrer Geschichte.

Neonazi-Aufmarsch in Bayreuth.
2. v. r.: Karl Polacek

Die dritte Halbzeit

Zugegeben: Beim Thema Hooligans habe ich die üblichen Gepflogenheiten des journalistischen Handwerks nicht beachtet, ja, ich habe sogar die Grundsätze einer gründlichen Recherche sträflich vernachlässigt. Fußball finde ich nämlich ungefähr so aufregend wie Halma. Nur ein einziges Mal in meinem Leben war ich in einem Stadion, um einem Spiel zuzusehen, genausooft war ich beim Stierkampf. Mein Fazit in beiden Fällen: Einmal und nie wieder. Diesem Grundsatz bin ich treu geblieben.

Aber sind Hooligans oder, wie die deutsche Übersetzung heißen müßte: Radaubrüder überhaupt Fußballfans? Die Offiziellen beeilen sich, nach jeder Randale die guten von den schlechten Fans zu scheiden: Hier die Braven, die Fähnchen schwingen, «La Ola» zelebrieren oder Schlachtgesänge anstimmen, dort die Bösen, die die Fans des gegnerischen Vereins suchen, um sich mit ihnen zu prügeln. Dabei geht dann ab und zu eine halbe Stadt zu Bruch. Der Sicherheitsbeauftragte des Deutschen Fußballbundes, Wilhelm Hennes, spricht von «kriminellen Gewalttätern». Das trifft sicher bei einigen der Randalierer zu, erklärt aber nicht das Phänomen.

Zum Beispiel das «Café Nord» an der Ost-Berliner Schönhauser Allee: Am Wochenende lungern sie da herum, in Gruppen von drei, vier oder mehr Männern. Hooligan Ost: Proppere Haarschnitte, teure Turnschuhe, Baseballmützen. Nach den Spielen – zum Beispiel der beiden Berliner Vereine Hertha BSC (West) und FC Berlin (Ost) – tauchen sie in der Stadt auf, mit schwarzen Sonnenbrillen, die irgendwie konspirativ und doch albern aussehen. Einmal bin ich in einem Pulk mitgelaufen, nach dem letzten Endspiel um den DDR-Pokal. Die Gruppe war gemischt, Skinheads, Edel-Hools mit teuren West-Klamotten, «Stinos» (= Stinknormale) mit Jeanshose und -jacke. Die Polizei im Kordon hinterher, die Masse brüllt «Hoo-li-gans, Hoo-li-gans». Eigentlich passiert gar nichts.

Oder, wieder im Pulk von gut hundert jungen Leuten, die meisten würden sich im Gespräch als rechtsradikal bezeichnet haben. Ein paar Mädchen, ein Dutzend Aktivisten der Ost-Berliner Neonazi-Partei «Nationale Alternative», der Rest nicht eindeutig einer Subkultur zuzuordnen. Das Ziel: Die von «Linken» besetzten Häuser in der Mainzer Straße in Berlin-Friedrichshain. Dort angekommen, stürmen die ersten vor, werfen Steine, brüllen infernalisch, schießen mit Leuchtpistolen. Die Angegriffenen antworten auf dieselbe Weise. Aus den Häusern stürmt ein gutes Dutzend Vermummter, eindeutig und martialisch ausstaffiert mit Palästinenser-Tuch und Motorradhelm. Die Angreifer ergreifen die Flucht, ohne daß es zu einem direkten Scharmützel kommt. Eine Gruppe der Rechten läuft auf mich zu – wir sind schon «auf der Flucht» in einer ruhigen Seitenstraße angelangt. Einer ruft, wer ich denn sei. Meine Lederjacke paßt nicht in das Bild. Ich kann ein paar Namen nennen von Rechtsradikalen, die ich interviewt hatte. Das beruhigt. Ich bin offenbar kein Feind, weil ich jemanden kenne, den sie kennen. An einer Ecke komme ich mit einem Zwanzigjährigen ins Gespräch. «Ich bin Hooligan», sagt er. Er stammt aus West-Berlin. «Hätte ich 'ne Freundin, wär ich nicht hier.» Von den Rechten will er nichts wissen. Politik interessiert ihn nicht. «Aber 'ne schöne Klopperei am Wochenende, das muß einfach sein.»

Ein relativ harmloser Fall. Es gibt auch andere. In Greifswald fand am 3. November 1991 ein Fußballspiel zwischen dem dortigen Club und dem ehemaligen Stasi-Verein FC Berlin statt. Der für Sporteinsätze zuständige Polizeibeamte in Berlin schickte eine Warnung per Fernschreiben. Die Fans des Berliner Vereins seien in hohem Maße «gewaltbereit». Niemand nahm die Botschaft ernst. Die Polizei in Greifswald dirigierte die Busse mit den Hooligans auf einen Parkplatz, der einerseits nicht weit vom Stadion, andererseits aber auch nicht weit von einem Wohnheim für Asylsuchende lag. Die Rowdies versuchten noch vor dem Spiel, die Flüchtlinge anzugreifen. Steine und Flaschen flogen, Scheiben gingen zu Bruch, ein gutes Dutzend Polizisten wurde verletzt, 25 Hooligans festgenommen. Die rund 60 Asylbewerber flohen nach Schleswig-Holstein und suchten Zuflucht in einer Kirchengemeinde in Neumünster, in der sie kurz zuvor mehrere Wochen lang die Kirche besetzt hatten, um auf diese Weise gegen ihre Verbringung in die «Neuen Bundesländer» zu protestieren. Sie wollten nicht zur Zielscheibe rechtsextremistischer Übergriffe werden!

Mitte November: Beim Spiel der deutschen Nationalmannschaft gegen Belgien randalieren Tausende deutscher Fans in Brüssel, Scheiben gehen zu Bruch, die Polizei meldet 800 Festnahmen. Eine Wiederholung des Immergleichen: Krawalle in Rostock, Magdeburg, Leipzig, aber auch in westdeutschen Großstädten. In Stuttgart taucht eine Gruppe junger Männer in sportlicher Kleidung in den Cafés der Innenstadt auf und verteilt Visitenkarten: «Sie hatten Kontakt mit Stuttgarter Hooligans».

Hooligans rekrutieren sich aus drei Gruppen. Erstens aus Skinheads, vor allem in Ostdeutschland. Noch zu DDR-Zeiten saß in fast jedem Stadion eine Gruppe von «Glatzen» – beim mehrfachen Meister, dem Stasi-Club FC Dynamo Berlin, die Schlagkräftigsten. Dort setzte auch eine «Diversifikation» der Fan-Kultur ein. Die «Kuttenträger», die ihre Kleidung mit Vereins-Emblemen und -farben ausstaffierten, wurden von den «Edel»-Hools ins Abseits gedrängt. Schon vor der Wende demonstrierten die ihr elitäres Bewußtsein nach außen und kleideten sich unauffällig modern, auch, um der Polizei wenig Anhaltspunkte zum Eingreifen zu geben. Ein schwafeliger Ehrenkodex eint sie noch heute. Die Qualitäten eines Anführers, so tönt einer, der sich dafür hält, seien «Überzeugungskraft, Ausstrahlung, Intelligenz, Mut und Kampfbereitschaft».

Die Hools waren bald generalstabsmäßig organisiert. Man kennt sich. Außenstehende werden nicht so schnell in die Gruppen aufgenommen. «Es gibt eine Truppe von ungefähr zehn Leuten», schildert ein älterer Hooligan aus Ost-Berlin die Szene, «die haben das Sagen. Da spricht sich jeder mit dem anderen ab. Wenn wir irgendeinen Plan haben, dann besprechen wir den kurzfristig. Machen wir das so, oder machen wir das nicht so. Wenn alle einverstanden sind, dann verbreitet sich unser Plan schnell. Die anderen laufen automatisch da, wo wir laufen. Weil wir die Besten im Kämpfen sind.»

So stellen sie sich selbst dar: Mann gegen Mann, nur mit den Fäusten, viel Feind, viel Ehr'. Doch die Realität sieht meistens anders aus. Mein Gesprächspartner gab mir den Hinweis, wenn ich «etwas erleben» wolle, müsse ich nach Rostock fahren. Ich war verhindert und las dann in der Presse, daß die Innenstadt der mecklenburgischen Stadt nach dem Spiel total verwüstet worden war.

In der alten Bundesrepublik versuchten die organisierten Neonazis, auf die gewaltbereiten Fans Einfluß zu nehmen, um ihre Schlägerbanden aufzufrischen. Der Erfolg war nur mäßig. Schlagzeilen machte vor allem die Dortmunder «Borussenfront», an vorderster Stelle der FAP-Funktionär Siegfried Borchardt. Auch in Ostdeutschland geht der Einfluß der Rechtsextremisten zurück. «Hools sind keine Hohlköpfe, ihr Fascho-Schweine», steht an einer Mauer in der Nähe eines Berliner Stadions.

Prügelei als Freizeitvergnügen: Die Mitarbeiter von Fan-Projekten gehen davon aus, daß die Masse der Hooligans relativ unpolitisch ist. Gefahr gehe nicht von den organisierten, aber relativ kleinen Gruppen von eingefleischten Rowdies aus, die ihr Selbstbewußtsein aus dem Kampf gegen die gegnerischen Fans schöpfen, sondern von der zunehmenden Zahl von Jüngeren, die einerseits aus Angst unberechenbar sind und andererseits bestrebt sind, sich vor den Älteren zu beweisen. «Fans richten sich gegen alles, was anders ist, die politische Motivation ist gering», sagt Helmut Heitmann, Mitarbeiter des Fanprojekts der Berliner Sportjugend.

Eines haben alle Hooligans gemeinsam, seien es jugendliche Skins, eingefleischte Faschos oder Freizeit-Rowdies, die ansonsten einem unauffälligen gutbürgerlichen Beruf nachgehen: Es sind fast ausschließlich Männer. Deshalb ähneln viele Experten-Meinungen zum Thema den Diskussionen über Sexual-Straftäter. Da ist vom «Aggressions-Stau» die Rede, von «Dampf ablassen», das man nicht verhindern, sondern nur in andere Bahnen lenken könne, von «alternativen Feldern der Aggressionsentladung». Die Rezepte zur Gewaltbekämpfung bewegen sich zwischen den bekannten Polen: Drakonische polizeiliche Maßnahmen auf der einen Seite – bis hin zur Zerstörung der Fan-Kultur. Auf der anderen das Sozialarbeiterkonzept: Streetworker und Fan-Betreuer versuchen, das Schlimmste zu verhüten. Partnerschaften zu anderen Fan-Clubs und gegenseitige Besuche sollen die Feindseligkeiten eindämmen. Dabei sind prügelnde Hooligans nur die Fettaugen, die auf der Suppe der zunehmenden Gewalt in allen gesellschaftlichen Bereichen schwimmen, das verselbständigte Ideal dessen, was auf dem Rasen zelebriert wird. Die Krawalle der Fußballrowdies sind noch an konkrete Orte und Termine gebunden, sie sind quantitativ irrelevant und treffen relativ selten Unbeteiligte. Angesichts Tausender mißhandelter Frauen und Kinder, angesichts ebenso vieler Verkehrstoter, angesichts von rassistischem Terror sind kleine Männergruppen, die die Fäuste schwingen, so gefährlich wie ein Hauskater in einer Gruppe von hungrigen Löwen. Wer ganze Hundertschaften von Polizei in Stadien aufmarschieren läßt, statt sie vor Wohnheimen von Ausländern zu postieren, handelt unglaubwürdig. Oder: Jede Gesellschaft hat die Fußballfans, die sie verdient.

Zersetzung nach Plan: Ein Stasi-Spitzel wird aufgebaut

Ein Hauptmann der Staatssicherheit der DDR, Abteilung XX/2, die für die Bespitzelung des politischen Gegners im Innern zuständig war, legte am 14. März 1989 der vorgesetzten Dienststelle einen Abschlußbericht zur «operativ-politischen Kontrolle» (OPK) «Vogel» vor. Zielobjekt einer mehrjährigen Beobachtung: Jens-Uwe Vogt, den die

Stasi als einen der Drahtzieher und Anführer der DDR-Hooligans ausgemacht hatte. Vogt war seit Anfang der achtziger Jahre eingeschworener Fan des BFC Dynamo Berlin, dem Hätschelkind und Lieblingsverein des Stasi-Chefs Erich Mielke. Der BFC war einer der ersten Clubs in der DDR, der offiziell «Gruppen jugendlicher Anhänger», also Fans, akzeptierte. Vor Ende der siebziger Jahre waren diese keine eingetragenen Vereine und somit illegal.

Schon Anfang der siebziger Jahre hatten Zeitungen über gewalttätige Ausschreitungen bei Spielen berichtet. Die gehörten beinahe zum Fußball-Alltag. Neben einer Berichterstattung der «Neuen Berliner Illustrierten» über Randale bei Spielen des Vereins Lok Leipzig machte sich die SED-Führung über das Problem der Hooligans Gedanken. «Als sogenannten ‹argumentativen Schwerpunkt› legte dann der DDR-Fußballverband den Sportredakteuren nahe, auf derartige Vorfälle in der Berichterstattung künftig nicht mehr näher einzugehen.»[1]

Die «rowdyhaften Fan-Gruppierungen» des Berliner Clubs, die sich zum Beispiel nach Spielern wie Norbert Trieloff benannt hatten, waren für Randale besonders bekannt. Trotz flächendeckender Überwachung im Stadion bekam man die Fans nicht unter Kontrolle. Die prominenten Zuschauer, allen voran Erich Mielke persönlich, mußten sich über provozierende Sprechchöre und sonstige unangenehme Dinge erheblich ärgern.

Die Stasi, die wie immer mit Hilfe von «inoffiziellen Mitarbeitern» auch in der Hooligan-Szene auf dem laufenden war, heckte einen Plan aus, die Fußballrowdies gegeneinander auszuspielen und «ein negatives Wirksamwerden» der führenden Personen «im Zusammenhang mit politischen und sportpolitischen Großveranstaltungen» zu verhindern. Dieser Plan war so raffiniert, daß noch in den Jahren 1990 und 91 West-Journalisten auf die Tricks und das doppelte Spiel der Staatssicherheit – wie aus dem Lehrbuch für zweitklassige Spionage-Thriller – hereinfielen. Bemerkenswert ist an dieser Affäre, daß das Zielobjekt hochrangiger Stasi-Offiziere kein politischer Gegner, sondern ein Fußballfan war, der nach eigener Aussage zwar «rechts», «nationalbewußt und gegen Ausländer» war, der aber politisch zu keiner Zeit eine Gefahr bedeutete und der nur deshalb ins «politisch-operative»

1 Bernd Siegler, S. 68

Fadenkreuz der «Firma» geriet, weil er es verstanden hatte – so sahen es die observierenden Beamten –, einen Haufen von jungen Randalierern rund um die Stadien zu beeinflussen und anzuführen.

Eine zentrale Rolle in diesem Plan spielte der Stasi-Hauptmann und Verfasser des Abschlußberichtes. Die Hooligans kannten ihn. Sie hatten ihm den Spitznamen «der BFC-Commodore» gegeben. Der «Commodore» begleitete die Fans häufig vor und nach den Spielen und gab ihnen Ratschläge, wie sie größeren Ärger mit der Volkspolizei vermeiden konnten, oder versuchte, bei schlimmen Prügeleien zu schlichten. «Jeder hat gewußt», sagt Jens-Uwe Vogt heute, «wer der ist».

In einem «Sachstandsbericht zur OPK ‹Vogel› hatte der Stasi-Hauptmann schon 1988 diverse Gründe für die Überwachung der Hooligans benannt, insbesondere von Jens-Uwe Vogt. Vogt sei «im sogenannten harten Kern des rowdyhaften Anhangs des BFC Dynamo integriert». In diesem «rowdyhaften Anhang» – der «Commodore» führt in einem Bericht an höhere Dienststellen Spitzel-Berichte als Belege an – sei Vogt derjenige gewesen, der «sowohl organisatorisch als auch stimmungsmäßig die Fäden in der Hand hatte, auch wenn er von einigen Mitgliedern der Gruppe nicht als ‹Anführer› akzeptiert wurde.» Außerdem soll er einer der Texter von «Verspottungsliedern der Sicherheitsorgane» und «Sprechchören unsportlichen bis zu politisch-negativen Inhalts» gewesen sein. Seine «Anführerqualitäten eskalierten sich und damit auch seine negative Haltung zu Fragen der Ordnung und Sicherheit und darüber hinaus zur sozialistischen Gesellschaft». «Weiterhin gab es Hinweise, daß bei seiner Anwesenheit in Gaststätten rassistisches bzw. faschistisches Gedankengut geäußert wird und daß er sich in einer Kampfsportart trainiert, um für eventuelle Auseinandersetzungen besser gerüstet zu sein.»

Ziele der Kontrolle müßten sein: «umfassende Aufklärung, einschließlich seiner engsten Kontaktpartner und Nachweise seiner Rädelsführerschaft», der Nachweis der Beteiligung an Straftaten, Klärung der Hinweise, daß Vogt «rassistisches bzw. faschistisches Gedankengut verherrlicht bzw. verbreitet» habe, und – hier werden die Akten sehr deutlich –: «Schaffung von Voraussetzungen für die Einleitung differenzierter Vorbeugungs- bzw. Zersetzungsmaßnahmen zu dem Vogt und seinem Umgangskreis.» Mit Hilfe der «inoffiziellen Mitarbeiter» – sprich: Spitzel – «Bär», «Dirk Heinze» und «Jens Pollack» soll der Zersetzungs-Plan in die Wege geleitet werden.

Jens-Uwe Vogt, 1963 geboren, wird nach der Scheidung seiner Eltern von seiner Mutter erzogen. Seit 1981 lebt er bei seiner Großmutter. Er macht den Abschluß der 10. Klasse und beginnt eine Lehre als Zimmerer in einem Tiefbaukombinat in Frankfurt/Oder. Während der Ausbildung gerät er in mehrere Schlägereien und kann die Lehre nicht abschließen, da er eine Freiheitsstrafe verbüßen muß. Danach arbeitet er in Fürstenwalde, später in Berlin-Weißensee und Pankow als Hilfstischler bzw. Hilfszimmerer.

Bei einem Fußballspiel des FC Carl Zeiss Jena gegen den BFC fällt Vogt auf. Der Bericht der observierenden Beamten: «Viele der mit dem Zug auf dem Bahnhof Lichtenberg angekommenen Fußballanhänger grölten nach dem Aussteigen aus dem Zug und wandten sich in aggressiver Form in Worten und Handlungen gegen die auf dem Bahnhof befindliche Transportpolizei.» Vogt handelt sich eine Strafe wegen, wie es im DDR-Amtsdeutsch heißt, «Beeinträchtigung gesellschaftlicher Tätigkeit» und vorsätzlicher Körperverletzung ein. Während der Strafzeit verhält er sich diszipliniert und «hielt die Normen des Strafvollzuges im wesentlichen ein». Bei Gesprächen haben die zuständigen Beamten den Eindruck, daß Vogt sich der «gesellschaftlichen Verwerflichkeit seiner Straftat noch nicht vollends bewußt war». Offenbar hat auch seine damalige Freundin, die an der Parteihochschule «Karl Marx» beim ZK der SED beschäftigt ist, einen guten Einfluß.

Erst kurz danach, als sich Vogt mehrfach an Randale beteiligt, einen Fan des FC Union Berlin zusammengeschlagen haben soll und gewaltsam in einen S-Bahn-Waggon eindringt, wobei eine Scheibe zu Bruch geht, beschließt die Stasi die «inoffizielle Personenkontrolle». Man stellt fest, daß Vogt durch «dekadentes Auftreten und äußerst negatives Verhalten» in Erscheinung tritt. «Dabei zeigte sich wiederholt, daß er keinerlei Bedenken hat, andere Personen zu schlagen und tätliche Auseinandersetzungen zu provozieren.»

Vor 1984 rechnet die Staatssicherheit Vogt noch zu den Punks. Er sei «ein verfestigter Anhänger» dieser Bewegung. Vogt sagt dazu, als er als Punk herumgelaufen sei – aus bloßem Protest –, habe es Skinheads noch nicht gegeben. Die Punk-Szene sei in zwei Gruppierungen zerfallen: «einmal die intellektuelle, linke Gruppierung, Punks, die nur geredet haben». Die, die bei Schlägereien mit Rockern, die Punks wegen deren Aussehen anpöbelten, weggerannt seien, «waren meist die, die nachher, eine Generation später, politisch waren, links». Er sei mit seinen Leuten, den Fußballpunks, zusammen gewesen. «Die haben sich dort geprügelt. Wir haben nichts ausgelassen, um uns mit irgendwelchen Leuten zu schlagen. Weil wir sie mit aller Gewalt provoziert haben.» Ihr Ziel sei gewesen: «Auffallen um jeden Preis», provozieren, «jeden. Die normalen Bürger haben wir genauso verachtet wie den Staat.»

Ende 1984, das referiert eine Stasi-Akte, soll er zu denen gehört haben, «die die Skinhead-Szene in der Hauptstadt belebten. Inoffiziell wurde erarbeitet, daß er seine Kontakte nutzte, um mit ‹Bomberjacken› und ‹Skinhead›-Aufnähern Geschäfte zu machen.» Er hatte, laut Beobachtungen der Stasi, Kontakte zu jugendlichen Angehörigen von in Pankow wohnenden Mitarbeitern ausländischer Vertretungen.

Die gezielte Observation Vogts ergibt, daß er sich 1985 aus der Punk-Szene gelöst hat und sich «ausschließlich dem negativen Anhang des BFC, vor allem der Skinhead-Gruppierung, widmete». Unter seiner Führung sollen sich immer wieder Gruppen von Skins zusammenfinden, die «durch besonderes Verhalten auffallen und durch brutales Auftreten ihre Bestätigung in der Gruppe erlangen wollen». Vogt wird zu einer Symbolfigur. Wenn er «in Erscheinung» tritt, sind sie auch da, ohne ihn aber kommen sie spärlicher, und der Zusammenhalt wird gestört.

Vogt ist sich seiner Rolle, die er damals hatte, durchaus bewußt. «Ich war die Zentralfigur», sagt er nicht ohne einen merkwürdigen Stolz. «Ich habe die Leute zusammengehalten. Auf mich haben sie gehört. Wenn ich gesagt habe, daß wir nach Leipzig fahren, dann sind wir alle nach Leipzig gefahren, und dann nie unter hundert Leuten. Ich hatte und habe immer noch ein ziemlich großes Organisationstalent und weiß genau, wie ich mit Leuten zu reden habe.» Der Stasi-«Commodore» weiß zu berichten, daß viele Zeugen Vogt als Anführer der Berliner Skinheads bezeichneten, dieser aber «in jedem Gespräch betonte, daß er kein Skinhead sei» und die Position ihm nur aufgedrängelt würde. Er «tat absolut nichts gegen, aber viel für seinen Ruf».

Schon 1985 scheinen sich die Hooligans in Berlin zu differenzieren. Vogt habe sich mit Personen umgeben, «die sich durch ihr Äußeres von den Skinheads unterschieden». Die Fans trugen Jogging- bzw.

Freizeitanzüge, Turnschuhe und moderne Jacken. «Später kamen noch Baseball-Mützen (Base-Caps) und Baseball-Jacken dazu», referiert eine Akte penibel.

«Ich würde auf der Straße immer einen Hooligan erkennen», glaubt Vogt heute sagen zu können. «Die Berliner haben vorwiegend kurze oder Yuppie-Haarschnitte und Popperscheitel, Marken-Turnschuhe, das Teuerste vom Teuren. Im Osten kann man die Fans voneinander unterscheiden. Nur die vom BFC sind die Modebewußten. Die Leipziger rennen noch mit Bomberjacken herum. Das haben wir schon lange aufgegeben, weil die Polizei sich nur auf solche Leute konzentriert hat.»

Zu der Gruppe, die sich um Vogt scharte, gehörten auch Personen, die, laut Stasi, «kein besonderes Interesse für Fußball und dessen Anhänger hatten». Sie nannte sich «Anale Berlin». Vogt habe in einem Gespräch geäußert, der merkwürdige Name sei auf einen Porno-Film zurückzuführen, den man gemeinsam auf einer Party gesehen habe. Bei anderen Hooligans wird der «Witz» kolportiert, die «Analen» würden bei Randale im Stadion nur «von hinten» angreifen.

Die «Analen» sind nicht zimperlich. Bei einem Spiel des BFC Dynamo in Aue im März 1985 werden Vogt und einige seiner Kumpane abgegriffen: Sie hatten das Stadion mit Feuerwerkskörpern beschossen. Die meisten der Verhafteten müssen ein Ordnungsgeld in Höhe von 20 Mark bezahlen.

Im ersten Halbjahr 1987 beginnen die «Vorbeugungs- und Zersetzungsmaßnahmen» erste Ergebnisse zu zeigen. Vogt wird zum Beispiel vor einem Fußballspiel zwischen dem 1. FC Lok Leipzig und dem BFC Dynamo, zusammen mit weiteren Fans, prophylaktisch «zugeführt» und vernommen. «Eine sich in diesem Zusammenhang ergebende Möglichkeit wurde benutzt», referiert der Stasi-Hauptmann, «den Vogt über sich, seine Gruppe und deren Absichten ausführlich Darlegungen machen zu lassen.» Die Stasi streut diese Informationen «über inoffizielle und offizielle Wege» in die Szene, «so daß in der Gruppe eine starke Verunsicherung gegeneinander hervorgerufen wurde». Klartext: Die Stasi lädt Vogt ständig zu Vernehmungen vor, ohne daß das für ihn negative Folgen hätte, und läßt über ihre Spitzel bei den Hooligans den Eindruck erwecken, der Oberspitzel sei Vogt. Der hat seinen Spitznamen weg: «Stasi-Vogt» heißt er jetzt bei vielen der Skinheads.

Parallel dazu übt die Stasi auf Vogts zuständige Kaderleiterin und seinen Meister Druck aus, um «eine gesellschaftliche Einflußnahme» zu erreichen. Ein weiteres «Klärungsgespräch» wird anberaumt. Thema: «Vorkommnisse während einer Hooligan- und Skinhead-Party» im November 1986 im Heinrich-Heine-Viertel Ost-Berlins.

Vogt glaubt noch genau zu wissen, was damals geschah: «Die Party wurde unterbrochen, weil die Polizei kam. Wir sind runter und standen da herum. Ein paar kamen gerade erst an. Dann haben wir alle angefangen zu singen, ‹Sieg Heil› und so'n Zeug, also Fascho-Lieder. Ich habe mir zwei von den ‹Analen› geschnappt. Von denen waren höchstens zehn dabei, der Rest waren Skinheads. Wir sind zu dritt weggelaufen und haben von weitem noch das ‹Sieg Heil›-Gebrülle gehört. Wir haben uns abgesprochen: Wenn irgendwas nachkäme, würden wir behaupten, wir seien sofort weggerannt. In der gleichen Nacht wurden noch zwölf oder dreizehn Leute verhaftet. Davon kamen acht gleich vor den Untersuchungsrichter und in die U-Haft. Mich haben sie eine Woche später von der Arbeit geholt. Sie fragten mich, ob ich gesehen hätte, wer die Hitler-Lieder gesungen hätte. Ich habe erzählt, das wären irgendwelche Skinheads aus West-Berlin gewesen, habe etwas von einem ‹Kutte› gefaselt, der hätte einen Schmetterling auf der Backe tätowiert – einen ‹Kutte› gab es überhaupt nicht.»

Die Vernehmung wurde, das notierte sich der Stasihauptmann, «bei weiteren Beteiligten des Vorkommnisses am 24.11.86 bekanntgemacht. Daraus resultierend hatte der Vogt insbesondere im ersten Halbjahr 1987 unter den Jugendlichen einen sehr schweren Stand.» Immer wieder sei ihm vorgeworfen worden, «daß er zuviel quatschen würde», daß er seine Haut retten würde und «daß er ein Spitzel sei. Es war zu verzeichnen, daß sich einige Personen aus seinem damaligen Umfeld von ihm distanzierten.»

Vogt merkte, daß irgend jemand ein Spiel mit ihm spielte: «Die wollten wohl mit aller Gewalt meinen Kopf. Sie haben mich extrem oft vorgeladen.» Kleine Nadelstiche sollen ihn nervös machen: Eine Vorladung zu einem Gerichtstermin wegen der Hooligan-Party, zu der er als Zeuge geladen ist, kommt so kurzfristig, daß sie ihn nicht erreicht, weil er bei seiner Großmutter übernachtet. Er wird, weil er nicht erscheint, zu einer Ordnungsstrafe von 500 Mark verdonnert. Einige der Hooligans denken, Vogt hätte sich nicht getraut, der Vorladung Folge zu leisten. Dieser Verdacht ist nicht ganz falsch, aber aus anderen Gründen. «Sie haben mich angewichst und gesagt, ich hätte wohl Angst, weil ich ein Anscheißer sei.» Bei der zweiten Verhandlung zieht das Gericht die Ordnungsstrafe zurück, und Vogt entlastet einige der Angeklagten. «Aber andere haben sich von mir distanziert, das haben sie doch geschafft. Die einzigen, die mir getraut haben, waren die ‹Analen›. Die Skinheads, die wir ja schon nicht mehr waren, haben sich alle von mir losgesagt.»

Die Beamten der Staatssicherheit kommentieren die Angelegenheit in einem Akten-Vermerk mit dürren Worten als Erfolg: «Um den Zersetzungsprozeß zu forcieren, wurde der Vogt im März 1987 gezielt als Zeuge zum Gerichtsverfahren gegen die Teilnehmer am Vorkommnis 24.11.86 geladen. Diesen Zeugenaussagen wollte er durch Nichterscheinen entgehen. Nachdem ihm vom Gericht eine Ordnungsstrafe angedroht wurde, erklärte er dem Gericht schriftlich, daß er Angst habe, auszusagen. Dieses wurde genutzt, um mit dem Vogt im Beisein anderer Gruppenmitglieder ins Gespräch zu kommen. Dabei wurde auf seine entscheidenden Aussagen und auf sein ängstliches Verhalten eingegangen. Im Verlauf der weiteren Bearbeitung wurde jede weitere Zuführung oder Befragung des Vogt durch offensives Auftreten verschiedener informeller Mitarbeiter bekanntgemacht. Im Ergebnis dessen verbreitete sich die Auffassung, daß der Vogt machen könne, was er wolle, ohne daß ihm etwas geschehen würde. Daraufhin distanzierten sich weitere entscheidende Personen von ihm.»

Das reicht der Stasi noch nicht. Im September stellte Vogt ein Gesuch, in den Westen überzusiedeln. Als Gründe hatte er angegeben, er sei in drei Fällen zu Unrecht verurteilt worden, er lande «bei jeder Kontrolle durch die Volkspolizei auf dem Revier und werde ständig zu Sachverhalten befragt, zu denen er keine Ahnung habe», er könne sich mit der Politik der DDR nicht identifizieren, und «für ihn existiere nur ein Deutschland».

Die Stasi greift diese Gelegenheit dankbar auf. Maßnahmen wurden eingeleitet, die Übersiedelung «sehr schnell» zu realisieren, «um so seine zukünftige Wirksamkeit in Westberlin zu untergraben, denn bei den rowdyhaften Jugendlichen bestand zu dem Zeitpunkt die Auffassung, daß man nur für gewisse Gegenleistungen schnell ausreisen darf». Vogt kann sich sogar erinnern, daß er bei einer Vernehmung gefragt wurde, ob er nicht in den Westen wolle: «Wir würden sie sofort rauslassen.» In einem «Vorschlag zur Übersiedelung aus politisch-operativen Gründen gemäß DA 2/83 des Genossen Minister» vermutet der Verfasser, daß «eine Herauslösung aus seiner Gruppierung eine Abschwächung ihres negativen Auftretens bewirkt, da ihr damit zunächst die Führung genommen wird. Es bleibt also trotz möglicher Folgeerscheinungen im staatlichen Interesse, dem Ersuchen des Vogt stattzugeben.»

Der macht dem Stasi-«Commodore» und dessen unmittelbarem Vorgesetzten, einem Generalmajor, ohne daß er weiß, was man mit ihm vorhat, einen Strich durch die Rechnung: Er nimmt sein Ausreise-Gesuch wenig später zurück. Seine Mutter hatte erreicht, daß ihm vom Rat des Stadtbezirks Berlin-Pankow Unterstützung bei der Suche nach einer Wohnung und einem Arbeitsplatz zugesagt wurde. Dummerweise läßt er in Gesprächen mit Freunden durchblicken, daß er eine berufliche Qualifizierung nur anstrebte, um danach den Antrag auf Übersiedelung erneut zu stellen. Einer der Stasi-Spitzel mit dem Decknamen «Bär» leitet diese Information brühwarm weiter. Man plant daher, Vogt sofort aus der Staatsbürgerschaft der DDR zu entlassen, wenn er sein Gesuch zum zweitenmal vortragen wird.

Ein paar Tage später: Am 17.10.87 feiert Vogt in der Gaststätte «Sputnik». Von dieser Kneipe aus zieht eine Gruppe Skinheads zur Zionskirche und verprügelt brutal die Besucher. «Es waren auch Fußballrowdies dabei», erinnert sich Vogt. Die Skinhead-Szene sei damals noch nicht so stark gewesen, nur fünf oder sechs West-«Glatzen» hätten an der Prügelei teilgenommen. «Es gab einen zweiten Trupp, der später losgegangen ist. Zu dem habe ich gezählt. Als wir bei der Zionskirche ankamen, waren die ersten, die richtig Krawall gemacht hatten, schon mit der Straßenbahn abgefahren. Wir haben die Leute überall herumliegen sehen.» Ein Grund für den Überfall sei schlicht «Haß» gewesen, «der Haß auf die Punks. Es war schon extrem mit ‹rechts› und ‹links›: Links waren die Punks, rechts die Skins.» Vogt kann eine Tatbeteiligung nicht nachgewiesen werden. Er wird «nach einer entsprechenden Belehrung» entlassen.

Zum Jahreswechsel 87/88 glaubt die Stasi eine andere Gelegenheit beim Schopfe greifen zu können, um Vogt loszuwerden. Angeblich plante eine Gruppe von Skinheads zu Silvester einen Grenzdurchbruch «mit gewaltsamen Mitteln». Es gab Hinweise, daß in der Gaststätte «Rennsteig» schon detaillierte Absprachen getroffen worden waren. Bei Befragungen «verdichteten sich Hinweise», daß Vogt bei den Absprachen dabeigewesen war. Die Stasi beantragte einen Haftbefehl. Da die Beamten ihn an seinem Wohnsitz nicht fanden, schrieb man ihn zur Fahndung aus. Diese war zunächst «nicht erfolgreich».

Vogt hielt sich nämlich in einer Laubenkolonie auf. Nachdem die Polizei mehrfach bei seiner Großmutter aufgetaucht war, um ihn zu verhaften, stellte er sich. Im Hauptquartier der Volkspolizei war man zunächst etwas ratlos. «Die wußten gar nicht», sagt Vogt, «was sie mit mir anfangen sollten, haben herumtelefoniert, bis zwei Stasis kamen.» Die verhörten ihn. «Ich habe denen erzählt, ich hätte doch den Ausreiseantrag zurückgenommen. Warum sollte ich dann mit Waffengewalt abhauen? Die Sache hat mir den Rest gegeben.» Der Haftbefehl wird «auf Grund seiner Selbstdarstellung» aufgehoben.

Der Zersetzungs-Plan funktionierte. Vogt wird im Januar «von Unbekannten» zusammengeschlagen und als «Stasi-Spitzel» beschimpft. Ein «Sachstandsbericht» faßt im Februar zufrieden zusammen: «Die Gruppierung des Vogt hat, nachdem es ihnen gelungen war, zum Beginn der Fußball-Saison 1987/88 bis zu 100 Personen, davon 50–60 Skins, zu Auswärtsspielen des BFC Dynamo zu aktivieren, ab den Ereignissen um die Zionskirche keine Rolle mehr gespielt.»

Nachkontrolle

Zwei Jahre später: Jens-Uwe Vogt ist 1988 nach West-Berlin übergesiedelt und findet Unterschlupf bei einem Bekannten im Wedding. Die Stasi vermerkt zwar in ihrem abschließenden «Sachstandsbericht» bescheiden, daß «eine weitere Bearbeitung» des Vogt «nicht mehr möglich» sei, schlägt aber eine «Nachkontrolle» vor. Deren Ziel sollte sein, «Rückverbindungen des Vogt in die DDR festzustellen und eine Einflußnahme auf die Fußball- und Skinheadszene der Hauptstadt der DDR so weit wie möglich zu verhindern».

Seit September 1990 kommt es an den Spieltagen der Oberliga Nordost in Ostdeutschland immer wieder zu schweren Krawallen. Am 10. November eskaliert die Situation in Leipzig. Vor dem Spiel der einheimischen Elf gegen den BFC, zweier Erzrivalen des DDR-

Fußballs, schießt die nervöse und offenbar überforderte Polizei – nach Angaben eines Sprechers «das letzte Aufgebot» – Tränengasgranaten gegen die Menge, die ins Stadion will. Ein Stadionsprecher sagt an, die Berliner würden heute nicht eingelassen. Vor einem weiteren Eingang – die mittlerweile wütende Menge skandiert «Wir wollen rein» und sogar «Keine Gewalt» – fliegen Leuchtraketen. Die Polizei setzt wiederum Tränengas ein und gibt die Knüppel frei.

Mehrere hundert Hooligans, in der Mehrzahl Berliner, rennen in Richtung Bahnhof und bewaffnen sich mit Knüppeln, Latten und Eisenstangen. Ein Journalist hat die Situation so in Erinnerung: «Ein Polizeitransporter nähert sich und wird sofort angegriffen. Die Besatzung flüchtet überraschenderweise, und der Lkw wird mitsamt einem gerade in der Nähe parkenden Trabi angezündet. Ein zweiter Polizeiwagen rast heran. Uniformierte springen heraus, schießen Gas in die Menge. Einige jüngere Hools sehen die Chance, sich einen Namen zu machen, stürmen vor, vertreiben die Polizisten und stecken auch deren Wagen an. Der Großteil des Mobs hat sich inzwischen allerdings auf die Gleisanlagen zurückgezogen und bewirft von dort aus die Polizei, die sich ihrerseits an einer Straßenecke gesammelt hat, gut fünfzig Meter vom Pulk der Hooligans entfernt und von ihnen durch einen Zaun getrennt. Offensichtlich warten die Uniformierten nur noch auf das Signal zum Rückzug. Einige kicken immer noch herüberfliegende Steine mit ihren Schildern eher lässig weg. Die ‹dritte Halbzeit› scheint zu Ende zu sein. Plötzlich fallen Schüsse.»[2]

Einige Beamte haben den Kopf verloren. Die Bilanz: «Mindestens fünfzehn Jugendliche mit Schußverletzungen, oft von hinten wie der Oberschenkel-Durchschuß jenes Hooligans, der bei der Flucht in einen gerade einfahrenden S-Bahn-Zug von einer Kugel getroffen wird.» Zurück bleibt ein Toter, der achtzehnjährige Mike Polley aus Berlin-Malchow.

Die Hooligans organisieren einen Trauermarsch durch Ost-Berlin. Selbst die «Alternative Liste» erinnert sich daran, daß ihre Mitglieder sich einst aus der oppositionellen Jugend rekrutierten und ruft – aber ohne nennenswerten Widerhall – auf, sich am Marsch zu beteiligen. In vorderster Front der fast tausendköpfigen Menge läuft

2 E. Seidel-Pielen/K. Farin, S. 93

Jens-Uwe Vogt, der selbst vom Einsatzleiter der Polizei als Verhandlungspartner akzeptiert wird.

Wenig später platzt die Bombe. Eine Stadtillustrierte in West-Berlin erscheint mit dem Aufmacher: «Hooligan-Chef Stasi-Agent!» Der «Führer der Hools» werde von der Stasi gedeckt. Vogt «verfügt nicht nur über exzellente Kontakte innerhalb der ultrarechten Szene, Vogt war auch Agent des Ministeriums für Staatssicherheit». Die Zeitung sei an «Aktenmaterial aus Stasi-Beständen» gelangt, darin auch «Durchschläge kriminalpolizeilicher Ermittlungen». Ein Faksimilie eines Original-Befragungsprotokolls läßt vermuten, daß «der König der Hools» über einige seiner «Kameraden» geplaudert hat. Neben einem Namen steht, offenbar in der Handschrift Vogts: «FAP». Mehrere andere Blätter sagen Interviews ab. Wenn Vogt ein Stasi-Mann gewesen sein sollte, ist er für Sport-Zeitungen nicht mehr interessant.

Wo kommen die Akten her? Die Illustrierte, so munkelt man in der Redaktion, habe einen vierstelligen Betrag gezahlt, um an das Material zu kommen. Geliefert wurden auch Observierungsfotos, die Ost-Berliner Hooligans in Aktion zeigen. Darunter sind Porträt-Aufnahmen, die offensichtlich bei verschiedenen Parties gemacht wurden und die, wenn die Bilder in die falschen Hände gelangen würden, den Fotografen eindeutig identifizieren würden. Für den könnte das unangenehme Folgen haben.

Die Akten stammen mit hoher Wahrscheinlichkeit aus dem ehemaligen Hauptquartier der Volkspolizei in der Keibelstraße, nahe dem Alexanderplatz in Berlin. Die West-Berliner Kriminalpolizei hatte das Objekt schon einige Zeit vorher übernommen und sich gewundert, wie dünn die dortige Aktenlage war. Vor allem die Unterlagen über Skinheads und Rechtsradikale besserten, weil fast nicht vorhanden, die ohnehin dürftige Kenntnis der «Westler» nicht auf. Akten und Protokolle über den Personenkreis tauchten zum Jahresende auf dem grauen Markt auf. Ein deutsches Nachrichten-Magazin hatte schon dankend abgelehnt.

Die angeblich über 700 Namen umfassende Hooligan-Kartei der Stasi war beim Sturm auf das Hauptquartier der Staatssicherheit in der Normannenstraße «als eine der ersten komplett vernichtet worden», schreibt Bernd Siegler[3]. «Kein Wunder, hatte doch der Stasi

3 Siegler, S. 69

diesen Sturm provoziert und genutzt, um Akten verschwinden zu lassen. Die Akten über die Verbindungen von BFC-Hooligans und Stasi waren brisant, unterstützte das Ministerium für Staatssicherheit doch den BFC-Fanclub, der ranghöchste Fanverantwortliche war immerhin ein MfS-Oberstleutnant, um die Bewegung zu kontrollieren und gegebenenfalls auch instrumentalisieren zu können.» Siegler meint, es habe deshalb auch «keine ernsthaften Versuche» gegeben, «die Fan-Gruppen» und die sich zum Teil daraus entwickelnden und damit verwobenen rechtsextremistischen Strukturen zu «zerschlagen oder zumindest zu stören». Das ist wohl nicht richtig.

Das Berliner Stadtmagazin braucht für das bereits ausgegebene Geld unbedingt einen enttarnten Stasi-Spitzel, um auf der Welle der Stasi-Enthüllungen mitzuschwimmen. Die Akten des «BFC-Commodore» und über den «Zersetzungs»-Plan sind nicht Teil der Unterlagen. Man erfindet, um die Geschichte «rund» zu machen, einen angeblichen «MfS-Mitarbeiter im operativen Einsatz» und einen Zeugen aus der Hooligan-Szene, den es auch nicht gibt. Diese beiden Märchenfiguren plaudern über Vogt.

Die Rechercheure, die außerdem noch die Bezeichnungen und Nummern der Stasi-Abteilungen verwechseln, sind auf den alten Plan des «Commodore» hereingefallen – das Ministerium für Staatssicherheit ist mittlerweile schon längst aufgelöst und seine Mitarbeiter entlassen. Man vermutet – wieder werden nicht existierende Zeugen zitiert –, daß es im Jahre 1982 zu einem «Anwerbeversuch» gekommen sei. «Die Strategie der Abteilung Terrorismus-Fahndung in der Normannenstraße: Aus dem aufstrebenden Chaos-Punk einen Fan-Führer machen. Über seine Person die entstehende Hooligan-Szene befrieden.»

Vogt, das saugt sich der Autor des Artikels aus den Fingern – in den Akten steht nichts darüber –, soll «Lektionen in DDR-Rechtsprechung, Psychologie und Taktik» erhalten haben. Eine «verfrühte Freilassung» zum Beispiel, die tunlichst vermieden werden soll, wäre ein sicheres Indiz dafür, «daß Vogt für Mielkes ‹Firma› arbeitet. Der Ost-Berliner Hool-Kopf lernt schnell, aber nicht schnell genug. Einige Ungereimtheiten machen die Szene mißtrauisch.»

Doch Vogt klagt gegen das Magazin. In der nächsten Ausgabe erscheint eine Gegendarstellung. Ein Prozeß mit hoher Schadenersatzforderung folgt. Der Hooligan hat in Zukunft wieder einen schweren Stand. Der Makel, ein Stasi-Agent zu sein, haftet ihm jetzt erst recht an. Noch im November 1991 wiederholt die deutsche Illustrierte «Quick» die gleichen Vorwürfe, mit dem kleinen Hinweis, Vogt habe alles dementiert.

Wenn ich nicht an die Stasi-Akten über Vogt gelangt wäre und die Angelegenheit in einer anderen Zeitung richtiggestellt hätte, hätte der Stasi-«Commodore» letztlich mit seinem Plan noch nach der Wende Erfolg gehabt. Nun ist Jens-Uwe Vogt kein Unschuldslamm. In antifaschistischen Broschüren taucht sein Steckbrief auf: Jemand, der gefährlich sei, weil er auf eine gewalttätige Szene großen Einfluß hat. Aber jeder hat das Recht auf die volle Wahrheit, auch wenn nach der Verabschiedung des Stasi-Akten-Gesetzes «Lauscher und Gucker» – so Stefan Heym – «nachträglich zu Gewährsleuten für die Tugend oder Untugend» werden.

Vogt sagt, er wolle Hooligan bleiben, «solange es Spaß macht». Auf die Frage, was er sich als Berufsperspektive vorstellen könne, meint er: «Vielleicht Fan-Betreuer.» Daraus wird wohl nichts werden. Die Mittel für Fan-Projekte werden in Zukunft drastisch gekürzt, die meisten Gruppen stehen vor dem Ende.

Hooligan bei einem Parteitag der «Deutschen Alternative»

Personenregister

Literaturhinweise

Allgemeine Literatur

Benz, Wolfgang (Hg.): Dimension des Völkermords. Die Zahl der jüdischen Opfer des Nationalsozialismus. München 1991

Canetti, Elias: Masse und Macht. Frankfurt/M. 1980

Douglas, Mary: Ritual, Tabu und Körpersymbolik. Sozialanthropologische Studien in Industriegesellschaft und Stammeskultur. Frankfurt/M. 1981

Falter, Jürgen W.: Hitlers Wähler. München 1991

Mosse, George L.: Nationalismus und Sexualität. Bürgerliche Moral und sexuelle Normen. Reinbek 1987

Literatur zum Thema Rassismus

Autrate, Otger u. a.: Theorien über Rassismus. Hamburg 1989

Kalpaka, Annita/Räthzel, Nora (Hg.): Die Schwierigkeit, nicht rassistisch zu sein. Leer 1990

Memmi, Alberto: Rassismus. Frankfurt/M. 1987

Miles, Robert: Rassismus. Einführung in die Geschichte und Theorie eines Begriffs. Hamburg 1991

Runge, Irene: Ausland DDR. Fremdenhaß. Berlin 1990

Rechtsextremismus

Eine ernstzunehmende Gesamtdarstellung der militanten Neonazi-Gruppen, inklusive der Entwicklung in den neuen Bundesländern, fehlt bisher. Der gut recherchierte Band Sieglers beschränkt sich fast ausschließlich auf das Gebiet der DDR. Eine fast komplette Bibliographie zum Thema Rechtsextremismus, erstellt von Franziska Hundseder, findet sich in «Blick nach rechts» in den Ausgaben v. 17.12.1990 bis 17.6.1991.

Christians, Georg: Die Reihen fest geschlossen. Die FAP – Zu Anatomie und Umfeld einer militant-neofaschistischen Partei in den 80er Jahren. Marburg 1990

Hirsch, Kurt: Rechts von der Union. Personen, Organisationen, Parteien seit 1945. München 1989

Kirfel, Martina/Oswalt, Walter (Hg.): Die Rückkehr der Führer. Modernisierter Rechtsradikalismus in Westeuropa. Wien 1989

Jäger, Siegfried (Hg.): Rechtsdruck. Die Presse der Neuen Rechten. Berlin/Bonn 1988

Jugend und Rechtsextremismus in Berlin-Ost. Fakten und Gegenstrategien. Hg. v. d. Magistratsverwaltung für Jugend, Familie und Sport. Berlin 1990

Seidel-Pielen, Eberhard/Farin, Klaus: Krieg in den Städten. Jugendgangs in Deutschland. Berlin 1991

Siegler, Bernd: Auferstanden aus Ruinen. Rechtsextremismus in der DDR. Berlin 1991

Danksagung

Mein Dank gilt allen jenen, die mir bei den Recherchen durch Informationen, Kritik und praktische Unterstützung geholfen haben: Brigitta Fahr, Bernd Holthusen, Michael Jaenicke, Jochem Kollmer, Prof. Dr. Norbert Madloch, Jochen Maes, Beatrice Pholeli, Eberhard Seidel-Pielen, Bernd Wagner und einige, die ungenannt bleiben müssen. Insbesondere danke ich Jürgen Volbeding, der mir bei der Konzeption freie Hand ließ und den Text einfühlsam redigierte, Dietmar Gust für seine aussagekräftigen Fotografien und die einjährige produktive Zusammenarbeit. Danken muß ich insbesondere Gabriele Mauch und Karin Redlich, die mir die Gelegenheit gaben, das Manuskript ihres Films «Von Gewalt halte ich nicht viel – nur mit Gewalt erreichst Du 'ne Menge» (Berlin, Dezember 1991, 55 Min.) noch vor der Fertigstellung einzusehen.

Der Autor

Burkhard Schröder, 1952 in Holzwickede/Ruhrgebiet geboren, studierte in Münster und Berlin Germanistik, Geschichte und Philosophie. Ab 1979 reiste er zwei Jahre durch Lateinamerika. Nach kurzem pädagogischen Zwischenspiel an einem humanistischen Gymnasium arbeitete er als Taxi-Unternehmer. Zwischen 1984 und 1986 war er Herausgeber der Männerzeitung «HerrMann». Heute lebt er als freier Journalist in Berlin-Kreuzberg. Diverse Veröffentlichungen, u. a. «Unter Männern» (rororo mann 8236), «Ab-Schnitte» (rororo mann 8250), «Spuren der Macht» (rororo mann 8264).

Der Fotograf

Dietmar Gust, geboren 1959 in Lübeck, studierte in Kiel und Bielefeld Fotodesign. 1986 erste Arbeiten zum Thema Rechtsextremismus. Lebt seit 1990 als freiberuflicher Bildjournalist in Berlin. Mitinhaber der Fotoagentur «Zenit».